Kurt Müller

Ernest Hemingway

Kurt Müller

Ernest Hemingway

Der Mensch · Der Schriftsteller · Das Werk

Wissenschaftliche Buchgesellschaft
Darmstadt

Einbandgestaltung: Neil McBeath, Stuttgart.

Einbandmotiv: Hemingway am Schreibtisch in seinem Landhaus (Finca Vigia)
auf Kuba, um 1945. Foto: AKG, Berlin.

Die Deutsche Bibliothek – CIP-Einheitsaufnahme

Müller, Kurt:
Ernest Hemingway : der Mensch ·
der Schriftsteller · das Werk / Kurt Müller. –
Darmstadt : Wiss. Buchges., 1999
ISBN 3-534-12341-7

Bestellnummer 12341-7

Gedruckt auf säurefreiem und alterungsbeständigem Werkdruckpapier
Reproduktionsfähige Druckvorlagenerstellung: Heike Schramm
Druck und Einband: Druckhaus Beltz, Hemsbach
Printed in Germany

ISBN 3-534-12341-7

Inhalt

Einleitung

Ernest Hemingway (1899-1961) gilt mit seinem Frühwerk aus den zwanziger Jahren unbestritten als eine der prägenden Gestalten der internationalen literarischen Moderne. Anerkennung fand er vor allem als Schöpfer eines neuen, durch Präzision und Kürze geprägten literarischen Stils und durch eine subtile Andeutungs- und Evokationstechnik. In der öffentlich inszenierten Rolle maskulinen Draufgängertums verkörperte er darüber hinaus das Bild des prototypischen amerikanischen Künstlers, wurde zum gefeierten *culture hero* und zur Ikone eines Männlichkeitsideals, mit der sich Generationen von (vor allem männlichen) Lesern identifiziert haben. Irgendwo zwischen diesen beiden Polen ist bei der Leserschaft und der Kritik auch das Interesse an dieser Schriftstellergestalt angesiedelt: am einen Ende steht der 'Künstler', am anderen Ende der 'Mensch' Hemingway.

Wie die steigende Zahl biographischer Literatur anzeigt, ist das Interesse an dem 'Menschen' Hemingway, stimuliert durch das seit 1979 in der Hemingway Collection der John F. Kennedy Library in Boston zugängliche Material von unveröffentlichten Manuskripten, so lebendig wie nie zuvor. Im Verlauf dieser Forschungen wurde das mythisch-heroische Persönlichkeitsbild, das bereits zu Lebzeiten des Autors Risse bekommen hatte, nachhaltig dekonstruiert. Spätestens seit Philip Youngs wegweisender Studie *Ernest Hemingway: A Reconsideration* (1966 [^{1}1952]) ist bekannt, welch unsichere, verwundbare und ressentimentbeladene Persönlichkeit sich hinter der öffentlich zur Schau gestellten Rollenmaske stoischer Männlichkeit verbarg. Neuere Untersuchungen haben diesen grundsätzlichen Befund bestätigt und in einer Weise differenziert, die gezeigt hat, daß es kaum möglich ist, die vielgestaltigen Facetten dieser Persönlichkeit in einem einheitlichen und in sich geschlossenen Gesamtbild zusammenzufassen.

Dieser Negativbefund ergibt sich aus dem Untersuchungsgegenstand selbst, ist aber auch das Ergebnis eines gesteigerten Methodenbewußtseins in den historisch-hermeneutischen Wissenschaften. Unter dem Einfluß von Poststrukturalismus, Dekonstruktivismus und revisionistischen Strömungen in der Geschichtswissenschaft ist der Begriff der 'Einheitlichkeit' immer stärker in Frage gestellt worden. Jedoch auch die unmittelbare soziale Erfahrung zeigt, daß in ein und derselben Person sehr unterschiedliche, ja widersprüchliche Einstellungen und Sehweisen koexistieren können. Die vorliegende Studie geht daher vom Konzept einer 'pluralen' Identität aus (Fluck, 1992, 333 f.). Bei einem Schriftsteller, der wie wenige andere seiner Zeit sein Leben und seine persönlichen Vorlieben, Obsessionen und Traumata ins Zentrum seiner Werke gestellt hat, ist es dabei durchaus sinnvoll, Leben und Werk, miteinander in Beziehung zu setzen. Allerdings gilt es, der Gefahr des 'biographischen Trugschlusses' (Wellek/Warren, 1973, auch Kap. 7) entgegenzuwirken und im Sinne von D.H.

Lawrences Diktum "Never trust the artist. Trust the tale" (Lawrence, 1971, 8) zwischen dem 'Menschen' und dem 'Künstler' Hemingway zu unterscheiden. Und wie bei der Persönlichkeit, so gilt es auch bei den Texten des Autors, eine vorschnelle ideologische Homogenisierung zu vermeiden, denn gerade der künstlerische Text ist, in seiner Eigenschaft als geistiger Experimentierraum, ein besonders geeignetes und bevorzugtes Medium zur Verhandlung von Spannungen und Widersprüchen.

Die vorliegende Studie, die sich über das fachwissenschaftliche Publikum hinaus an einen weiteren Leserkreis von Hemingway-Interessierten wendet, versteht sich als eine hauptsächlich auf die künstlerische Entwicklung des Autors konzentrierte Werkbiographie. Persönlich-biographische Erklärungsfaktoren spielen infolgedessen eine notwendige, wenn auch insgesamt untergeordnete Rolle. Gleichwohl verdankt die Arbeit den neueren, revisionistisch orientierten biographischen Studien, etwa einem monumentalen Werk wie Kenneth S. Lynns *Hemingway* (1987), wichtige Anregungen und Einsichten. Darüber hinaus ist sie natürlich in vielfältiger Weise der einschlägigen Hemingway-Kritik verpflichtet, ohne dabei den (bei einer einführenden Darstellung ohnehin unangebrachten) Anspruch auf Vollständigkeit bei der Aufarbeitung des Forschungsstandes erheben zu wollen. Auch die Bibliographie beschränkt sich auf die Titel, die in der Arbeit unmittelbar berücksichtigt wurden.

Die nachfolgende Werkbiographie gliedert sich in vier Kapitel. Das Anfangskapitel skizziert den Familienhintergrund und die sozial- und kulturgeschichtlichen Zusammenhänge von Hemingways früher Biographie, die seine künstlerische Sensibilität prägenden literarischen Einflüsse und Kontexte sowie das daraus hervorgegangene ästhetische Programm, das für die modernistische Frühphase der zwanziger Jahre bestimmend war. Diese Phase bildet den Gegenstand des zweiten Kapitels, in dem an zwei exemplarischen Texten das frühe Short-Story-Konzept des Autors veranschaulicht sowie die frühen Romane untersucht werden. Das dritte Kapitel erörtert den in den dreißiger Jahren einsetzenden Prozeß der allmählichen Dekonstruktion des modernistischen Kunstkonzepts und die Versuche einer nunmehr verstärkt auf das konstruktive Potential der Sprache und auf künstlerische Selbstreflexion abzielenden ästhetischen Neuorientierung. Im abschließenden vierten Kapitel wird an den späten und den nachgelassenen Schriften aus den vierziger und fünfziger Jahren aufgezeigt, wie sich der Autor aus dem verstärkt selbstreflexiven Impuls heraus immer mehr in eine selbstbezogene Imaginationswelt und damit in ein Schaffensdilemma verstrickte, aus dem er keinen künstlerischen Ausweg mehr fand.

Diese Werkbiographie entwirft damit ein 'Plotschema', das eine tendenziell absteigende Linie aufweist. Sie befindet sich mit dieser Entscheidung im Konsens mit der bisherigen Hemingway-Forschung, die – auf eine überspitzte und vereinfachende Formulierung gebracht – meist dem Frühwerk eine erstklassige, dem mittleren Werk eine eher zweitklassige und dem Spätwerk eine drittklassige literarische Qualität bescheinigt. Dem wurde bei der Umfangsgewichtung insoweit Rechnung getragen, als das entsprechende Kapitel (IV) relativ knapp gehalten wurde. Was das übrige Œuvre anbelangt, so ist die Behandlung des Kurzgeschichtenwerks kürzer ausgefallen, als dem Umfang, der Qualität und der Bedeutung dieses Textkorpus eigentlich angemessen wäre. Daß sich die Erörterung der frühen Kurzprosa im zweiten Kapitel im wesentlichen auf die Analyse zweier exemplarischer Texte beschränkt, hat vor allem zwei Gründe: Einerseits hätte eine ausführliche Behandlung des gesamten Korpus den für diesen Einführungsband vorgegebenen Umfang gesprengt. Andererseits wäre eine bloß kursorische Überblicksskizze wenig geeignet gewesen, die für die Kurzprosa Hemingways charakteristischen Wirkungs- und Gestaltungsprinzipien anschaulich zu machen. Die Beschränkung läßt sich auch insofern rechtfertigen, als über diesen Teilbereich neben unzähligen Aufsätzen bereits zahlreiche Monographien und Sammelbände vorliegen.[1]

Das in dieser Arbeit verwendete Dreiphasenmodell ist eine heuristisch notwendige Rahmenkonstruktion, mit der sich jedoch keineswegs die Vorstellung einer irgendwie 'geradlinig' verlaufenden Entwicklung verbinden sollte. Die Spannungen und Widersprüche, die in dem 'Menschen' Hemingway wirksam waren, haben in seinem literarischen Gesamtwerk auch insofern Spuren hinterlassen, als dort Texte höchst unterschiedlicher Qualität in unmittelbarer zeitlicher Nähe nebeneinanderstehen. Diese Spannungen und Widersprüche haben sich darüber hinaus in jeden einzelnen dieser Texte eingeschrieben, und wie sie im geistigen Experimentierraum der literarischen Fiktion verhandelt werden, stellt ein wesentliches Erkenntnisinteresse dieser Studie dar. Dabei wird u.a. zu zeigen sein, wie es dem 'Künstler' Hemingway in seinen besten Werken gelingt, die Ressentiments und Rollenfixierungen selbstkritisch zu hinterfragen, denen er als 'Mensch' unzweifelhaft verhaftet war. Die Studie wird von der Annahme geleitet, daß die künstlerische Krise des Autors nicht allein auf äußerlich wirksame persönlich-biographische Faktoren zurückzuführen ist, sondern auch und vor allem auf jenen selbstreflexiven Grundimpuls, der letztlich zu einer Dekonstruktion der modernistischen Prämissen des eigenen Kunstkonzepts und einer zumindest tendenziellen Annäherung an Positionen der Postmoderne führte.

Vorstufen dieser Studie sind einige frühere Aufsätze des Verfassers (K. Müller, 1984, 1987, 1995, 1996), die – in veränderter Form – in die Kapitel II und III eingearbeitet wurden.

I. Hemingways Leben und Werk: Eine Problemskizze

Ernest Hemingways Persönlichkeit und Lebensgeschichte haben das biographische Interesse an diesem Autor immer wieder neu entfacht. Es erwächst aus verschiedenen Motiven, die sich in der einschlägigen Literatur in einem je unterschiedlichen Gewichts- und Mischungsverhältnis zur Geltung bringen. Da die persönliche Lebensgeschichte des Autors auf so offenkundige Weise in sein literarisches Schaffen mit eingegangen ist, lag es nahe, daß sich die Kritik damit befaßte und den Wechselbeziehungen von Leben, Persönlichkeit und Werk nachzuspüren versuchte. Der biographische Gegenstand entfaltete dabei nicht selten seine eigene Faszinationskraft, oft mit der Folge, daß der literarische Gegenstand zu sehr in den Hintergrund gedrängt oder in seiner ästhetischen Komplexität unterschätzt wurde. Wie vielleicht bei keinem anderen Schriftsteller des 20. Jahrhunderts wurde das Werk Hemingways ein Opfer jener 'biographischen Trugschlüsse', vor denen die *New Critics* mit Recht gewarnt haben.

Die Gründe für diese Tendenz liegen allerdings auf der Hand. Zum einen hatte Hemingway selbst maßgeblichen Anteil daran, indem er sein Leben und seine Person schon früh durch Formen öffentlicher Stilisierung mit einer Aura umgab, die zur biographischen Legenden- und Mythenbildung geradezu einlud. Zum anderen aber waren dieses Leben und diese Person auch der Stoff, aus dem sich die populären Mythen, Träume und Alpträume des 20. Jahrhunderts speisen ließen. Dieser 'Stoff' wurde gewissermaßen zu einer Textvorlage, an der sich die unterschiedlichsten emotionalen Bedürfnisse und ideologischen Vorlieben aktualisieren konnten. Unter dem Eindruck der Weltkriegserfahrung und existentialistischer Philosophiekonzepte galt Hemingway in der Kritik vielfach als exemplarische Verkörperung eines bewundernswürdigen Männlichkeitsideals. Wegen seiner Beziehungen zu seiner Mutter und zu anderen Frauen und wegen seiner Kriegsverwundung im Ersten Weltkrieg bot und bietet er vielfältiges Material für psychoanalytische Plotszenarien. Und wer sich politisch auf der richtigen Seite weiß, findet bei ihm genügend Anlässe zur moralischen Entrüstung. Mangelhaftes gesellschaftliches Bewußtsein warfen ihm seine marxistischen Kritiker schon in den dreißiger Jahren vor. Heutzutage, da der marxistische Klassenbegriff aus der Mode gekommen ist, sind darüber hinaus die Konzepte von *race*, *ethnicity* und *gender* geeignet, um ihn zur literarischen Schurkengestalt aller moralisch Rechtgläubigen aufzubauen und ihn als Rassisten, Ethnozentriker und männlichen Chauvinisten zu 'entlarven'. Daß solch anklagendes Pathos – zum Beispiel was den letztgenannten Punkt betrifft – zumindest dem Künstler Hemingway nicht gerecht wird, räumen allerdings inzwischen auch gewichtige Stimmen innerhalb der feministischen Literaturkritik ein.[1]

Im folgenden soll zunächst versucht werden, das Leben und Werk des Autors in Form einer einleitenden Problemskizze vorzustellen.

1. Der primäre Sozialisationskontext: Familienhintergrund und frühe Biographie

Ernest Miller Hemingway wurde am 21. Juli 1899 in Oak Park, Illinois, als zweites von insgesamt sechs Kindern geboren.[2] Der Vater, Clarence Edmonds (Ed) Hemingway, war ein angesehener Arzt und Geburtshelfer, seine Mutter, Grace Hall Hemingway, eine hochbegabte Gesangskünstlerin, die bei ihrer Eheschließung im Jahre 1896 eine vielversprechende Karriere aufgegeben hatte. In der Anfangsphase dieser Ehe war sie gleichwohl in ökonomischer Hinsicht die erfolgreichere. Während Ed Hemingway es zu Beginn seiner Medizinerlaufbahn gerade einmal auf fünfzig Dollar im Monat brachte, verdiente sie durch ihren Gesangsunterricht im gleichen Zeitraum etwa tausend Dollar (Meyers, 1985, 6).

Hemingway hatte vier Schwestern und einen Bruder: Marcelline (geb. 1898), Ursula (geb. 1902), Madelaine (geb. 1904), Carol (geb. 1911) und Leicester (geb. 1915). Der Mutter gefiel es, sich ihre beiden älteren Kinder als Zwillinge vorzustellen. Sie wurden gleich gekleidet, und den Gepflogenheiten des viktorianischen Zeitalters entsprechend trug Ernest bis zum dritten Lebensjahr Mädchenkleider. Seine langen Haare wurden ihm erst im Alter von sieben Jahren abgeschnitten. Gleichwohl fiel er seiner Mutter bereits in sehr frühem Alter durch 'typisch männliche' Verhaltenszüge auf. Er spielte mit Vorliebe 'Jäger' und 'Soldat', brüstete sich gerne seiner Tapferkeit und liebte es, 'Heldentaten' zu erfinden oder 'Abenteuer' auf phantasievolle Weise auszuschmücken. Im Alter von fünfzehn Jahren fügte er sich nur widerwillig dem Wunsch seiner Mutter, zusammen mit Marcelline Cello-Unterricht zu nehmen, um im Familien- und später im Schulorchester mitspielen zu können. Stärker zog es den Jungen und den Heranwachsenden zur Welt des Vaters hin, der das Leben in der freien Natur liebte, seine Freizeit gern mit Jagen, Fischen und anderen sportlichen Aktivitäten verbrachte und seine Kinder immer wieder zu körperlicher Selbstdisziplinierung und Selbstertüchtigung anhielt.

In der Hemingway-Forschung hat sich lange Zeit ein Negativbild von Hemingways Eltern gehalten, das wesentlich auf dem vom Autor selbst entworfenen Szenario beruhte. Von seiner Mutter zeichnete er mit Vorliebe das Bild einer egozentrischen und herrschsüchtigen Person, von seinem Vater das eines schwächlichen Pantoffelhelden und Feiglings. Wie neuere biographische Studien (Meyers, 1985; Reynolds, 1986; Lynn, 1987) überzeugend dargelegt haben, sind in diesem Szenario subjektive Projektionsmechanismen wirksam, durch die beide Elternteile deutlich schlechter wegkommen, als sie es verdient haben.

Gleichwohl verweist schon die Heftigkeit von Hemingways Urteil auf eine Konfliktkonstellation, die in der Psyche des Autors offensichtlich tiefgreifende Spuren hinterlassen hat. Sie sollte später zu einem der beherrschenden Motive seines literarischen Werkes werden. Diese Konfliktsituation ergab sich zum einen aus der im amerikanischen Mittelklassenmilieu des Mittleren Westens üblichen Geschlechterrollenverteilung, derzufolge die Mutter vornehmlich für die Symbolbereiche religiöser Erbauung, verfeinerter Lebensart und höherer Kultur zuständig ist, während der Vater den praktischen Bereich und (wenn auch vorwiegend nur in seinem Freizeitverhalten) das freiere, ungezwungenere Leben in der Natur verkörpern darf. Im Konflikt zwischen den 'femininen' *indoor values* der Mutter und den 'maskulinen' *outdoor values* des Vaters neigte Hemingway unverkennbar zu den letzteren.[3] Mit ihnen verband sich für ihn die Idee des Ursprünglichen, Natürlichen und Authentischen, während er den häuslichen Innenbereich mit Vorstellungen des Unecht-Künstlichen assoziierte.

Hemingways nachdrückliche Identifikation mit der 'maskulinen' Welt des *outdoor life* entspricht zunächst einmal einem in der traditionellen amerikanischen Mittelklassengesellschaft durchaus 'normalen' Sozialisationsmuster. Die romantische Verherrlichung physischer Stärke, praktischer Geschicklichkeit und des freien Naturlebens hat eine lange geistes- und kulturgeschichtliche Tradition, die noch bis heute die amerikanische Alltagswelt maßgeblich bestimmt. Diese Tradition reicht über die Lederstrumpfromane James Fenimore Coopers, Mark Twains *Tom Sawyer* und *Huckleberry Finn*, die *frontier*-These Frederick Jackson Turners, die mythischen Versatzstücke der Wildwestfilme bis hin zu der Pfadfinderromantik moderner amerikanischer Familienväter, die sich zusammen mit ihren Söhnen auf einen Wochenendfischfang begeben (Lerner, Bd. II, 1957, 580 f.). Diesem 'Männlichkeitskult' entspricht auf der anderen Seite das misogyne Gegenbild einer heuchlerischen und repressiven Weiblichkeitskultur, das ebenfalls auf eine lange literarische Tradition zurückgeht. Es findet sich in Washington Irvings "Rip Van Winkle" ebenso wie in den Lausbubengeschichten Mark Twains oder in Gegenwartsromanen wie Ken Keseys *One Flew Over the Cuckoo's Nest* (s. Fiedler, 1969; Fetterley, 1978).

Die Tatsache, daß Hemingways Mutter im familiären Ensemble eine dominante Position innehatte, während dem Vater eher eine Randstellung zugewiesen war, entspricht durchaus dem typischen Muster der amerikanischen Mittelklassenfamilie (Lerner, Bd. II, 1957, 553 f.). Es gab allerdings eine Reihe von individuellen Faktoren, die diese Konstellation in einer Weise verkomplizierten, die für den jungen Hemingway offenbar mit weitreichenden psychologischen Konsequenzen verbunden war. Grace Hemingway hatte zwar durch die Aufgabe ihrer künstlerischen Berufskarriere signalisiert, daß sie bereit war, ihrer Ehe zuliebe dem viktorianischen 'Häuslichkeitsideal' ihren Tribut zu zollen, dies ging jedoch nicht so weit, daß sie auch konventionelle Hausfrauenpflichten übernehmen wollte. Im Gegenteil: Ed Hemingway mußte ihr vor der Eheschließung versprechen, sie von diesen Pflichten freizustellen, und er hielt Wort: "He always prepared the children's breakfast and served Grace in bed. He bought the groceries, did most of the cooking, took care of the laundry and managed the servants – despite his medical responsibilities" (Meyers, 1985, 7).

Während dieses dienstbeflissene Verhalten einem möglicherweise puritanischen Grundzug von Ed Hemingways Charakter entsprach (Kert, 1983, 23), war Grace Hemingway eine Person, die auch in anderen Angelegenheiten des täglichen Lebens eine für die viktorianischen Lebensverhältnisse der Jahrhundertwende ungewöhnliche Selbständigkeit an den Tag legte. Dies betraf nicht nur die Zielstrebigkeit, mit der sie ihren eigenen künstlerischen Ambitionen nachging, sondern auch Geschäfte, die nach den Vorstellungen der Zeit eigentlich nicht in die 'weibliche Sphäre' gehörten. Nach dem Tode ihres Vaters im Jahre 1905 investierte sie beispielsweise das ererbte Vermögen in einen prunkvollen Hausneubau, den sie zum großen Teil selbst konzipierte und überwachte, während sie ihren Mann zusammen mit den Kindern in die Sommerferien schickte. Für sich selbst schaffte sie sich dabei – mehr als zwei Jahrzehnte vor Virginia Woolfs feministischem Manifest *A Room of One's Own* (1929) – den für ihre künstlerische Arbeit notwendigen Eigenbereich. Aktiven Anteil nahm sie auch an der Suffragettenbewegung ihrer Zeit (Kert, 1983, 38; Reynolds, 1986, 106). Im übrigen entsprach ihrer künstlerischen Natur ein ausgeprägter Hang zur Selbstdramatisierung, durch den sie sich immer wieder in den Mittelpunkt des Interesses rückte. "[...] Grace was a public performer, whether accompanied by music or simply walking down the street" (Reynolds, 1986, 111).

Von Hemingways Vater ist bekannt, daß er sich seit etwa 1913 mehr und mehr in sich selbst zurückzog und dabei zunehmend Symptome einer nervösen Gereiztheit zeigte, die sich im Laufe der Zeit immer mehr zu akuten depressiven Schüben steigerte und schließlich in seinem Selbstmord am 6. Dezember 1928 kulminierte. In seiner ansonsten außerordentlich anregenden und in vielerlei Hinsicht wegweisenden biographischen Studie *The Young Hemingway* hat Michael Reynolds den wenig überzeugenden Versuch unternommen, diese Symptome primär aus einer biologischen Prädisposition abzuleiten. Ohne eine solche Disposition grundsätzlich in Abrede stellen zu wollen, läßt sich mit hoher Wahrscheinlichkeit sagen, daß hier auch die geschlechtlichen Rollenkonflikte, denen Ed Hemingway in seiner Ehe ausgesetzt war, einen maßgeblichen Anteil hatten. Selbst wenn unterstellt werden kann, daß bei Hemingways Vater von vornherein eine labile Persönlichkeitskonstitution vorlag, spricht vieles dafür, daß er letztlich das Opfer eines durch die historischen Verhältnisse bedingten Kulturkonflikts wurde, der in seine Privatsphäre hineinragte. Aufgewachsen unter den Vorzeichen eines streng patriarchalischen Sozialisations- und Gesellschaftsmilieus, wurde er in Grace mit einer selbstbewußt-emanzipierten Frau konfrontiert, die sich in diesem Kontext zu behaupten und durchzusetzen wußte.

Im Lichte dieser Konstellation betrachtet, gibt es plausible Gründe dafür, daß Hemingway die Dominanz der Mutter als bedrohlich für seine eigene Geschlechtsidentität empfand und dieser Bedrohung in Form kompensatorischer und z.T. zwanghafter Rolleninszenierungen aggressiver Männlichkeit Herr zu werden versuchte. Die Erklärung verschiedener Kritiker, Graces Angewohnheit, ihren Jungen in Mädchenkleider zu stecken und als Zwilling seiner Schwester zu kleiden, sei die Ursache für solches Kompensationsverhalten, widersprechen dem nicht, sondern ergänzen es lediglich um eine frühkindliche Erfahrungskomponente. Es ist offenkundig, daß diese psychologische Konfliktkonstellation auch in der einen oder anderen Weise die vier Ehen und die zahlreichen weiteren Frauenbeziehungen Hemingways mitbestimmt hat und sich in vielfältig gebrochener Form in seinen Romanen und Kurzgeschichten widerspiegelt. Allerdings versteht der 'Künstler' Hemingway diesen Konflikt auf sehr viel subtilere, komplexere und vieldeutigere Weise zu thematisieren als der 'Mensch' (oder der 'Mann') Hemingway.

Verkompliziert wurde die eheliche Konfliktkonstellation von Hemingways Eltern – und damit auch die psychologische Konfliktsituation des Autors – durch eine Reihe von weiteren Faktoren. Während Grace zu luxuriöser Statusinszenierung neigte, zeichnete sich Hemingways Vater immer durch extreme Sparsamkeit, einen äußerst nachlässigen Kleidungsstil und eine ländlich-spartanische Lebensführung aus. Der Gegensatz dieser beiden Lebensstile findet seinen symbolischen Ausdruck im Kontrast zwischen der eleganten Wohnatmosphäre der Oak-Park-Familienresidenz und ihrer Umgebung und der primitiven Ferienhütte am Wallon Lake im nördlichen Michigan, wo die Familie gewöhnlich ihre Sommermonate verbrachte.

Es ist offenkundig, daß in dieser Konstellation nicht nur individuelle Unterschiede, sondern auch gegensätzliche Mentalitäten und Lebensstile der amerikanischen Mittelklasse aufeinandertrafen. Dies läßt sich bereits an der vorangegangenen Generationslinie ablesen. Beide Eltern Hemingways stammen aus konservativen, strenggläubig protestantischen, republikanischen Traditionen und patriotischen Idealen verpflichteten Familien. Die Familienväter waren stolz auf ihre Heldentaten und Kriegsauszeichnungen im amerikanischen Bürgerkrieg. Während jedoch Graces Vater nach dem Bürgerkrieg vor allem den finanziellen Erfolg anstrebte, suchte sich Eds Vater eine schlecht bezahlte Arbeit als YMCA-Mitarbeiter, die seinem ausgeprägten religiösen Rigorismus entgegenkam. Dieser Rigorismus übertrug sich offenbar auf Hemingways Vater, der sein ganzes Leben versuchte, seine puritanischen Vorstellungen von harter Arbeit und rigider Lebensaskese zu leben und seinen Kindern zu vermitteln. Ed Hemingways stark fundamentalistisch getönter Puritanismus verband sich darüber hinaus in durchaus sozialtypischer Weise mit einem agrarisch geprägten *rugged individualism*, dem jegliche Form sozialer Statusinszenierung fremd war. Mit solchen Eigenschaften und Einstellungen verkörperte Ed Hemingway ein in gewisser Weise geradezu prototypisch 'amerikanisches' Identitätsprofil. Allerdings scheint vieles dafür zu sprechen, daß dieses von Anfang an starre Profil sich im Verlauf der ehelichen Rollenkonflikte immer mehr zu einem neurotisch-zwanghaften Ritualismus verhärtete.

Hemingways Mutter war in fast allen Bereichen ein deutlicher Gegenpol zu seinem Vater. Verkörperte Ed den gewissermaßen 'genuin amerikanischen' Elternteil, so ließ Grace, deren Eltern beide in England geboren waren, keine Gelegenheit aus, an ihre 'britische Herkunft' zu erinnern. Insgesamt pflegte ihre Familie den Lebensstil des urban geprägten, liberal-protestantischen Bildungsbürgertums, was vielleicht auch damit zusammenhing, daß Graces Eltern vor ihrem Umzug in die Kleinstadt Oak Park einen Teil ihres Lebens in Chicago verbracht hatten. Sozialgeschichtlich betrachtet, repräsentierte Graces Familie damit den Übergang zu einem 'moderneren', vergleichsweise 'hedonistischeren', auf Konsumbefriedigung und Selbstverwirklichung ausgerichteten Verhaltens- und Einstellungstypus. Obwohl bei Grace, ebensowenig wie bei ihren Eltern, von einer Lockerung religiöser Bindungen nicht die Rede sein kann, hatte sie in vieler Hinsicht großzügigere Moralanschauungen, als sie für einen strenggläubigen Puritanismus (beide Eltern Hemingways gehörten der kongregationalistischen Kirche an) gemeinhin üblich waren. Mit ihrem Ehemann war sie sich zwar über die Sündhaftigkeit von Alkohol und Zigaretten einig, hatte jedoch keinerlei moralische Einwände gegen Vergnügungen wie das Kartenspiel oder das Tanzen. Sie setzte es z.B. durch, daß Hemingway und seine ältere Schwester Marcelline an Tanzveranstaltungen teilnehmen durften, und ging sogar so weit, in ihrem Hause anläßlich der Jahreswende 1916/17 für beide einen aufwendigen Silvesterball zu organisieren.

Berücksichtigt man diese Konfliktkonstellation, so muß auch die zweifellos richtige Beobachtung, daß sich der Autor mit den 'maskulinen' *outdoor values* des Vaters identifizierte und die 'femininen' *indoor values* der Mutter ablehnte, noch einmal differenziert werden. Das Verhältnis beider Eltern wich nämlich in einer Weise vom sozialtypischen Muster ab, die für den Sohn mit einem kommunikativen Dilemma verbunden war. Anders als in der konventionellen Mittelklassenfamilie, verkörperte bei den Hemingways nicht so sehr die Mutter die konventionellen Normen von Moral und Sitte, sondern der Vater. Für den jungen Hemingway führte dies in zweifacher Hinsicht zu einer ambivalenten Situation. Zwar repräsentierte der Vater für ihn einerseits die Freiheit und Ungebundenheit des naturverhafteten *outdoor life*, andererseits aber auch die repressiven Seiten einer puritanischen Mittelklassenmoral, gegen die er schon als Jugendlicher zu rebellieren begann. Umgekehrt verkörperte die Mutter für ihn die 'Künstlichkeit' einer verfeinerten Häuslichkeitskultur, gleichzeitig aber auch eine Tendenz zum Rebellischen, Unangepaßten und Unabhängigen, die ihm einerseits verlockend, andererseits bedrohlich vorkommen mußte. Möglich ist, daß hier frühkindliche emotionale Verlusterfahrungen – "the rapid displacement he suffered after the birth of the younger siblings" (Kert, 1983, 29) – ein Muster vorgeprägt haben, das sich unter dem Eindruck späterer Erfahrungen vertiefen sollte.

Das Zusammenwirken dieser verschiedenen Konfliktfaktoren führte in der Psyche des Autors offenbar zu einer sehr komplexen Form der 'Kompromißbildung'. Hemingways Überidentifikation mit dem Vater und die übersteigerte Aggressionshaltung gegen die Mutter sind Anzeichen einer Ambivalenz, die in seinem späteren Leben wie in seinem Werk unverkennbare Spuren hinterlassen hat. Zwar bezeugt sich in dem ausschweifenden Leben und den moralisch schockierenden Motiven seiner Romane und Kurzgeschichten immer wieder die Rebellionshaltung des Autors gegen die durch den Vater verkörperten Moral- und Sittengesetze seines bürgerlich-puritanischen Familien- und Gesellschaftsmilieus. Andererseits zeichnete sich sowohl Hemingways Tätigkeit als Schriftsteller als auch das Charakterprofil vieler seiner Helden durch ein strenges Pflichtethos aus, bei dem puritanische Tugenden wie Arbeitsdisziplin, Selbstkontrolle, Selbstüberwindung und schonungslose Ehrlichkeit gegen sich selbst in quasi mutierter Form wieder auftauchen. "Hemingway escaped from Oak Park in his youth and tried to replace it with Michigan and Montana, Paris and the Veneto. But he always retained his hard-working, self-reliant, conscientious, anxious and guilt-ridden Protestant heritage" (Meyers, 1986, 5).

Aber auch der im eigentlichen Sinne 'religiöse' Impuls ist bei Hemingway immer lebendig geblieben. Hierauf verweist nicht nur sein zeitweiliges Interesse am Katholizismus, sondern auch das gehäufte Auftreten religiöser Motive in seinen Schriften, wobei der Verhaltenskodex mancher *code heroes* häufig eine quasi 'religiöse' Dimension erhält. Was aber Hemingway wiederum als Künstler auszeichnet, ist seine Fähigkeit zu (selbst-)kritischer Distanz auch in solchen Bereichen.

Was den Einfluß von Hemingways Mutter betrifft, so täuscht seine aggressive Ablehnungshaltung darüber hinweg, daß sie für ihn ein stärkeres Rollenmodell darstellte, als er wahrhaben mochte. Seine Mutter war es vor allem, die ihm die ersten Kunst- und Bildungserfahrungen vermittelte und ihm insbesondere im musikalischen Bereich ein Gefühl für Ton und Rhythmus beibrachte, das – nach der Vermutung von Anthony Burgess – möglicherweise maßgeblichen Einfluß auf die stilistischen Qualitäten seiner Texte hatte (s. Kert, 1983, 35). Sie war es auch, die sein Interesse für Literatur entscheidend beförderte. "Before Ernest could read a word she had read to him from hundreds of books, had taught him to memorize Latin and German phrases and important lines of poetry" (Kert, 1983, 34 f.). Sobald er lesen konnte, entwikkelte er eine Lektüreleidenschaft, die sich später auch im Englischunterricht auf der High School stetig weiterentwickelte.

Der Einfluß der Mutter machte sich noch in anderer, für das künstlerische Temperament Hemingways vielleicht besonders charakteristischer Weise geltend. Grace Hemingway war nicht nur äußerst großzügig, wenn der junge Ernest seine Bücher unter der Bettmatratze versteckte und nachts heimlich las. Gegen alle Prinzipien puritanischer Doktrin förderte sie auch seinen Hang zu Tagtraumphantasien, weil sie davon überzeugt war, daß dies die Kreativität stimuliere. Hemingway zeigte denn auch schon als Kind ein ausgeprägtes Talent im Erfinden phantasievoller Abenteuergeschichten. So behauptete er im Alter von fünf Jahren, ein entlaufenes Pferd eigenhändig wieder eingefangen zu haben, und das Erinnerungsbuch seiner Mutter vermerkt: "[He] delights in shooting imaginary wolves, bears, lions, buffalo, etc. Also likes to pretend he is a 'soldser' [...]"(zit. in Meyers, 1986, 9). Solche Tagtraumphantasien setzen sich fort in den Geschichten des jungen Erwachsenen, der seine angeborene Sehschwäche auf Sportverletzungen zurückführte, die er sich angeblich im professionellen Boxgeschäft in Chicago zugezogen hatte (Meyers, 1986, 9). Mit diesen Geschichten verband sich zugleich ein schauspielerisches Talent – ebenfalls eine mütterliche Mitgift, die von Grace auch kräftig gefördert wurde: "From earliest boyhood he had entertained the family with imaginative tales in which he was the swashbuckling hero and had shown astonishing verbal aptitude, making puns and inventing nicknames. Like Grace he had an unusual power for projecting himself, and she watched his progress carefully" (Kert, 1983, 40). In solchen frühen Formen des Geschichtenerzählens und der Selbstpräsentation zeigt sich eine Neigung zur heroischen Selbstinszenierung und Selbstmythisierung, die in späteren Jahren immer mehr zu einem bestimmenden Verhaltensmuster mit durchaus zwanghaften Zügen werden sollte.

Ein besonders typisches Beispiel für diese Neigung ist die Legendenbildung, mit der Hemingway die Ereignisse um seine Kriegsverwundung im Ersten Weltkrieg umgab. Zunächst die Fakten: Nachdem die Vereinigten Staaten im April 1917 in einem allgemeinen Klima hysterischer Kriegsbegeisterung in den Ersten Weltkrieg eingetreten waren, brannte auch Hemingway darauf, den Schauplatz des Geschehens aus erster Hand kennenzulernen. Nach dem High School-Abschluß im Juni 1917 und einer darauffolgenden kurzen Tätigkeit als Reporter beim *Kansas City Star* meldete er sich Anfang 1918, nachdem die Armee ihn wegen seiner Sehschwäche nicht akzeptiert hatte,[4] als Freiwilliger beim amerikanischen Roten Kreuz, das ihn als Ambulanzfahrer an die italienische Front schickte. Hier, bei Fossalta di Piave, wurde er am 8. Juli 1918, während er gerade dabei war, in einem der vorgeschobenen Schützengräben Schokolade zu verteilen, von einer österreichischen Handgranate getroffen und erlitt eine schwere Beinverwundung. Nach verschiedenen Operationen und einem mehrmonatigen Genesungsaufenthalt im amerikanischen Rot-Kreuz-Hospital von Mailand kehrte er im Januar 1919 in seine Heimatstadt zurück und ließ sich dort als Kriegsheld feiern.

Hemingways Selbstinszenierung als Kriegsheld war, wie gesagt, schon durch eine gezielte Legendenbildung vorbereitet worden. In einem Brief an seine Familie behauptete er wider besseren Wissens, der erste Amerikaner zu sein, der an der italienischen Front verwundet wurde, und für die lokale Tageszeitung schrieb er einen Bericht, in dem von 227 Granatsplitterwunden und weiteren Maschinengewehrverletzungen die Rede ist:

> [...] The machine gun bullet just felt like a sharp smack on the leg with an icy snow ball. However it spilled me. But I got up again and got my wounded into the dugout. I kind of collapsed at the dugout.
> The Italian I had with me had bled all over me and my coat and pants looked like someone had made currant jelly in them and then punched holes to let the pulp out.
> [...]
> They couldn't figure out how I had walked a hundred and fifty yards with such a load, with both knees shot thru and my right shoe punctured in two big places; also over two hundred flesh wounds.
> "Oh," says I, in Italian, "my captain, it is of nothing. In America they all do it. It is thought well not to allow the enemy to perceive that they have captured our goats."
> The goat speech required some masterful lingual ability, but I got it across and then went to sleep for a couple of minutes. (Zit. in Reynolds, 1986, 20)

Diese unglaubliche Geschichte, deren Übertreibungssignale bei nüchterner Betrachtung eigentlich nicht zu übersehen sind, gewann in den Augen der Oak-Park-Öffentlichkeit dadurch an Plausibilität, daß die italienische Armee, die allerdings mit Ordensverleihungen an die Soldaten ihrer Verbündeten aus naheliegenden Gründen recht großzügig war, ihn mit der Silbernen Tapferkeitsmedaille und einem Verwundetenabzeichen ausgezeichnet hatte. Hemingway trug seine ordensgeschmückte Uniform bei seiner Heimkehr ostentativ zur Schau und erweckte in Interviews und bei Vorträgen an der heimatlichen High School den Eindruck, als habe er selbst aktiv an der Seite der Arditi (der italienischen Stoßtrupps) gekämpft und an drei größeren Schlachten teilgenommen. Legenden dieser Art wurden auch von der Hemingway-Forschung, u.a. von Carlos Baker, Malcolm Cowley und Philip Young, dankbar aufgenommen und haben sich dort lange Zeit hartnäckig gehalten (s. Lynn, 1987, 85 f.). – Die Episode beleuchtet ein Grundmuster, das für das gesamte weitere Leben Hemingways bestimmend bleiben sollte. Mit den Worten Kenneth S. Lynns:

> From the moment he embarked upon his career as a writer, he presented himself to the world as a man's man, and in both his published work and his very public behavior he established a heroic image of himself as an athlete and sportsman, a worldly-wise reporter, a battle-scarred soldier, an aficionado of the Spanish bullfight, and a hard-drinking bon vivant. As his fame grew, his self-dramatizations

> hardened into myth, for he had tapped into the twentieth century's enormous nostalgia for the manly virtues of earlier times [...]. (Lynn, 1986, 9)

Hinzuzufügen ist zum einen, daß dieser Mythos schon zu Lebzeiten Hemingways beträchtliche Risse bekam, und zum anderen, daß sich der Schriftsteller Hemingway mit seinem selbsterschaffenen Heldenbild auch durchaus (selbst-) kritisch auseinanderzusetzen vermochte.

Bei Hemingways Neigung zur heroischen Selbstinszenierung lassen sich verschiedene Faktoren unterscheiden. Eine wichtige Rolle spielt sicher das aus Hemingways Kindheitserfahrungen herrührende zwanghafte Bedürfnis, sich immer als 'richtiger Mann' beweisen zu müssen.[5] Darüber hinaus war er wie seine Mutter von einem starken Wunsch nach Ruhm und Erfolg motiviert, der sich überdies mit einem seismographischen Gespür für die trivialmythischen Bedürfnisse seiner Zeitgenossen verband. In einem Zeitalter, das den Glauben an die überlieferten Formen menschlichen Heldentums verloren hatte, konnten die heroischen Selbstinszenierungen Hemingways auf durchaus markträchtige Weise die emotionalen Bedürfnisse eines breiten Publikums befriedigen. Es spricht einiges für die These von Michael Reynolds, daß sogar das berühmte Bild des traumatisch verwundeten Helden eine geschickte, nicht zuletzt dem modischen Marktwert psychotherapeutischer Begriffe und Erklärungsmuster geschuldete literarische Rolleninszenierung ist. Unter dem Begriff Neurasthenie war das Phänomen des *shell shock* bereits im Jahre 1919 in aller Munde.

> Even the Oak Park newspaper knew about shell shock. [...] It was a safe thing to be interested in. But the more Hemingway read, the less he thought he had it. If he did, he did not have it bad, except a little maybe in the night. [...] A few years later when he invented Nick Adams, he gave him the shell shock. (Reynolds, 1986, 47)

In der Hemingway-Forschung scheint inzwischen Übereinstimmung darüber zu herrschen, daß Hemingways eigene Kriegsverwundung bei weitem nicht so traumatisch war, wie es Philip Young in seiner einflußreichen Studie *Ernest Hemingway: A Reconsideration* dargestellt hat. Dies berührt den heuristischen Erklärungswert von Youngs *shell shock*-These jedoch nicht grundsätzlich. Sie bedarf allerdings in folgender Hinsicht einer Ergänzung. Zunächst bleibt festzuhalten, daß die traumatischen Symptome – wie Schlaflosigkeit, Schweißausbrüche und Alpträume – nach der Verwundung, wenn auch erst nach der Heimkehr nach Oak Park und nicht in so heftiger Form wie von Hemingway (und Young) suggeriert, tatsächlich in Erscheinung traten. Darüber hinaus ist – mit Kenneth S. Lynn – davon auszugehen, daß sich diese Symptome zu einem Muster zusammenfügen, das sich bei Hemingway schon seit frühester Kindheit zeigte (Lynn, 1987, 46). Betrachtet man die genannten Phänomene im Rahmen eines psychoanalytischen Erklärungsansatzes, so liegt durchaus die Annahme nahe, daß den Kindheits- und den Kriegserfahrungen als gemeinsames psychologisches Substrat ein 'Kastrationskomplex', jedenfalls eine tiefsitzende Angst vor der Zerstörung der maskulinen Identität, zugrunde liegt.

Erklärungen dieser Art bedürfen jedoch einer Relativierung in dem oben angesprochenen Sinne, daß Hemingway sein eigenes psychisches Drama auch in durchaus kalkulierter Weise 'in Szene zu setzen' wußte. Sein Inszenierungstalent entsprach der schizoiden Natur einer Künstlerpersönlichkeit, die sich verschiedene Verhaltens- und Rollenmodelle anverwandeln und sich dabei zugleich aus einer gewissen Selbstdistanz über die Schulter schauen konnte. Hemingways Bericht über seine Kriegsverwundung ist ein anschauliches Beispiel dafür, wie er seine Heldenpose auf der einen Seite in einer Weise ausspielt, die auf den dramatischen Publikumseffekt abzielt, sie aber auf der anderen Seite in so humoristisch-pointierter Form übersteigert, daß die Darstellung *zugleich auch* die Form eines (selbst-)parodistischen Spiels erhält. Es ist eine zentrale Leitidee der vorliegenden Studie, daß Hemingway gerade aus dieser *double vision* heraus seine größten künstlerischen Leistungen vollbrachte.

2. Der sekundäre Sozialisationskontext: Die frühe Biographie in ihrem sozial-, kultur- und geistesgeschichtlichen Umfeld

Die frühe Biographie Hemingways entspricht also in vielerlei Hinsicht dem prototypischen Sozialisationsmuster jenes 'uramerikanischen' Lebensmilieus, für welches Soziologen das Schlagwort "Middle America" geprägt haben. Oak Park, Illinois schien, oberflächlich betrachtet, um die Jahrhundertwende noch weitgehend das mythische Idealbild des amerikanischen Kleinstadtlebens zu verkörpern.[6] Im Vergleich zu dem von Gewalt, Kriminalität und sozialen Spannungen geprägten Leben in nahegelegenen Großstädten wie Chicago oder Kansas City erschien die Stadt auch während Hemingways Kindheit und Jugendzeit immer noch wie eine 'heile Welt'. Hier beanspruchten traditionelle Werte wie Patriotismus, Religion und Familie noch uneingeschränkte Gültigkeit. Man pflegte nostalgisch-heroische Erinnerungen an historische Ereignisse wie den amerikanischen Bürgerkrieg, die Indianerkriege oder die Büffeljagden. Politisch war die überwiegende Mehrheit der Bevölkerung auf den Kurs eines 'progressiven' Republikanertums eingeschworen, wie es insbesondere durch Theodore Roosevelt, den zwischen 1901 und 1909 amtierenden Präsidenten der Vereinigten Staaten, repräsentiert wurde.

In außenpolitischer Hinsicht bedeutete dies, daß man die Formen imperialer Machtentfaltung der Vereinigten Staaten etwa im spanisch-amerikanischen Krieg um Kuba (1898), in den Militärinterventionen in Santo Domingo (1904-1907), Nicaragua (1910) und Haiti (1915) oder in der kriegerischen Auseinandersetzung mit Mexiko (1914-1917) im Sinne der *Manifest-Destiny*-Ideologie als Ausdruck einer gewissermaßen 'göttlichen Bestimmung' billigte bzw. diese Expansionsbewegungen im Lichte des *frontier*-Mythos als Aufbruch zu neuen

Grenzen auffaßte. In innenpolitischer Hinsicht fühlte man sich einem moderaten Sozialreformismus verpflichtet. Man schickte Missionare nach China und Afrika, trat für Strafgesetzreformen ein und gründete philanthropische Gesellschaften, die sich um die Armenfürsorge, die Einrichtung von Waisenhäusern und um die Verbesserung der Arbeits- und Lebensbedingungen der eingewanderten Industriearbeiter in Chicago kümmerten. Auch die Suffragettenbewegung konnte in Oak Park schon früh ihren Einfluß geltend machen. "In 1911, eight years before the nation, women in Oak Park won the vote on local issues" (Reynolds, 1986, 13).

Solche 'progressiven' Haltungen verbanden sich freilich mit einem ausgeprägt elitären Selbstverständnis. Die Vorstellung von der quasi naturgegebenen Überlegenheit der eigenen, 'weiß-angelsächsisch-protestantischen' (WASP) Kultur fand ihren Niederschlag nicht zuletzt in Formen eines paternalistisch geprägten Rassismus. Im Rahmen eines Klimas aufgeklärter Toleranz galt es gleichwohl als legitim, Schwarze, Indianer und Juden, aber auch andere ethnische und religiöse Minoritäten, als Menschen zweiter Klasse anzusehen, ganz zu schweigen von 'sexuellen Minderheiten', die von vornherein durch massive religiöse und moralische Tabus aus dem Bereich des 'Normalen' ausgegrenzt waren.

So sehr sich allerdings Oak Park bemühte, eine Enklave der althergebrachten Ordnungen und Gewißheiten zu bleiben, machten die gesellschaftlichen Veränderungs- und die sie begleitenden Krisenerscheinungen nicht vor der Stadtgrenze halt. Zwischen Hemingways Geburt im Jahre 1899 und seinem Weggang nach Kansas City im Jahre 1917 vollzogen sich auch in seiner Heimatstadt tiefgreifende Veränderungen, die den historischen Übergang von der traditionellen, agrarisch geprägten Gesellschaft zur modernen Konsumgesellschaft markieren. Die Einführung von Elektrizität, Telefon und Automobil veränderte die Qualität des Alltagslebens grundlegend. Allmählich verschwanden die Pferdegespanne aus dem Stadtbild, und an die Stelle der vergleichsweise selbstgenügsamen Farmkultur trat immer mehr die moderne Konsumtechnologie mit Waschmaschine, Staubsauger, Haartrockner und ähnlichem. Neue Formen der Unterhaltung entstanden durch die Erfindung von Stummfilm und Schallplattenspieler. Eisenbahn und Auto eröffneten darüber hinaus neue Möglichkeiten der Mobilität, die den Kontakt zwischen Oak Park und der Außenwelt in einer bis dahin nicht gekannten Weise intensivierten.

Die Folgen dieser Entwicklung waren vielfältig. Eine gewisse Lockerung der moralischen Sitten läßt sich beispielsweise an der modischen Beliebtheit neuer 'erotischer' Tänze wie Tango und Foxtrott ablesen. In sehr viel stärkerem Maße bestimmten nun auch Alkohol und Glücksspiel das Freizeitverhalten insbesondere der jungen Generation. Gleichzeitig stieg die städtische Verbrechensrate: Diebstahl, Raub und Gewalttätigkeit waren zwar nicht an der Tagesordnung, wurden aber zunehmend als eine Bedrohung des kleinstädtischen Ordnungsgefüges empfunden.

Man könnte vermuten, daß (wenngleich in ganz anderer Weise) auch die Suffragettenbewegung als eine potentielle Bedrohung dieses Ordnungsgefüges erfahren wurde. Soweit aus den einschlägigen biographischen Darstellungen ersichtlich, finden sich dafür jedoch keine direkten Belege. Es ist anzunehmen, daß der Sache der Frauenrechtlerinnen in dem für die Mittelklassenkultur Oak Parks charakteristischen Klima 'aufgeklärter Toleranz' zumindest öffentlich mit einem ähnlich paternalistischen Wohlwollen begegnet wurde (s. Reynolds, 1986, 12 f.). Daß jedoch auch von dieser Seite eine Bedrohung des traditionellen Ordnungsgefüges ausging, zeigt sich, wie bereits angedeutet, nicht zuletzt an der ehelichen Konfliktsituation von Hemingways Eltern. Dies veranschaulicht auf besonders exemplarische Weise, wie allgemeingesellschaftliche Konfliktfaktoren in den vermeintlich privaten Kernbereich von Individuen hineinreichen können. Die Kleinwelten von Familie und Heimatstadt reflektieren ihrerseits auf übergreifende gesellschaftlich-historische Kontexte, die im folgenden kurz skizziert werden sollen.

Das Jahr 1890, auf das in diesem Zusammenhang zurückzugehen ist, wird von Historikern mit Recht als eine Art 'Wasserscheide' der amerikanischen Geschichte angesehen (u.a. Commager, 1950, Kap. 2). Es markiert das Ende der *frontier* und zugleich den Beginn einer rapiden Modernitätsentwicklung, die nicht nur die Auflösung des agrarischen Amerika beschleunigte, sondern auch die vielfältigen Umbruchs- und Krisenerscheinungen zuspitzte, die sich, verstärkt seit dem Bürgerkrieg, als Folge der allgemeinen technologischen und industriellen Entwicklung abzeichneten.

Von dieser komplexen Entwicklung seien nur jene Aspekte stichwortartig herausgegriffen, die hier von besonderem Interesse sind. Mit der Schließung der *frontier* wurde die bereits von James Fenimore Cooper beklagte Ausbeutung und Zerstörung der Natur auch im allgemeinen Bewußtsein als eine historische Verlusterfahrung registriert (Mitchell, 1981; Lears, 1981). Dies wiederum stimulierte einen nostalgischen, auf die Wiedergewinnung eines 'ursprünglicheren' Zustandes gerichteten Bedürfnisimpuls, der in der 'retrospektiven Mentalität' der amerikanischen Kultur ohnehin von Anbeginn präsent war (Hansen, 1984).

Dieser Impuls, der seinen Ausdruck schon in Thomas Jeffersons gesellschaftlichem Idealbild einer harmonisch mit dem Boden verbundenen "agrarian society", in St. John de Crèvecœurs Verherrlichung des freien, selbstbestimmten Farmerlebens, in der transzendentalistischen Naturvergöttlichung Emersons und Thoreaus gefunden hatte, äußerte sich auch in der amerikanischen Literatur des späten 19. und frühen 20. Jahrhunderts, und zwar in einer Weise, die indirekt auf die oben angesprochene Verlusterfahrung verweist. Die bereits nach dem Bürgerkrieg einsetzende Tendenz zu einem 'bodenständigen Realismus'

(Link, 1980, 208 ff.), repräsentiert durch Autoren wie Bret Harte und Mark Twain, fand in der Literatur um die Jahrhundertwende seine Fortsetzung u.a. in der Populärgattung des Cowboyromans – eines Genres, das den Westen, die Region der unwiederbringlich verlorenen offenen Grenze, als mythischen Inbegriff einer naturnäheren und freiheitlicheren Lebensweise zelebriert. In komplexerer Weise äußert sich der gleiche Impuls auch in einem naturalistischen Werk wie Frank Norris' *McTeague* oder in den See- und Abenteuergeschichten Jack Londons, in denen die Romanfiguren sich vor dem Hintergrund archaischer Naturszenarien bewähren müssen.

Die außerordentliche Beliebtheit der oben genannten Populärgattung verweist auf eine weitere Verlusterfahrung. Durch die verstärkte Technisierung und Rationalisierung der industriellen Arbeitsprozesse wurde ein zunehmendes Defizit an den Möglichkeiten individueller Autonomie und Selbstverwirklichung spürbar. In dieser Hinsicht ist auch die ökonomische Gesamtentwicklung signifikant. Die Zeit der großen Einzelunternehmer ging in den neunziger Jahren langsam zu Ende, und an ihre Stelle traten immer mehr die *corporations*, d.h. anonyme Kapitalgesellschaften und Konzerne, in denen die Individualität des Einzelnen nur einen geringeren Stellenwert hatte. Bezeichnenderweise ging diese Wirtschaftsentwicklung einher mit einer gegenläufigen ideologischen Bewegung. Realhistorisch bereits zu einem Anachronismus geworden, wurde der Industrietycoon im allgemeinen Bewußtsein der Zeit zu einem allgewaltigen Übermenschen stilisiert, eigneten sich doch historische Figuren wie Jay Gould, John D. Rockefeller, Andrew Carnegie oder J.P. Morgan in hervorragender Weise als Projektionsgestalten für mythische Vorstellungen wie Pioniergeist und *rugged individualism.* Bezeichnend für diese 'Gleichzeitigkeit des Ungleichzeitigen' ist schließlich die Tatsache, daß die *frontier* in der amerikanischen Geistesgeschichte erst in dem Augenblick zum mythischen Ort bodenständiger Pioniertugenden avancierte, als sie historisch nicht mehr existierte.

Eine weiteres Phänomen läßt sich unter dem Stichwort der 'Vermassung' zusammenfassen – einem Begriff, der sich hier auf demographische Entwicklungen wie das explosionsartige Wachstum der Großstädte, die durch immer neue Einwanderungswellen verstärkte Bevölkerungsverdichtung sowie den rapiden Anstieg der geographischen und sozialen Mobilität bezieht. In einem bis dahin nicht gekannten Maße lösten sich Menschen aus ihren angestammten Lebenszusammenhängen und kamen mit fremden Subkulturen und Lebenswelten in Berührung. Die Folge waren vielfach Identitäts-, Orientierungs- und Sinnkrisen, die sich einerseits nicht selten in einem Gefühl der 'Unwirklichkeit der Wirklichkeit', andererseits in einem erhöhten Bedürfnis nach ordnungs- und bedeutungsstiftenden Strukturen sowie einer gesteigerten Sehnsucht nach 'authentischem Leben' niederschlug (K. Müller, 1993, 19 ff.).

Das Beispiel des amerikanischen Naturalismus um die Jahrhundertwende illustriert anschaulich die geistesgeschichtlichen Rückwirkungen solcher Erfahrungskonfigurationen. Die Werke naturalistischer Autoren wie Frank Norris, Theodore Dreiser und Stephen Crane kreisen einerseits in immer neuen Variationen um die Idee der Theaterhaftigkeit der gesellschaftlichen Wirklichkeit (K. Müller, 1991, 41 und passim) und insistieren andererseits auf der Vorstellung, daß diese Wirklichkeit auf Gesetzmäßigkeiten basiert, die sich mit quasi naturwissenschaftlicher Präzision beschreiben lassen. Hier zeigt sich eine charakteristische Ambivalenz der naturalistischen Schreibweise: Die Erfahrung der Sinn- und Orientierungskrise wird kompensiert durch den Rückgriff auf totalisierende Denkmodelle (wie Positivismus, Sozialdarwinismus, Evolutionstheorie und Marxismus), die das gewissermaßen zwanghafte Bedürfnis nach Ordnung, Kontrolle und Macht zumindest auf intellektueller Ebene zu befriedigen vermögen. Die gleiche Ambivalenzhaltung zeigt sich auf der Ebene der Figurengestaltung. Naturalistische Autoren wie beispielsweise Theodore Dreiser und Jack London illustrieren die Grundidee von der Determiniertheit des Individuums mit Vorliebe an Übermenschengestalten, die von einem allumfassenden Macht- und Herrschaftsinstinkt getrieben sind.

Von besonderer Bedeutung ist die geschlechtspolitische Komponente, die in die Porträts solcher Gestalten mit eingegangen ist, handelt es sich dabei doch durchweg um männliche Figuren, die – besonders deutlich etwa in der Cowperwood-Gestalt in Theodore Dreisers gleichnamiger Romantrilogie oder in der Titelgestalt von Frank Norris' *McTeague* – von einem unbändigen sexuellen Eroberungstrieb geleitet sind, der auf auktorialer Ebene als Ausdruck eines 'naturhaften' Instinktbedürfnisses legitimiert wird.

Die Vorliebe der naturalistischen Autoren für Vorstellungen des Kontrollierens und Beherrschens, insbesondere auch ihre Obsession mit sexuellen Machtphantasien, ist u.a. deutbar als ein Reflex auf eine geschlechtspolitische Entwicklung, die teilweise im Zusammenhang mit einigen der bereits genannten Faktoren steht. Nicht zuletzt technologischen Innovationen wie Telefon und Schreibmaschine ist es zu verdanken, daß sich Frauen aus der Mittelschicht in größerer Zahl aus dem ihnen bis dahin zugewiesenen 'häuslichen Bereich' lösen konnten. So erhielt die Emanzipationsbewegung der amerikanischen Frauen eine neue Schubkraft. Im Jahre 1890 wurde die *National American Women Suffrage Association* gegründet, und im Verlauf der beiden folgenden Jahrzehnte trat immer stärker jener soziale Typus der *new woman* ins allgemeine Bewußtsein, die sich aus häuslichen Bindungen befreite und ihren Platz in der bis dahin fast ausschließlich männlich dominierten öffentlichen Sphäre beanspruchte. Mit diesen Entwicklungen ging auch eine Veränderung sozialer Verhaltensorientierungen einher, die sich, mit einem Begriff von Ann Douglas, als eine Tendenz zur 'Feminisierung der amerikanischen Kultur' (Douglas, 1977) charakterisieren ließe. Mit anderen Worten: Nach der Schließung der

Westgrenze gerieten auch die dem *frontier*-Geist gemäßen 'maskulinen' Sozialisationsmuster tendenziell in eine Legitimationskrise. Statt Härte, physischer Stärke, individueller Durchsetzungsfähigkeit, Tapferkeit usw. waren in der modernen Dienstleistungs- und Konsumgesellschaft traditionell 'weibliche' Verhaltensorientierungen wie modisches Trendbewußtsein, Anpassungsbereitschaft und geschickte Verhaltensinszenierung gefragt.

Die Reaktionen auf diese Legitimationskrise waren in doppelter Weise paradox. Zum einen entstand – aus einem kompensatorischen Bedürfnis heraus – eine erhöhte Nachfrage nach mythischen 'Männlichkeitsbildern'. Zum anderen waren diese Nachfrage und das damit verbundene Bedürfnis, Maskulinität ostentativ in Szene zu setzen, selbst Ausdruck eines zeitgenössischen Modetrends. Den Bedürfnissen, die der Naturalismus hier teilweise befriedigte, kam im Bereich der populären Literatur insbesondere der Cowboyroman entgegen.

Beispielhaft für die angesprochenen Funktionszusammenhänge ist vor allem Owen Wisters gattungsprägendes Werk *The Virginian* sowie die Umstände seiner Entstehung und Rezeption. Der Autor dieses Romans, der einer hochkultivierten Familie und der amerikanischen Ostküstenelite entstammte, erlebte den Westen als eine Art Regenerationsraum, der „in seiner unkorrumpierten, ursprünglichen Lebensart [...] eine Alternative zu den dekadenten Exzessen des Ostens" bot (Ostendorf, 1984, 280). Im Sinne einer Therapie sowohl für seine eigenen psychosomatischen Leiden als auch für die vermeintlichen Verweichlichungserscheinungen der Gesellschaft verstand Wister auch seine schriftstellerische Tätigkeit.

Bezeichnend ist in diesem Zusammenhang insbesondere das Inszenierungsmoment: Wister war zwar kein echter 'Westerner', aber er „*verkleidete* sich" als solcher (Ostendorf, 1984, 280). Sein Fall ist insofern „paradigmatisch und seine Apotheose des Westens nur Teil einer Bewegung", wie sie u.a. auch von Wisters Zeitgenossen Frederic Remington und insbesondere Theodore Roosevelt verkörpert wurde (Ostendorf, 1984, 279). Für den Bildhauer und Landschaftsmaler Remington, zu dessen bevorzugten Sujets Soldaten, Indianer und Cowboys gehörten, wurde der Westen zu einem mythischen Ort der persönlichen und gesellschaftlichen Regeneration. In noch stärkerem Maße galt dies für Theodore ("Teddy") Roosevelt, bei dem überdies das Inszenierungsmoment besonders augenfällig zur Geltung kam. Roosevelt, der nach Auffassung von Michael Reynolds das mit Abstand einflußreichste Rollenmodell für den jungen Hemingway darstellte, verstand es, ähnlich wie ein Jahrhundert zuvor Benjamin Franklin, sich durch vielfältige Formen der 'Selbsterfindung' zu einem 'uramerikanischen' *culture hero* zu stilisieren:

> He invented himself, continually advocating his own accomplishments as national goals and virtues.
>
> [...]

> For any boy born at the turn of the century, Theodore Roosevelt was a living legend: western rancher, rough rider, hero at San Juan Hill, the President, African hunter, South American explorer. In popular magazines like *National Geographic*, *Century* and *Outlook*, his essays regularly detailed his own adventures while preaching the strenuous life. When he went on African safari to gather animals for the Smithsonian, he took cinematographers with him. The skins were not yet stuffed when the movie played in Oak Park. At the dime matinee with all the other school children, Hemingway "saw the most dominant figure since Napoleon, in strenuous stunts peculiarly his own," as the movie was advertised.
> [...] A master at publicizing himself, [Roosevelt] lived the adventure and then wrote about it. [...] The legend Roosevelt became was a conscious creation, whose message was simple: a man of moral fiber and physical endurance can do whatever he can imagine himself doing. (Reynolds, 1986, 24 f.)

Roosevelts Repertoire an maskulin-individualistischer Selbstinszenierung hatte zwar ein anderes Niveau, war aber im Grunde von gleicher theatralischer Qualität wie die Wildwestshows seines Zeitgenossen Bill Cody ("Buffalo Bill"), jenes berühmten Helden des Bürgerkrieges, der Indianerkriege und der Büffeljagden, der seit 1883 seine eigene Legende in Form zirkusartiger Szenenspektakel vermarktete. Man könnte die Beispielreihe verlängern: Auch naturalistische Schriftsteller wie Frank Norris, Stephen Crane und Jack London neigten, ähnlich wie der ein Jahr früher als Hemingway geborene Dramatiker Eugene O'Neill, zu spektakulären Formen der 'Männlichkeitsinszenierung' – eine Neigung, die allerdings bei diesen Autoren, wie später auch bei Hemingway selbst, eine eigentümlich selbstzerstörerische Qualität annahm. Das gleiche Muster begegnet uns, hier wieder in trivialisierter Form, in der modischen Begeisterung für das Ideal physischer Fitneß und für kompetitiv-maskuline Sportarten wie Boxen, Football oder Langstreckenlauf.

Vor dem hier skizzierten Hintergrund wird deutlich, wie sehr die Makrostrukturen kollektiver amerikanischer Kulturerfahrungen in die sozialen Mikrobereiche der Heimatstadt und Familie sowie in den inneren Persönlichkeitsaufbau Hemingways hineingewirkt haben. Michael Reynolds hat viele dieser Zusammenhänge in seiner Biographie *The Young Hemingway* dargestellt. Seine Studie greift allerdings zu kurz, wenn sie die psychopathologischen Symptome, die sich bei Hemingway und seinem Vater nachweisen lassen, einseitig aus genetischen Ursachen ableitet (86 und passim). Ed Hemingways nervöse Gereiztheit entspricht durchaus dem epochentypischen Krankheitsbild der Neurasthenie (vgl. Ostendorf, 1984, 279), und zwar nicht nur von ihren äußeren Symptomen, sondern auch von ihren möglichen sozialpsychologischen Bedingungsfaktoren her. Sein starres Festhalten an einmal erlernten Doktrinen und Prinzipien läßt sich ebenso wie der Ritualismus seiner Handlungsweisen oder die Zwanghaftigkeit seines Verhaltens als Ausdruck anomischer Ängste vor Kontroll- und Orientierungsverlust deuten. Daß sich solche Ängste wesentlich aus der *sozialen* Situation herleiten lassen, wird im Grunde auch durch

Reynolds' Darstellung nahegelegt, in der immer wieder das asymmetrische Verhältnis der beiden Ehepartner hervorgehoben wird. Die bei Ed Hemingway konstatierbaren Symptome entsprechen jedenfalls strukturell jenem zeittypischen Grundmuster obsessiven Ordnungsverlangens, das sich in den unterschiedlichen Ausprägungen manifestierte.

Steht beim Persönlichkeitsbild des Vaters vor allem die geschlechtspolitische Konfliktthematik im Vordergrund, kommen die oben angesprochenen kulturellen Konflikt- und Krisenfaktoren bei dem Sohn noch in sehr viel umfassenderer und komplexerer Weise zum Tragen. Hemingways unstetes Wanderleben, mit seinen Ausflügen in die Skigebiete der Schweiz und Österreichs, die Fischgründe des Schwarzwalds, in die 'exotischen' Natur- und Kulturräume Spaniens oder Afrikas, seine Aufenthalte in Key West, Kuba oder in der wilden Naturlandschaft Idahos, seine lebenslange Faszination für den Krieg, den Stierkampf oder für 'maskuline' Sportarten wie Jagen oder Fischen, sind Ausdruck einer ebenso zwanghaften wie selbstzerstörerischen Suche nach der verlorenen *frontier*, d.h. nach vermeintlich 'echteren', naturnäheren Existenzformen. In dieser Faszination bezeugt sich Hemingways obsessives Bedürfnis, sich immer wieder in existentielle Grenzsituationen zu begeben oder sie als Beobachter mitzuerleben. In solchen Grenzsituationen, in denen zugleich 'männliche' Tugenden wie Mut, Tapferkeit, physische und geistige Geschicklichkeit usw. zur Bewährung standen, suchte er nach jenen epiphaniehaften Momenten 'authentischer' Erfahrung, die in einer Zeit der allgemeinen Werteauflösung noch einen Rest von individuellem Lebenssinn zu garantieren schienen.

Die Paradoxie von Hemingways persönlicher Biographie bestand allerdings darin, daß der Gestus der 'Eigentlichkeit' von Anfang an mit der Qualität des Imitativen und des Posenhaften behaftet war. Wie sein Vorbild Roosevelt war der junge Hemingway ein Meister der 'Selbsterfindung' und formte sein öffentliches Image nach den kulturellen Modellen, die im zeitgenössischen Diskurs einen hohen 'Marktwert' hatten. Die Tragik (oder wenn man so will: die groteske Komik) seines Lebens bestand darin, daß dieser Gestus im Laufe der Zeit mehr und mehr zu einem kulturindustriellen Klischee erstarrte; so sehr, daß Hemingway schließlich gegen Ende seines Lebens nur noch wie eine traurige Parodie seines selbsterschaffenen Mythos wirkte. Der Künstler Hemingway blieb, insbesondere in der mittleren und der späten Schaffensphase, gegen solche Korrumpierungserscheinungen keineswegs immun. Dem Maßstab künstlerischer Integrität wird sein Werk jedoch vor allem dort gerecht, wo es den Konflikt zwischen Eigentlichkeit und Pose in selbstreflexiver Weise thematisiert. Daß Hemingways literarisches Werk ein komplexeres Phänomen darstellt, als die öffentliche Rollenmaske des Autors vermuten läßt, wird u.a. an den vielfältigen literarischen Einflüssen und Kontexten sichtbar, die es mitgeprägt haben.

3. Literarische Einflüsse und Kontexte: Der Schriftsteller zwischen Viktorianismus und Moderne

Die bisherige Darstellung relativiert das gängige Bild Hemingways als eines prototypischen Vertreters der literarischen Moderne zunächst insoweit, als sie die traditionalistisch-rückwärtsgewandten und die affirmativ-populärkulturellen Elemente und Einflußfaktoren besonders hervorgehoben hat. Dieses 'antimodernistische' Bild läßt sich mit Blick auf die literarischen Einflüsse, welche die frühen Schreibversuche des Autors maßgeblich mitgeprägt haben, weiter vertiefen.[7] Wie erwähnt, bestand seine literarische Schulausbildung aus einem umfangreichen Lektüreprogramm, das sich im wesentlichen aus britischen Werken zusammensetzte. Zu seinen frühen britischen Lieblingsautoren gehörten beispielsweise der durch seinen romantischen Mittelalterroman *The Forest Lovers* bekannt gewordene Romancier Maurice Hewlitt. Dem jungen Hemingway imponierte offenbar der ritterliche Ehrenkodex von Hewlitts mittelalterlichem Kriegshelden (Reynolds, 1986, 223), den er auch in dem von ihm ebenfalls geschätzten Cowboyroman *The Virginian* wiederzuentdecken glaubte. Beeindruckt haben ihn auch die romantischen Seeabenteuergeschichten des heute weitgehend unbekannten Frederick Marryat (Reynolds, 1986, 24) und das Kurzgeschichtenwerk Rudyard Kiplings, das die Themen und Motive von Hemingways späterem Werk besonders stark beeinflußte.

Als erster Kritiker hat Edmund Wilson in seiner Essaysammlung *The Wound and the Bow* (1947) auf die Parallelen zwischen beiden Autoren aufmerksam gemacht:

> They have much the same split attitude toward women. Kipling anticipates Hemingway in his beliefs "that he travels the fastest that travels alone" and that "the female of the species is more deadly than the male"; and Hemingway seems to reflect Kipling in the submissive infra-Anglo-Saxon women that makes his heroes such perfect mistresses. (zit. in Meyers, 1985, 110)

Wilsons Anregung folgend, geht Jeffrey Meyers in seiner Hemingway-Biographie weiteren Parallelen und Einflußfaktoren nach (Meyers, 1985, 110-116). Er stellt dabei nicht nur frappierende biographische Ähnlichkeiten, sondern auch augenfällige motivische und formale Übereinstimmungen fest: Beide gleichen einander in der Betonung eines auf Mut, Pflicht und Kampfbereitschaft ausgerichteten Männlichkeitsideals, beide projizieren dabei ein tendenziell misogynes, ethnozentrisches und rassistisches Menschenbild, beide sehen das Individuum als einen Spielball von Schicksalsmächten, denen nur heroisches, wenn auch letztlich hoffnungsloses Durchhalten entgegengesetzt werden kann, beide sind fasziniert von Phänomenen wie Grausamkeit, Gewalt und psychischen Extremsituationen wie Einsamkeit, Schlaflosigkeit und Nervenversagen, beide bedienen sich mit Vorliebe 'isolierter Helden', die vor dem Hintergrund exotischer Landschaften und Kulturen physische und moralische Bewährungsproben zu bestehen haben, und beide haben dabei "an extraordinary ability to evoke what D.H. Lawrence called 'the spirit of place'" (Meyers, 1985, 115). Das Vorbild von Kiplings Stilprinzip der "economy of implication" half Hemingway auch, sich seinem eigenen Stilideal anzunähern, jener 'Technik des Auslassens', die er später mit dem Bild des Eisbergs beschrieben hat (s. dazu Kap. I,4).

Neben Kipling zählte Hemingway im Jahre 1915 auch amerikanische Schriftsteller wie Stewart Edward White, einen heutzutage weithin unbekannten Autor aus Michigan, der seine persönlichen Erfahrungen in der kalifornischen Wildnis in Form von populären *outdoor life*-Romanzen verarbeitete, zu seinen Vorbildern. Whites Protagonisten verweisen auf eines der Grundthemen der amerikanischen *frontier*: Es sind oft Helden, die auf sich allein gestellt gegenüber einer bedrohlichen Natur bestehen müssen. Das Kiplingsche Grundmotiv des 'isolierten Helden', das im amerikanischen Kontext seit jeher mit besonderen mythischen Konnotationen behaftet war, findet sich in anderen Variationen auch bei Horatio Alger, Mark Twain, Jack London oder Owen Wister. Auch diese Autoren kommen als spezifisch amerikanische Einflüsse auf den frühen Hemingway in Frage.

Zu den Schriftstellern, die sich der junge Hemingway als persönliche und literarische Rollenmodelle anverwandelte, gehören ferner populäre zeitgenössische Autoren wie Ring Lardner und O. Henry [William Sidney Porter]. An ihnen beeindruckte Hemingway vor allem die Rollenmaske des 'sardonischen Humoristen', in der sie ihre skeptisch-pessimistische Lebensvision zum Ausdruck brachten. Mit der Imitation Ring Lardners hatte Hemingway schon als Beiträger der Schülerzeitung seine ersten literarischen Erfolge. Er übernahm von Lardner insbesondere die Technik der unterkühlt-satirischen Porträtierung menschlicher Durchschnittsexistenzen und der humoristischen Wiedergabe umgangssprachlicher Gruppenidiome, etwa aus dem Sportler- oder dem Künstlermilieu. Bei O. Henry interessierten ihn auch exotische Revolutions- und Abenteuergeschichten und die Techniken der Vignette, der episodischen Kurzerzählung und des *surprise ending*.

Wie Michael Reynolds in seiner biographischen Studie *The Young Hemingway* überzeugend herausgearbeitet hat, waren Hemingways frühe literarische Versuche bis Anfang der zwanziger Jahren noch überwiegend von einer durchaus opportunistischen Imitationshaltung geprägt. Reynolds belegt dies u.a. mit einer persönlichen Manuskriptnotiz des Autors, in der sich diese Haltung in zynischer Direktheit offenbart:

> Imitating everybody, living and dead, relying on the fact that if you imitate someone obscure enough it will be considered original.
> Education consists in finding sources obscure enough to imitate so that they will be perfectly safe. (zit. in Reynolds, 1986, 49)

Aufschlußreich sind auch Reynolds' Ausführungen über die europäischen Einflüsse, die zu Beginn der zwanziger Jahre für Hemingway maßgeblich wurden. Zu einem Rollenmodell wurde u.a. der italienische Spätromantiker Gabriele d'Annunzio, von dem vor allem der autobiographisch getönte Liebesroman *Il Fuoco* ('Das Feuer') einen nachhaltigen Eindruck hinterließ (s. Geroginannis, 1981, 73-87). In den Biographien beider Schriftsteller gibt es zahlreiche Parallelen, die d'Annunzio als ein weiteres Rollenvorbild für Hemingway ausweisen. Reynolds bringt die Problematik solcher Einflußfaktoren wie folgt auf den Punkt:

> From d'Annunzio, T.E. Lawrence of Arabia and Lord Byron, Hemingway gradually developed a public role for the writer in his time: a physical, passionate, active life balanced against the contemplative life while actually writing. The public role that developed was nothing short of disastrous for American literature: the writer not only had to write well and honestly, he also had to test himself in the crucible of fear and danger. He eventually defined for his time how an American writer should live, and more than a few post-Hemingway writers would destroy their talent trying to follow in his large footsteps.
>
> It was a self-destructive model, but the American models available to him in his youth were simply no longer viable. [...] He needed a strong, masculine public model and America had none to provide. [...] Hemingway needed a mask behind which to write, a mask to cover his own fears and inexperience [...]. Because he could not find one in the American market place, he invented his own, piecing it together from the rag-tag residue of European romanticism. It would take him ten years to perfect the part and another five to make it public domain. By the time he was thirty-five, the mask was no longer removable, and he had become the writer he invented. (Reynolds, 1986, 211 f.)

Eine nicht unwichtige Station auf Hemingways Weg zu einem Schriftsteller der Moderne war seine frühe Reportertätigkeit beim *Kansas City Star* zwischen Oktober 1917 und April 1918. "The newspaper took pride in training its own men and its famous handbook of style had a distinct influence on Hemingway's innovative prose. It advocated short sentences, short paragraphs, positive, vigorous English; emphasized authenticity, selectivity, compression, precision, clarity, immediacy" (Meyers, 1985, 24, s. insb. Fenton, 1954).

Zu ersten direkten Begegnungen mit amerikanischen Vertretern der literarischen Moderne kam es dann während der Zeit seiner journalistischen Tätigkeit zwischen 1920 und 1921 bei einer Zeitschrift in Chicago. Hier lernte er Autoren wie Carl Sandburg und Sherwood Anderson persönlich kennen, erfuhr näheres über die *Chicago Renaissance* und wurde erstmals mit der Idee eines literarischen Nationalismus konfrontiert: "Anderson told him that Twain and Whitman were the two great American writers whose roots flourished in native soil" (Reynolds, 1986, 183). Anderson, der sich während dieser Zeit als eine Art väterlicher Tutor für jüngere literarische Talente betätigte, regte Hemingway darüber hinaus zur Lektüre internationaler Autoren wie Dostojewski,

Turgenjew, Tschechow und D.H. Lawrence an. Er war es auch, der im November 1921, nach der Rückkehr von einem sechsmonatigen Parisaufenthalt, generöse Empfehlungsschreiben an literarische Größen wie Ezra Pound und Gertrude Stein schrieb und Hemingway damit ein Entree in das Zentrum der internationalen Moderne verschaffte.

Insgesamt läßt sich sagen, daß Andersons Bedeutung für Hemingways Entwicklung vor allem in seiner Rolle als Anreger und Vermittler besteht, während die direkten literarischen Einflüsse wahrscheinlich geringer zu veranschlagen sind. Was Hemingway von Anderson übernahm, war insbesondere die freizügige Gestaltung des Sexuellen, zu der er wohl auch durch die Lektüre von psychoanalytischer 'Aufklärungsliteratur' inspiriert wurde, wie sie damals in Mode war. Dem sentimentalen Romantizismus Andersons stand er jedoch von Anfang an mit großer Skepsis gegenüber (wobei man darüber spekulieren könnte, inwieweit Hemingway hier ähnliche Züge bei sich selbst zu verleugnen suchte).

Hemingways Berührung mit der internationalen literarischen Moderne vollzog sich im wesentlichen während der Pariser Zeit zwischen 1922 und 1928. Seit dem 3. September 1921 mit Hadley Richardson verheiratet, begab er sich im Dezember des gleichen Jahres mit ihr nach Paris, um eine Tätigkeit als Auslandsreporter und Korrespondent des *Toronto Star* aufzunehmen. Schon in den ersten Monaten des Jahres 1922 lernte er hier führende Repräsentanten der literarischen Avantgarde wie Ezra Pound, Gertrude Stein und James Joyce persönlich kennen. Es folgten weitere Bekanntschaften in den Jahren 1923 bis 1925, u.a. mit John Dos Passos und F. Scott Fitzgerald, die sich zusammen mit Hemingway und Faulkner in den zwanziger Jahren als die bedeutendsten Vertreter der modernen amerikanischen Erzählprosa etablierten.

Neben dem Empfehlungsschreiben Andersons, das ihm den Eintritt in den Salon Gertrude Steins verschaffte, verdankte Hemingway viele seiner Kontakte und Anregungen Sylvia Beach, einer amerikanischen Intellektuellen, die nach dem Krieg in Paris einen Buchladen eröffnete, der zugleich als Ausleihbibliothek fungierte. Ihre Bestände nutzte der Autodidakt Hemingway ausgiebig, um sich in einem intensiven Lektüreprogramm umfangreiche Literaturkenntnisse anzueignen. Jeffrey Meyers, der in seiner Biographie die literarischen Einflüsse besonders gründlich untersucht hat, kommt bei der Aufzählung der Autoren, die für den Beginn von Hemingways Entwicklung als ernsthafter Schriftsteller besonders wichtig waren, auf eine stattliche Liste:

> The[se] authors [...] were Tolstoy, Dostoyevsky, Turgenev; Stendhal, Flaubert, Maupassant; Kipling, Conrad, Joyce, D.H. Lawrence; Twain, James, Crane, Anderson, Stein, Pound and Eliot. Five writers outside the American tradition – Tolstoy, Kipling, Joyce, D.H. Lawrence and (later) T.E. Lawrence – had [...] a profound effect on his work. (Meyers, 1985, 72)

In Sylvia Beachs Buchladen traf Hemingway auch zum ersten Mal auf Ezra Pound, der sich seiner annahm und ihn mit Künstlern wie Wyndham Lewis, Ford Maddox Ford und John Peale Bishop bekannt machte. Sylvia Beach, der die Erstveröffentlichung von *Ulysses* (1922) zu verdanken ist, brachte ihn auch mit Joyce zusammen, dessen Werk Hemingway daraufhin gründlich zu studieren begann.

Von den persönlichen Kontakten zu Stein, Pound und Joyce profitierte Hemingway in vielfältiger Weise. Gertrude Stein, die mit ihren frühen Werken *Three Lives* (1909) und (dem bereits zwischen 1906 und 1908 entstandenen) *The Making of Americans* (1925) einen neuen, revolutionierenden Prosastil entwickelt hatte, brachte Hemingway am Beispiel ihrer eigenen Kunst bei, wie die rhythmisierende Variation und Wiederholung von einfachsten Sätzen, Satzmustern und einzelnen Wörtern zu einem wesentlichen Mittel der Milieu- und Charakterdarstellung werden kann. Ebenso wie sie nahm sich auch James Joyce die Zeit zur kritischen Lektüre von Hemingways Manuskripten. Die nachhaltigste Unterstützung kam von Ezra Pound, der sich über praktische schriftstellerische Ratschläge hinaus unermüdlich dafür einsetzte, daß Hemingway im Publikationsgeschäft Fuß fassen konnte.

Die Erörterung der literarischen Einfluß- und Kontextfaktoren scheint im Gesamtbefund zunächst auf jene Paradoxie hinauszulaufen, die auch von Reynolds konstatiert wird: Hemingway "never became completely Modern [...]. His style and subject matter are Modern; his structure and plot line are traditional. [...] his values, [...] in spite of his subject material, remain traditional: courage, love, honor, self-reliance, work and duty" (Reynolds, 1986, 160-163). In solchen Formulierungen wird allerdings der Begriff der Moderne verkürzt, gehört doch gerade das spannungsvolle Miteinander von formaler Innovation und 'antimoderner' Bewußtseinshaltung zu jenen Paradoxien, wie sie für den 'Geist der Moderne' durchgängig charakteristisch sind.[8] In der Lyrik orientierten sich beispielsweise die Imagisten, die unter Ezra Pounds programmatischem Losungswort 'make it new' angetreten waren, mit Vorliebe an der Kunst und Mythologie der Antike. Kennzeichnend ist auch die Konversion eines Autors wie T.S. Eliot, der sich fünf Jahre nach der Veröffentlichung seines formal revolutionären Gedichtwerks *The Waste Land* (1922) zum Übertritt in die anglikanische Kirche entschloß. Eine ähnliche Griechenland-Begeisterung wie die Imagisten beflügelte auch revolutionäre Neuerer des amerikanischen Theaters wie Eugene O'Neill oder George Cram Cook, den Mitbegründer der Provincetown Playwrights. William Butler Yeats' Entwurf eines neuen symbolistischen Theaters verband sich mit dem Bemühen um Wiederbelebung altirischer Mythen.

Dieses Paradoxon läßt sich auch in der Erzählliteratur der Moderne allenthalben beobachten. Ähnlich wie bei Hemingway findet sich auch bei Joseph Conrad, D.H. Lawrence, William Faulkner oder Sherwood Anderson jene charakteristische Verbindung von formalen Innovations- und thematischen Archaisierungstendenzen. Bei Autoren wie F. Scott Fitzgerald und John Dos Passos verbinden sich modernistische Perspektivierungs- und Fragmentierungstechniken mit einer konservativen Wertorientierung. Geprägt von den Erziehungseinflüssen seines katholischen Elternhauses, insistiert Fitzgerald z.B. beharrlich auf der Bedeutung traditioneller Werte und moralischer Maßstäbe, während das Werk von Dos Passos immer wieder nostalgisch die 'old values' der amerikanischen Pioniertradition beschwört. Auch über den englisch-amerikanischen Kulturbereich hinaus ergeben sich vergleichbare Konstellationen, was sich am Beispiel von Autoren wie dem Deutschen Ernst Jünger, dem Spanier Ramón María del Valle-Inclán (s. Wentzlaff-Eggebert, 1998, 175-197) oder dem bereits erwähnten Italiener d'Annunzio veranschaulichen ließe. In jeweils unterschiedlicher Weise versuchen alle diese Schriftsteller ein Sinnvakuum zu füllen, das durch den im Gefolge des Modernisierungsprozesses aufgetretenen Verlust an 'kulturellen Selbstverständlichkeiten' entstanden ist.

Die angesprochenen Paradoxien sind nur *ein* Ausdruck jener Gebrochenheit, die – beginnend mit dem Werk Friedrich Nietzsches – zu einem allgemeinen Signum der Moderne geworden ist: Die Erfahrung von Desillusionierung und Sinnverlust wird aufgefangen durch Formen der Sinnsetzung und Sinnerfahrung, die, abgelöst von einem allgemein verbindlichen Wertehorizont, nur noch individuelle Gültigkeit beanspruchen können. Gleichwohl wird in diesem Zusammenhang auch eine paradoxe Dialektik wirksam. Je nachdrücklicher der moderne Künstler seine eigene Sinnkonstruktion zur Geltung zu bringen versucht, desto eher enthüllt sich deren kompensatorische Qualität, und desto mehr nähert sich das Projekt einem Umschlagpunkt, an dem der Gestus der 'Eigentlichkeit' zur Inszenierung gerät.

In diesem Sinne ist auch das imitative und das theatralische Moment bei Hemingway jenseits individualisierender Erklärungsansätze oder moralisierender Bewertungskriterien (die deshalb keineswegs ausgeblendet werden müssen) als Ausdruck jenes Dilemmas zu deuten, das die Existenz- und Schreibsituation des Künstlers in der modernen Konsum- und Mediengesellschaft generell prägt. Auf der einen Seite fördert diese Situation eine Entfremdungserfahrung, die ein gesteigertes Bedürfnis nach 'Ursprünglichkeit', 'Originalität' und 'Authentizität' nach sich zieht. Die hochentwickelten Transport-, Informations- und Kommunikationsmöglichkeiten der modernen Gesellschaft scheinen diesem Bedürfnis zwar entgegenzukommen, bewirken aber auf der anderen Seite einen Zustand zunehmender kultureller Entropie, in dem sich die Aura genuiner Erfahrung immer wieder zu verflüchtigen droht.

4. Das künstlerische Programm: Das 'Iceberg Principle' und seine rezeptionsästhetischen Implikationen

Wie auch immer die verschiedenen künstlerischen Einflußfaktoren auf das literarische Werk des Autors zu gewichten sind – es ist davon auszugehen, daß er diese nicht einfach passiv rezipiert, sondern sich in einer für ihn spezifischen Weise anverwandelt hat. Bei der folgenden Charakterisierung der ästhetischen Grundkonzeption des frühen Hemingway soll deshalb die Einflußfrage zugunsten einer kontextualisierenden Betrachtungsweise in den Hintergrund treten.

Diese Grundkonzeption kommt in prägnanter Weise in einer Textstelle seines Romans *A Farewell to Arms* zum Ausdruck, wo der Ich-Erzähler Frederic Henry über den engeren Textkontext hinaus zum Sprachrohr des Autors wird:

> I was always embarrassed by the words sacred, glorious, and sacrifice and the expression in vain. We had heard them, sometimes standing in the rain almost out of earshot, so that only the shouted words came through, and had read them, on proclamations that were slapped up by billposters over other proclamations, now for a long time, and I had seen nothing sacred, and the things that were glorious had no glory and the sacrifices were like the stockyards at Chicago if nothing was done with the meat except to bury it. There were many words that you could not stand to hear and finally only the names of places had dignity. Certain numbers were the same way and certain dates and these with the names of the places were all you could say and have them mean anything. Abstract words such as glory, honor, courage, or hallow were obscene beside the concrete names of villages, the numbers of roads, the names of rivers, the numbers of regiments and the dates. (*FA* 184 f.)[9]

In der zitierten Passage artikuliert sich nicht nur das für die *Lost Generation* der Nachkriegsdekade der zwanziger Jahre charakteristische Grundgefühl weltanschaulicher Desillusionierung, sondern auch eine sprachkritische Haltung, die einen wesentlichen Eckpfeiler von Hemingways ästhetischem Programm darstellt. Der Autor formuliert hier – durch seinen Ich-Erzähler – seine moralischen Ekelgefühle gegen die abgenutzte, zu bloßem Wortmüll reduzierte Sprache der abstrakten Begriffe. Der 'Obszönität' der verlogenen Worthülsen, wie sie sich in Adjektiven wie "sacred", "glorious", "hallow", oder Substantiven wie "glory", "courage" und "sacrifice" kundgibt, stellt er die 'Würde' der Namen, Zahlen und Daten, d.h. die Dignität der konkreten Erfahrung entgegen. Hemingways Sprachkritik bezieht sich im vorliegenden Kontext zwar auf die heuchlerische Heldenrhetorik, mit der die wahre Realität des Krieges verfälscht wird, zielt aber darüber hinaus auf ein fundamentaleres Anliegen. Der Gebrauch abstrakter Begriffe ist für ihn grundsätzlich problematisch, weil durch sie die Wahrnehmung und Erfahrung der Wirklichkeit auf bestimmte vorgegebene Schablonen reduziert und damit tendenziell zur Lüge deformiert wird. In dieser Position artikuliert sich eine grundlegende Sprachskepsis, getragen von der Vorstellung, daß letztlich jede sprachliche Äußerung eine Form der Verfälschung, eine Reduktion authentischen Gefühls und authentischer Erfahrung darstellt. Im Rahmen dieser Sprachauffassung fällt dem Schriftsteller die paradoxe Aufgabe zu, jene Dimensionen des 'Eigentlichen' gewissermaßen im Widerstand gegen die verfälschende Macht des Ausdrucksmediums Sprache zur Geltung zu bringen. Aus dieser skeptischen Sprachauffassung heraus entwickelte der junge Hemingway sein charakteristisches Stilideal asketischer Sprach- und Gestaltungsökonomie. Er bringt dieses Ideal in seinem Stierkampfbuch *Death in the Afternoon* (1932) auf den Punkt, wenn er über seine Entwicklung vom Journalisten[10] zum Schriftsteller folgendes ausführt:

> I was trying to write then and I found the greatest difficulty, aside from knowing truly what you really felt, rather than what you were supposed to feel, and had been taught to feel, was to put down what really happened in action; what the actual things were which produced the emotion that you experienced. In writing for a newspaper you told what happened and, with one trick or another, you communicated the emotion aided by the element of timeliness which gives a certain emotion to any account of something that has happened on that day; but the real thing, the sequence of motion and fact which made the emotion and which would be as valid in a year or in ten years or, with luck and if you stated it purely enough, always, was beyond me and I was working very hard to try to get it. (*DA* 2)

Der Journalist – so das Argument – vermittelt ein Geschehen meist dadurch, daß er es mit einem dazu passenden, gewissermaßen der 'Zeitmode' entsprechenden Gefühlsklischee versieht. Aufgabe des Schriftstellers ist es dagegen, "the real thing" in einer Weise zur Sprache zu bringen, die über den geschichtlichen Augenblick hinaus Gültigkeit beanspruchen kann. Um dieser Aufgabe gerecht zu werden, muß der Künstler nicht nur selbst seine 'wahren Gefühle' kennen ("what you really felt"), sondern auch eine Sprache vermeiden, die dem Leser seine Gefühle und Reaktionen – im doppelten Sinne des Wortes – 'vorschreibt' ("what you were supposed to feel and had been taught to feel"). Anzustreben ist deshalb eine Darstellungsweise, die auf eine möglichst konkrete, von abstrakten Begriffsschablonen weitestgehend 'gereinigte' Vergegenständlichung einer Situation oder eines Vorgangs abzielt. Die konkrete "sequence of motion and fact" fungiert in produktionsästhetischer Hinsicht als 'gegenständliche Entsprechung' für das ursprüngliche Gefühl, das den Autor in der von ihm gestalteten Erfahrungssituation bewegt hatte, in rezeptionsästhetischer Hinsicht als ein Wirkungspotential, das bei späteren Lesern analoge Gefühlsreaktionen hervorzurufen vermag. In diesem Sinne postuliert Hemingway letztlich das Ideal einer Kunst, die zeitlose, d.h. jenseits der wechselnden Aktualitäten unserer persönlichen und geschichtlichen Erfahrungen angesiedelte Gültigkeit beansprucht.

Mit dem Begriff der 'gegenständlichen Entsprechung' wird hier nicht von ungefähr eine Kategorie aufgegriffen, die aus der Dichtungstheorie T.S. Eliots stammt. In der Tat berührt sich Hemingways schriftstellerisches Ideal in einem zentralen Punkt mit den Vorstellungen jenes anderen wichtigen Vertreters der literarischen Moderne. T.S. Eliot hat dieses Ideal in seinem berühmten Essay "Hamlet and His Problems" (1919) wie folgt formuliert:

> The only way of expressing emotion in the form of art is by finding an "objective correlative"; in other words, a set of objects, a situation, a chain of events which shall be the formula of that *particular* emotion; such that when the external facts, which must terminate in sensory experience, are given, the emotion is immediately evoked. (Eliot, 1950, 100)

In ihrer künstlerischen Grundkonzeption sind die beiden ansonsten so unterschiedlichen Schriftsteller einander näher, als sich auf den ersten Blick vermuten ließe. Beide vertreten ein antiromantisches Dichtungsideal, und beide verkörpern dabei durchaus exemplarisch die beiden Polenden des gleichen, für den 'Geist der Moderne' so charakteristischen Paradoxons. T.S. Eliot strebte als Künstler nach dem Ideal der völligen 'Entpersönlichung' ("depersonalization"): "The progress of an artist is a continual self-sacrifice, a continual extinction of personality" (Eliot, 1950, 53). Wie jedoch die neuere Eliot-Forschung nachgewiesen hat, war seine Kunst in starkem Maße auch Ausdruck höchst persönlicher Belange (s. Frank, 1984, 289-304). Für Hemingway hingegen wurde die eigene Erfahrung zum bevorzugten Sujet seiner schriftstellerischen Kunst. Aber auch für ihn ging es letztlich um ein Ideal 'entpersönlichten' Schreibens. Maßgeblich bleibt dabei das Ziel, die persönlich gelebte Erfahrung in einer Weise zu transformieren, daß sie – mit Hemingways eigenen Worten – "a part of the experience of the person who reads it" werden kann (zit. in Meyers, 1985, 138).

Mit der Konzentration auf das konkrete, gegenständliche Detail und dem Konzept des "objective correlative" verbindet sich zugleich der Anspruch, eine Literatur zu schaffen, die beim Leser zu einer Entautomatisierung seiner gewohnten Wahrnehmung führt. Solche künstlerischen Programmvorstellungen finden sich im zeitgenössischen Kontext auch in der Dichtungstheorie der Imagisten, jener maßgeblich von Dichtern wie Ezra Pound, H.D. [Hilda Doolittle], Amy Lowell getragenen Lyrikbewegung, die in England und in den USA ihren Höhepunkt etwa zwischen 1912 und 1917 hatte. Von T.E. Hulme, einem der wichtigsten Theoretiker der Imagisten, stammt eine programmatische Formulierung, die eine frappierende Ähnlichkeit mit entsprechenden Vorstellungen Hemingways aufweist:

> There are then two things to distinguish, first the particular faculty of mind to see things as they really are, and apart from the conventional ways in which you have been trained to see them. This is itself rare enough in all consciousness. Second, the concentrated state of mind, the grip over oneself which is neccessary in the actual expression of what one sees. To prevent one falling into the conventional curves of ingrained technique, to hold on through infinite detail and trouble to the exact curve

> you want. Wherever you get this sincerity, you get the fundamental quality of good art [...]. (Hulme, 1994, 69)

Nicht von ungefähr trifft sich das, was Hemingway, T.S. Eliot und die Imagisten in ihrer künstlerischen Programmatik und Praxis zu formulieren und zu verwirklichen versucht haben, mit den kunst- und literaturtheoretischen Konzepten, die in den zwanziger Jahren, als Folge- und Begleitphänomen der literarischen Strömung des Modernismus, von den 'Russischen Formalisten', einer bis heute sehr einflußreichen Schule der Literaturkritik, entwickelt wurden. Auch für die Russischen Formalisten ist die Fähigkeit von Kunst, zur 'Entautomatisierung' der Wahrnehmung beizutragen, eines der entscheidenden Kriterien des Künstlerischen. Indem Kunst die Erfahrungselemente unserer gewohnten Alltagswelt in ungewohnter, neuartiger Weise arrangiert und dadurch verfremdet, fordert sie den Leser zu neuen, ungewohnten Betrachtungsweisen auf.

In diesem Sinne darf auch der Programmanspruch, "the real thing" zur Sprache zu bringen, weder bei den Imagisten noch bei T.S. Eliot oder Hemingway als ein Bekenntnis zu einem platten Oberflächenrealismus mißverstanden werden. Vielmehr ist der Leser gefordert, das Ungesagte, unter der Oberfläche Verborgene in seiner Phantasie zu ergänzen. Er ist – in der Begrifflichkeit der Rezeptionsästhetik – zu einer erhöhten Eigenaktivität bei der Herstellung der Textbedeutung aufgerufen.[11] Hemingways künstlerisches Bemühen richtet sich also nicht einfach auf die Widerspiegelung einer im Text statisch fixierten Wirklichkeit, sondern der Text eröffnet einen „Spielraum" von Bedeutungsmöglichkeiten, die vom Leser erst hergestellt werden müssen, und dabei auch in durchaus unterschiedlicher Weise aktualisiert werden können (Iser, 1970, 1972, 1976).

Hemingway hat den rezeptions- und wirkungsästhetischen Aspekt seines Werkes mehrfach mit der bereits erwähnten Metapher des Eisbergs beschrieben – einem Begriffsbild, das in seiner ästhetischen Konzeption einen zentralen Platz einnimmt (s. u.a. Giger, 1977; Johnston, 1987). In einer vielzitierten Interviewäußerung hat er das „Eisbergprinzip" einmal wie folgt charakterisiert:

> I always try to write on the principle of the iceberg. There is seven-eighths of it underwater for every part that shows. Anything you know you can eliminate and it only strengthens your iceberg. It is the part that doesn't show. If a writer omits something because he does not know it then there is a hole in the story.
> *The Old Man and the Sea* could have been over a thousand pages long and had every character in the village in it and all the processes of how they made their living, were born, educated, bore children, etc. [...] I have tried to learn to do something else. First I have tried to eliminate everything unnecessary to conveying experience to the reader so that after he or she has read something it will become part of his or her experience and seem actually to have happened. (Plimpton, 1980, 173)

Hemingways Vorgehensweise besteht also darin, die Wirklichkeitsdarstellung des Textes weitgehend aus seinen historisch und gesellschaftlich individualisierenden Bezügen herauszulösen und ganz auf die wesentlichen Momente einer konkreten Situation zu konzentrieren. Paradoxerweise erhält das Geschehen aber gerade durch diese Konkretisierung jene abstrakt-zeitlose, allgemeinmenschliche Qualität, die es ermöglicht, auch den existentiellen, sozialen und historischen Erfahrungshorizont eines vom raum-zeitlichen Bezugsfeld der Geschichte distanzierten Lesers zum Sprechen zu bringen. Allerdings sind andererseits auch viele Texte Hemingways in einer Weise mit andeutenden Verweisen auf spezifische biographisch-autobiographische, historisch-geistesgeschichtliche und sozio-kulturelle Kontexte durchsetzt, daß sich dem diesen Verweisen folgenden Leser ein reichhaltiges zusätzliches Spektrum von Bedeutungen und thematischen Zusammenhängen erschließt.

Zur konkreten Erläuterung dieses ästhetischen Prinzips eignet sich eine Vignette aus der Short-Story-Sammlung *In Our Time*:

> *They shot the six cabinet ministers at half-past six in the morning against the wall of a hospital. There were pools of water in the courtyard. There were wet dead leaves on the paving of the courtyard. It rained hard. All the shutters of the hospital were nailed shut. One of the ministers was sick with typhoid. Two soldiers carried him downstairs and out into the rain. They tried to hold him up against the wall but he sat down in a puddle of water. The other five stood very quietly against the wall. Finally the officer told the soldiers it was no good trying to make him stand up. When they fired the first volley he was sitting down in the water with his head on his knees.* (*SS* 127)

Es geht in dieser Vignette um die Schilderung einer Erschießungsszene, von der die biographische Quellenlage ausweist, daß sie sich auf einen konkreten historischen Kontext – den griechisch-türkischen Krieg zwischen 1920 und 1922 – bezieht (Meyers, 1985, 97 ff.). Bezeichnend für die Eisbergtechnik Hemingways ist hier jedoch, daß die geschichtlichen, gesellschaftlichen und politischen Hintergründe und Kontexte konsequent ausgespart werden. Die Situation erhält dadurch die Qualität des Zeitlos-Archetypischen. Es handelt sich um ein Hinrichtungsritual, wie es immer wieder, in jedem Krieg oder in jeder gewaltsamen Revolution, stattfinden könnte.

Durch den abgehackten, parataktischen Stil der Sätze wirkt das Geschehen, das ja in Wirklichkeit voller Bewegung sein muß, in einer eigentümlich grotesken Weise tableauartig-statuarisch. Die Vorgänge erscheinen wie Szenenelemente eines absurden Theaterstücks. Dieser Eindruck drängt sich u.a. auf angesichts der grotesken Diskrepanz zwischen dem Geschehen selbst und den dazu gegenläufigen Assoziationen, die durch die zeitliche Situierung und den räumlichen Hintergrund abgerufen werden. So findet die Erschießung bei Tagesanbruch statt. Diese zeitliche Situierung ist zwar einerseits ein völlig wirklichkeitsgerechtes Handlungselement (Hinrichtungsrituale finden üblicherweise zu dieser Zeit statt). Andererseits werden durch den spezifischen Situationskontext Assoziationsbereiche wie Neubeginn, Wiedergeburt usw., die sich herkömmlicherweise mit dem Motiv des Tagesanbruchs verbinden, gezielt unterlaufen. Eine ähnliche Bedeutungsverschiebung vollzieht sich bei den Motiven Wasser und Regen, den traditionellen Symbolen für Leben und Fruchtbarkeit. Die "pools of water" und der "puddle of water", in dem einer der Hinrichtungskandidaten sitzt, weil er zu krank ist, um im Stehen erschossen zu werden, verbinden sich mit dem "wet dead leaves on the paving of the courtyard" zu einem auf Sterben und Tod verweisenden Bildbereich. In diesem Zusammenhang gewinnt auch das Bild der Pflastersteine, die eine fruchtbringende Vereinigung des Wassers in den Erdboden verhindern, eine suggestive Bedeutung. Die Wasserlachen deuten schließlich voraus auf die Blutlachen, die sich nach der Erschießung bilden werden.

Ein suggestives Raumbild für die existentielle Ausweglosigkeit der Todeskandidaten ist schließlich die Wand mit ihren zugenagelten Fenstern, wobei die Szenenbeschreibung den Vorgang des Erschießens durch den Einsatz der Alliteration lautmalerisch unterstreicht: "They shot the six cabinet ministers [...]. All the shutters of the hospital were nailed shut". Eine groteske Situationsironie entsteht weiterhin dadurch, daß der Tötungsplatz ausgerechnet der Hof eines Krankenhauses ist – einer Institution, deren Aufgabe es sein sollte, Menschen vor dem Tode zu bewahren. Durch die zweimalige Verwendung des Begriffs "courtyard" wird der Schauplatz außerdem mit einem ganz anderen sozialen Raumbereich – dem 'Gerichtsplatz' – in einen assoziativen Zusammenhang gebracht.

Eine ähnlich makabre Ironiewirkung geht auch von der choreographischen Situation aus. Die Bewegungen und Gebärden des Helfens, mit denen der typhuskranke Minister zu seinem Erschießungsort begleitet wird, stehen in einem grotesken Gegensatz zum Zweck dieser Aktionen. Besonders groteskkomisch (im Sinne eines fast zynischen 'schwarzen Humors') wirkt der vergebliche Versuch, ihm auf die Beine zu helfen, damit er in der Lage ist, sich im Stehen erschießen zu lassen. Das Bild des Todeskandidaten, der mit seinem Kopf auf den Knien in einer Wasserlache sitzt, verweist gezielt auf die schreckliche Banalität dieser Situation und führt damit stereotype Vorstellungen, beispielsweise vom 'würdevollen' oder 'aufrecht-heroischen Sterben', ad absurdum. Auch die konventionelle Vorstellung von einer Hinrichtung als einem 'bedeutungsvoll-feierlichen' Gerechtigkeitsritual wird ironisch konterkariert: Das Erschießungskommando – die Nebendarsteller dieser absurden Theaterszene – bemüht sich vergeblich, ein solches feierliches Zeremoniell in Szene zu setzen. Aber zumindest einer der Hauptdarsteller hat nicht mehr die Kraft, die ihm zugewiesene Rolle angemessen zu Ende zu spielen: "[...] it was no good trying to make him stand up".

Hemingways Technik des Auslassens entfaltet sich vielleicht am wirkungsmächtigsten in einem Satz wie "The other five stood very quietly against the wall". Der Leser erfährt hier nicht das Geringste über die subjektive Befindlichkeit der Hinrichtungskandidaten, nicht einmal etwas über ihren Gesichtsausdruck, sondern erhält nur die lakonisch-knappe Information, in der ihre Individualität völlig ausgelöscht wird. Dieses anonyme, abstrakt-statuarische Bild provoziert das Gefühl der – im eigentlichen Sinne des Wortes – 'unsäglichen' Todesverzweiflung der zum Sterben Verurteilten sehr viel eindrücklicher, als viele Worte dies könnten.

Wie im folgenden Kapitel gezeigt werden soll, findet das ästhetische Programm des Autors seine mustergültige Ausprägung vor allem im Frühwerk der zwanziger Jahre.

II. Die Aufbruchsphase: Das modernistische Frühwerk der zwanziger Jahre

1. Die frühen Kurzgeschichten

Zur Entstehungs-, Rezeptions- und Publikationsgeschichte

Der künstlerische Durchbruch gelang Hemingway auf dem Gebiet der Kurzgeschichte. Zuvor hatte er freilich eine harte Durststrecke zurückzulegen. Sieht man einmal ab von der Schülerprosa des Autors, so entstanden seine ersten literarischen 'Fingerübungen' im wesentlichen zwischen 1919 und 1921. Wie einleitend erwähnt, waren diese noch durch eine Imitationshaltung geprägt. Sie wurden denn auch mit schöner Regelmäßigkeit von den Magazinen abgelehnt, und Hemingway tat wahrscheinlich das richtige, als er den größten Teil dieser Manuskripte vor seiner Abreise nach Paris unter der Aufschrift "old papers" in einem Koffer verstaute und auf dem Dachboden seines Elternhauses abstellte (Smith, 1996, 36 und ff.).

Eine fast legendäre Rolle in Hemingways früher Schriftstellerkarriere spielt ein weiteres Gepäckstück, ebenfalls ein Koffer voller Manuskripte, der Hadley, Hemingways erster Frau, im Dezember 1922 auf dem Gare de Lyon abhanden kam. Markiert dieser Verlust auch möglicherweise den Anfang vom Ende seiner ersten Ehe, so sollte er sich für die künstlerische Entwicklung des jungen Autors insofern als ein Segen erweisen, als er ungeahnte Schreibenergien freisetzte:

> In early 1923 Hemingway wrote the first six *in our time* sketches, published in March; then "Out of Season" in April, published with the two saved stories in August in *Three Stories and Ten Poems*; and finally another twelve of the *in our time* sketches between May and August, to complete the eighteen that were in galleys by December. (Smith, 1996, 42)

Dieser kreative Schub kulminierte im "miraculous year" 1924 (Smith, 1996, 42), als Hemingway, angespornt durch die aufmunternden Worte seines Freundes und Förderers Ezra Pound, den größten Teil der Texte für seine erste kommerziell verlegte Veröffentlichung, den im Oktober 1925 von Boni & Liveright herausgebrachten Erzählband *In Our Time*, verfaßte. Das einzige, was er verloren habe – so Pound – sei

> the *time* [...] it will [...] take you [...] to rewrite the parts you can remember. [...] If the middle, i.e., *FORM*, of a story is right one ought to be able to reassemble it from memory. [...] If the thing wobbles and won't reform then it [...] never *wd.* have been *right*. (Brief vom 27. Jan. 1923, zit. in Smith, 1996, 41)

Der Erzählband *In Our Time*, mit seinen 15 Short Stories und 14 eingelagerten Vignetten, enthält nach dem einhelligen Urteil der Kritik "some of the best work Hemingway ever did" (Meyers, 1985, 146). Bevor im folgenden die ästhetischen Qualitäten des frühen Kurzgeschichtenwerks an zwei Textbeispielen erörtert werden, soll ein Blick auf die publikations- und rezeptionsgeschichtlichen Zusammenhänge verdeutlichen, daß der Autor auch von Anfang an einen wachen Sinn für die Vermarktungspolitik des Literaturbetriebs hatte. Hemingway verdankt seinen Durchbruch wesentlich dem Umstand, daß es ihm gelang, mit Hilfe von zwei Selbstempfehlungsbriefen den einflußreichen Kritiker Edmund Wilson als Rezensenten seiner Schriften zu gewinnen. Wilson, der für eine Reihe angesehener Zeitschriften schrieb, verfaßte für die Oktoberausgabe 1924 von *The Dial* eine Doppelbesprechung von *Three Stories and Ten Poems* (1923) und *in our time* (1924), die den Autor als einen Prosaschriftsteller 'ersten Ranges' pries (Lynn, 1987, 223). Gleichzeitig profitierte Hemingway von den Vermittlungsbemühungen seines jüdischen Freundes Harold Loeb, der seinen eigenen Verleger, Horace Liveright, dazu bewegte, ihm einen Vertrag für den erweiterten Sammelband *In Our Time* anzubieten. Der Band, versehen mit einem Schutzumschlag voll lobender Kommentare literarischer Freunde wie Sherwood Anderson, John Dos Passos und anderen, erhielt ausgezeichnete Rezensionen, u.a. von so bekannten literarischen Autoritäten wie Allen Tate, Scott Fitzgerald und D.H. Lawrence (Meyers, 1985, 143 ff.), und etablierte Hemingway endgültig als einen der herausragenden Vertreter der literarischen Avantgarde.

Mit seiner Doppelbesprechung hatte Edmund Wilson im übrigen ein scharfsinniges Urteil vorgegeben, das auch die nachfolgende Rezeption maßgeblich beeinflußte. Hemingway, so der Kritiker

> must be counted as the only American writer but one – Mr. Sherwood Anderson – who has felt the genius of Gertrude Stein's *Three Lives* and has evidently been influenced by it. Indeed, Miss Stein, Mr. Anderson and Mr. Hemingway may now be said to form a school by themselves. The characteristic of this school is a naiveté of language, often passing into the colloquialism of the character dealt with, which serves actually to convey profound emotions and complex states of mind. It is a distinctively American development in prose – as opposed to more or less successful American achievements in the traditional style of English prose [...]. (zit. in Lynn, 1987, 268)

Dieses durchaus schmeichelhafte Urteil stimulierte allerdings eine bei Hemingway offenbar besonders stark ausgeprägte "anxiety of influence" (Bloom, 1973). In seinem künstlerischen Bewußtsein geprägt von einem diskursiven Umfeld, in dem der Gedanke der Originalität und Authentizität noch ein hohes kulturelles Prestige besaß, fühlte er sich stark bedroht von einer Kritik, die sein Werk immer wieder mit anderen zeitgenössischen Autoren wie Anderson oder Stein in eine Reihe stellte. Als er erfuhr, daß sich der weit angesehenere Verlag Charles Scribner's Sons, bei dem sein Freund F. Scott Fitzgerald unter Vertrag stand, für ihn interessierte, ergriff er die Gelegenheit, um sozusagen zwei Fliegen mit einer Klappe zu schlagen. Um aus dem Vertrag mit Liveright, in dem eine Option für sein nächstes Buch festgeschrieben war, aussteigen zu können, verfaßte er mit dem Kurzroman *The Torrents of Spring* (1926) eine beißende Satire auf seinen dort ebenfalls unter Vertrag stehenden Freund und Gönner Sherwood Anderson. Als das Manuskript erwartungsgemäß abgelehnt wurde, hatte er einen willkommenen Vorwand zur vorzeitigen Vertragsauflösung und wechselte zu Scribner's, der das Bändchen druckte und noch im gleichen Jahr mit *The Sun Also Rises* (1926) Hemingways ersten Erfolgsroman auf den Markt brachte.

Mit diesem Coup war Hemingway sowohl eine symbolische 'Vatertötung' als auch ein lukratives Geschäft gelungen. Er arbeitete für den Rest seines Lebens nur noch mit dem Scribner's-Verlag zusammen, dem er – über den Tod hinaus – die Rechte für sämtliche Erstveröffentlichungen seiner Bücher übertrug. Von den Kurzgeschichtenbänden veröffentlichte Scribner's zunächst die Erzählsammlungen *Men Without Women* (1927) und *Winner Take Nothing* (1933). Im Jahre 1938 folgte mit *The Fifth Column and the First Forty-Nine Stories* eine erste Bestandsaufnahme des bis dahin angesammelten Kurzgeschichtenwerks. Weitere Sammlungen erschienen nach dem Tod des Autors, so der Band *The Fifth Column and Four Stories of the Spanish Civil War* (1969), die von Philip Young besorgte Gesamtausgabe der *Nick Adams Stories* (1972) und die *Complete Short Stories of Ernest Hemingway* (1987).[1]

Bei der Rezeption dieses Kurzgeschichtenwerks hat sich ein kritischer Konsens gebildet, der in etwa mit dem allgemeinen Urteil über Hemingways künstlerische Entwicklung übereinstimmt. *In Our Time* gilt mit einzelnen Erzählungen wie "Indian Camp", "Soldier's Home" oder "Cat in the Rain" und auch von seiner künstlerischen Gesamtkonzeption her unbestritten als der gelungenste Band,[2] während die beiden Nachfolgebände, mit Ausnahme bestimmter Texte, etwa "Hills Like White Elephants", "The Killers" (aus *Men Without Women*) oder "A Clean, Well-Lighted Place" (aus *Winner Take Nothing*), im allgemeinen als weniger überzeugende Leistungen eingestuft werden. Besonderes Interesse – sowohl der Biographen wie auch der Kritiker – haben auch die über die drei Bände verstreuten "Nick Adams Stories" (darunter die Auftaktgeschichte "Indian Camp"), eine Serie von erzählerischen Momentaufnahmen aus dem Leben einer modernen Jedermanngestalt, die mit ihren prononcierten autobiographischen Bezügen zugleich auch als eine Art *alter-ego*-Gestalt des Autors fungiert, auf sich gezogen (s. u.a. Flora, 1982). Wie sich das ästhetische Programm Hemingways in der literarischen Praxis seiner frühen Kurzprosa konkret gestaltete, soll im folgenden an zwei markanten Textbeispielen veranschaulicht werden.

'Probing the Iceberg': Die Nick-Adams-Geschichte "Indian Camp"

"Indian Camp" nimmt im Gesamtkanon von Hemingways Kurzprosa in zweierlei Hinsicht eine besondere Stellung ein. Die Erzählung bildet sowohl den Auftakt zu der Sammlung *In Our Time* als auch zum Zyklus der Nick-Adams-Geschichten, die in ihrer Gesamtheit das mosaikartige Porträt einer diskontinuierlichen, durch Brüche und Verwundungen geprägten Persönlichkeitsentwicklung von der Kindheit über die Adoleszenz bis hin zum Erwachsenenalter ergeben.

Die ersten acht der insgesamt zwölf Erzählungen[3] sind in *In Our Time* abgedruckt. In der Auftaktgeschichte "Indian Camp" erscheint Nick Adams als kleiner Junge, der zum ersten Mal mit der Erfahrung von Geburt und Tod konfrontiert wird. Im Kindheitsalter des Protagonisten spielt auch die sich anschließende Erzählung "The Doctor and the Doctor's Wife", in welcher der Junge Zeuge des Versagens der väterlichen Autoritätsgestalt wird. Mit "The End of Something" und "The Three-Day Blow" folgen zwei Geschichten, die sich um die sexuellen Initiationserfahrungen des Heranwachsenden drehen. "The Battler" schildert die Begegnung des nach Selbständigkeit strebenden Jugendlichen mit dem Phänomen der Gewalt, und in dem aus zwei Erzählteilen bestehenden "Big Two Hearted River", das zugleich den Abschluß von *In Our Time* bildet, wird der seelische Zustand des Protagonisten nach einem nicht näher spezifizierten traumatischen Erlebnis ins Bild gesetzt. In *Men Without Women* folgen drei weitere Erzählungen, die die bisherige Motivkette variieren und erweitern. In "The Killers" geht es um die Begegnung mit Formen anonymer gesellschaftlicher Gewalt. "Ten Indians" variiert erneut das Motiv der sexuellen Initiation, und "Now I Lay Me" schildert aus der Ich-Erzählperspektive eine Situation, in der Nick Adams als Soldat unter einem Verwundungstrauma leidet. Die traumatische Begegnung mit dem Phänomen kriegerischer Gewalt steht auch im Mittelpunkt von "A Way You'll Never Be" aus *Winner Take Nothing*. Den Abschluß dieses Erzählbandes und zugleich den Schlußpunkt des Nick-Adams-Zyklus bildet die Geschichte "Fathers and Sons", in welcher der Protagonist in seiner Erwachsenenrolle als achtunddreißigjähriger Vater und Schriftsteller mit der Erinnerung an seine unverarbeiteten Kindheitserlebnisse beschäftigt ist. Im Gesamteffekt zielt der Zyklus auf die parodistische Inversion des traditionellen Bildungsroman-Schemas. Der Entwicklungsgang des Nick Adams folgt nicht mehr dem linearen Muster eines kontinuierlichen Reifungsprozesses, sondern fügt sich zu einem Konglomerat gescheiterter Initiationserlebnisse und traumatischer Schockerfahrungen, die sich in der Imagination des Lesers zum Bild eines psychisch und physisch verwundeten Antihelden zusammenschließen.

Die folgende Analyse von "Indian Camp" soll sich auf drei miteinander verbundene Frageaspekte konzentrieren: erstens die Charakterisierung der Vatergestalt, zweitens die Initiationsthematik und drittens die Funktion der Nebenfiguren. Mit dieser Reihenfolge der Frageaspekte versucht die Analyse zugleich der mutmaßlichen Wirkungsintention des Textes gerecht zu werden, indem sie den Blick zunächst auf das augenscheinlich thematische Zentrum richtet und ihn dann, dem Provokationspotential des Textes folgend, an dessen Ränder verlagert.

Die Charakterisierung der Vatergestalt

Die Handlung von "Indian Camp" stellt sich wie folgt dar: Der kleine Nick Adams wird von seinem Vater und seinem Onkel George auf eine nächtliche Reise über einen See zu einem Indianerlager mitgenommen, wo Dr. Adams unter schwierigsten Bedingungen – mit einem Taschenmesser und ohne Schmerzmittel – an einer indianischen Frau, die schon mehrere Tage lang schreckliche Schmerzensschreie von sich gegeben hat und dies auch während der ganzen Operation tut, einen Kaiserschnitt vornimmt. Der Mann der Gebärenden, der sich drei Tage zuvor mit einer Axt eine Fußverletzung zugefügt hatte, liegt während dieser Zeit in dem Bettgestell über dem Liegeplatz der Frau. Nachdem das Baby entbunden ist, freut sich Dr. Adams in euphorischem Stolz über seine ärztliche Glanzleistung und erklärt mit gönnerhafter Herablassung: "'Ought to have a look at the proud father. They're usually the worst sufferers in these little affairs [...]. I must say he took it all pretty quietly'" (*SS* 94). Als er die Decke vom Kopf des Mannes wegzieht, erkennt er schlagartig die Ursache der scheinbar so 'stoischen Ruhe' des Indianers:

> He pulled back the blanket from the Indian's head. His hand came away wet. He mounted on the edge of the lower bunk with the lamp in one hand and looked in. The Indian lay with his face toward the wall. His throat had been cut from ear to ear. The blood had flowed down into a pool where his body sagged the bunk. His head rested on his left arm. The open razor lay, edge up, in the blankets. (*SS* 94)

Dr. Adams, der vorher geglaubt hatte, die Situation 'voll im Griff' zu haben, muß nun erkennen, daß ihn seine professionelle Selbstsicherheit regelrecht blind gemacht hat für das, was in seiner unmittelbaren Umgebung geschah. Diese Blindheit teilt er mit dem Leser, denn die wahre Dimension – und die dramatische Ironie – des Vorgangs erschließt sich auch bei der Lektüre erst im nachhinein, und zwar im Rückbezug auf die Stelle, an der Nick seinen Vater bittet, der schreienden Frau ein Schmerzmittel zu geben, und der Vater antwortet: "'No. I haven't any anæsthetic [...]. But her screams are not important. I don't hear them because they are not important'" (*SS* 92). Gleich im Anschluß an diese Bemerkung folgt die lakonische Feststellung: "The husband in the upper bunk rolled over against the wall" (*SS* 92). Erst bei der Zweitlektüre wird deutlich, daß dies der Moment ist, in dem sich der Indianer mit einem Messer die Kehle durchschnitten hat. Die Szene ist beispielhaft für die *black-humour*-Technik Hemingways, die ihren Ausdruck u.a. in Form einer grotesken Situationskomik findet.

Mit Hilfe dieser Technik wird zugleich das ärztliche Überlegenheitsgehabe des Dr. Adams als unangemessen bloßgestellt. Durch die ironische Kontrapunktierung der beiden Situationen wird deutlich, wie der Vater, der sich hier auch als Initiationshelfer seines Sohnes versteht, in seiner Vorbildrolle versagt. Er hatte Nick zu der Entbindung offenbar in der 'pädagogischen' Absicht mitgenommen, ihn mit den 'Realitäten des Lebens' vertraut zu machen und auf das Erwachsenenalter, vielleicht auf seine künftige Rolle als Internist, vorzubereiten: "'See, it's a boy, Nick,' he said. 'How do you like being an interne?'" (*SS* 93). Dr. Adams' Versagen ist nicht so sehr in der Tatsache begründet, daß er die Schmerzensschreie der Gebärenden überhört, entspricht dies doch durchaus ärztlichem Ethos, auch wenn es auf den medizinischen Laien gefühllos wirken mag. Entscheidend ist vielmehr, daß er sich bei der Ausführung seiner ärztlichen Aufgabe in eine selbstgefällige Rolleninszenierung hineinsteigert. Er verrät dabei ungewollt, daß es ihm in erster Linie darum geht, seinen Sohn (und das übrige Publikum) zu beeindrucken, und erst in zweiter Linie um das Wohl seiner indianischen Patientin und ihres Kindes.

Ein erster versteckter Hinweis, daß Dr. Adams es um der Initiation seines Sohnes willen mit seiner ärztlichen Pflicht weniger genau nimmt, findet sich bereits am Erzähleingang, wenn es im dritten Abschnitt heißt:

> The Indians rowed with quick choppy strokes. Nick lay back with his father's arm around him. It was cold on the water. The Indian who was rowing them was working very hard, but the other boat moved further ahead in the mist all the time. (*SS* 91)

Die Hinweise auf die Ruderbewegungen der Indianer lassen ebenso wie die zeitliche Situierung des Geschehens – "The two boats started off in the dark" (*SS* 91) – nur die Schlußfolgerung zu, daß eine akute Notsituation vorliegt, bei der höchste Eile geboten ist. Daß sich Dr. Adams trotzdem die Zeit genommen hat, seinen Sohn aufzuwecken und mit auf die Bootsreise zu nehmen, ist eine höchst fragwürdige Entscheidung, die seinen ärztlichen Einsatz unnötig verzögert. Darauf verweist auch die Textinformation "the other boat moved further ahead in the mist all the time" (*SS* 91), durch die angedeutet wird, daß die Reise auch deshalb verlangsamt wird, weil eine Person mehr als nötig im Boot sitzt.

Was die Vatergestalt insbesondere moralisch entblößt, ist die pompöse Theatralik ihrer Gebärden und der aufgeblähte Sprechhabitus. Dr. Adams versucht sich vor seinem Sohn regelrecht in der Rolle des kompetenten Arztes in Szene zu setzen, was besonders deutlich wird in den Abschnitten, in denen die Vorbereitungen für die Operation geschildert werden:

> "Those must boil," he said, and began to scrub his hands in the basin of hot water with a cake of soap he had brought from the camp. Nick watched his father's hands

> scrubbing each other with the soap. While his father washed his hands very carefully and thoroughly, he talked.
> "You see, Nick, babies are supposed to be born head first but sometimes they're not. When they're not they make a lot of trouble for everybody. Maybe I'll have to operate on this lady. We'll know in a little while."
> When he was satisfied with his hands he went in and went to work.
> "Pull back that quilt, will you, George?" he said. "I'd rather not touch it." (*SS* 93)

Der leitmotivisch wiederholte Hinweis auf die penible Reinigung der Hände macht deutlich, mit welch subtilem Sarkasmus die Selbstgefälligkeit dieser ärztlichen Selbstinszenierung vom Autor ironisiert wird. Der Vorgang wirkt um so grotesker, wenn man sich vor Augen hält, daß die Operation nur mit primitivsten Werkzeugen durchgeführt werden soll. Auch bei einem Satz wie "Maybe I'll have to operate on this lady" kommt es darauf an, den rassistischen Überlegenheitsdünkel herauszuspüren, der aus solchen Worten – insbesondere der euphemistischen Bezeichnung "lady" – spricht. Dieser Dünkel kommt nicht zuletzt auch dadurch zum Ausdruck, daß Dr. Adams keine Skrupel hat, seinem Sohn die gebärende Indianerin als Demonstrationsobjekt vorzuführen.

Die Unangemessenheit der ärztlichen Überlegenheitspose tritt bei der Zweitlektüre um so offenkundiger zutage, als für den Leser nun klar ist, daß sich der Ehemann der Indianerin nur einen Moment vorher das Leben genommen hat. Ihren Höhepunkt erreicht die Situationsironie nach der gelungenen Operation, als Dr. Adams sich in eine Stimmung euphorischer Selbstüberschätzung hineinsteigert und dabei vollends sein moralisches Versagen offenbart:

> He was feeling exalted and talkative as football players are in the dressing room after a game.
> "That's one for the medical journal, George," he said. "Doing a Cæsarian with a jack-knife and sewing it up with ninefoot, tapered gut leaders."
> Uncle George was standing against the wall, looking at his arm.
> "Oh, you're a great man, all right," he said.
> (*SS* 94).

Die Initiation des Nick Adams

Das moralische Versagen der Vatergestalt wird für das Initiationsmotiv insofern relevant, als damit für den Leser die Frage nach den Auswirkungen dieses Versagens auf den jungen Protagonisten provoziert wird. Auf das Motiv der Initiationsreise verweist schon die dreiphasige Plotstruktur der Erzählung, wobei auch hier die für viele Initiationsgeschichten gattungstypische Dreiphasenstruktur "innocence" – "experience" – "maturity" zugrunde zu liegen scheint. Die Reise des jungen, unerfahrenen Helden beginnt charakteristischerweise in der Nacht und führt durch Dunkelheit und Nebel in einen unbekannten Bereich, in dem die entscheidende Initiationserfahrung stattfindet. Am Ende kehrt er an seinen Ursprungsort zurück, bereichert um eine Erfahrung, die seine Lebensvision tiefgreifend verändert hat. Die zeitlich-räumliche Situierung des Geschehens am Anfang und am Ende der Erzählung fungiert dabei als wichtige Signalträger. Die Dunkelheit und der Nebel am Erzählanfang sind 'gegenständliche Entsprechungen' für den Bewußtseinszustand des jungen Nick, aus dessen Wahrnehmungs- und Erlebnisperspektive das Geschehen durchgängig vermittelt wird. Anders ist die Situation im Schlußsegment, als Nick und sein Vater bei Anbruch des Tages über den See zurückpaddeln. Die beiden letzten Abschnitte lauten:

> The sun was coming up over the hills. A bass jumped, making a circle in the water. Nick trailed his hand in the water. It felt warm in the sharp chill of the morning.
> In the early morning on the lake sitting in the stern of the boat with his father rowing, he felt quite sure that he would never die. (*SS* 95)

Dieses Schlußsegment scheint auf den ersten Blick durchaus positive Konnotationen zu transportieren. Durch das Bild der anbrechenden Morgendämmerung und der aufgehenden Sonne werden Assoziationen geweckt an Vorstellungsmuster wie symbolische Wiedergeburt, neu beginnendes Leben, Neuanfang, Durchbruch zu einer neuen Sicht u.ä. Bei erster, ungenauer Lektüre könnte der Schluß durchaus als eine Art "happy ending", als Schlußpunkt einer gelungenen Initiation mißverstanden werden, und Hemingway hat möglicherweise auf solche Lesermißverständnisse spekuliert. Tatsächlich spielt der Autor hier jedoch nur mit herkömmlichen Lesererwartungen, um diese parodistisch zu unterlaufen. Die ironische Pointe des Schlusses besteht darin, daß Nick hier gerade dabei ist, das unbewältigte nächtliche Erlebnis zu verdrängen. Statt durch diese Erfahrung reifer zu werden, versucht er wieder zurückzugehen auf jene naiv-unwissende Bewußtseinsstufe des Kindes, dem die Vorstellung von Tod und Sterben noch fremd ist. Dieser Regressionsvorgang wird auch angedeutet durch den Wechsel in der Anredeform. Im Anfangssegment der Erzählung redet Nick seinen Vater noch wie ein junger Erwachsener mit "Dad" an, am Schluß benutzt er wieder die kindliche Anredeform "Daddy". Und die nichtssagenden Antworten, die er auf seine beunruhigten Fragen von seinem Vater erhält, dekuvrieren ein weiteres Mal die Hilflosigkeit dieser Autoritätsgestalt. Der Schluß von "Indian Camp" ist von jener Offenheit, wie sie für viele moderne Kurzgeschichten charakteristisch ist. Der Leser ist gleichsam dazu aufgerufen, die Geschichte in seiner Phantasie 'weiterzuschreiben'. Er ahnt, daß Nick im Leben alleingelassen ist, daß zumindest dieser Vater keine Orientierungsfigur für ihn sein kann. Er ahnt auch, daß Nick weiter versuchen wird, die Erkenntnis zu verdrängen, daß der Vater als Vorbildgestalt ein Versager ist, und er wird sich fragen, welche Verwundungsspuren dieses unverarbeitete Kindheitstrauma einer zu früh gekommenen Initiation in die Erfahrung des Sterbens und des Todes einmal in der Psyche des Heranwachsenden und des Erwachsenen Nick hinterlassen wird.

Die Funktion der Nebenfiguren

Dem Wirkungspotential des Textes weiter folgend, soll abschließend auf jene Figuren eingegangen werden, die auf den ersten Blick nur eine marginale Rolle zu spielen scheinen wie etwa der Ehemann der Indianerin. Der Augenblick, in dem dieser sich tötet, wird nur als ein auf den ersten Blick banal erscheinender Bewegungsvorgang registriert. Diese Art der Situationsgestaltung ist beispielhaft für Hemingways Eisbergtechnik. Der optisch registrierbare Bewegungsvorgang ist sozusagen die Spitze des Eisbergs, die – im Bild Hemingways – über die Wasseroberfläche hinausragt. Erst im nachhinein erkennt der Leser schockartig, wie sich unter der scheinbar harmlos-normalen Oberfläche eine schreckliche Realität auftut. Für die Eisbergtechnik ist außerdem charakteristisch, daß jeder explizite Hinweis auf das, was im Inneren der Figur vorgeht, ausgespart bleibt.

Äußerst spärlich sind auch die vorangehenden Expositionsinformationen über diese Figur. Wir erfahren lediglich, daß der Indianer sich wegen einer Fußverletzung auf dem Bettgestell oberhalb der Schwangeren befindet und Pfeife raucht: "She lay in the lower bunk, very big under a quilt [...]. In the upper bunk was her husband. He had cut his foot very badly with an axe three days before. He was smoking a pipe" (*SS* 92). Da dem Leser Informationen über die näheren Umstände oder die Ursachen des Unfalls vorenthalten werden, ist er auf eigene Spekulationen angewiesen. Bei der ersten Lektüre wird man sich auf solche wahrscheinlich noch gar nicht einlassen und allenfalls vermuten, daß Hemingway dieses Handlungsmotiv zur dramatischen Verdichtung des Geschehens benutzt. Frühestens bei der zweiten Lektüre, mit dem Wissen um den Selbstmord des Indianers, beginnt der Leser zu ahnen, daß auch die vorherige Selbstverwundung möglicherweise kein zufälliger Arbeitsunfall, sondern ein Symptom seiner seelischen Erschütterung war. Aber eine solche sensiblere Einfühlung in die innere Seelen- oder Bewußtseinslage dieser Figur wird dem Leser gezielt erschwert durch den Satz "He was smoking a pipe". Mit diesem Bild führt der Autor den Leser (zumindest den oberflächlichen Leser) bewußt in die Irre, denn es fordert geradezu dazu heraus, die gängige Klischeevorstellung vom 'stoischen Indianer' abzurufen, die dann jedoch durch den Selbstmord ad absurdum geführt wird. Mit der Eisbergtechnik verbindet sich hier somit auch das ironische Spiel mit konventionellen Lesererwartungen.

Mit solchen Feststellungen ist allerdings das Wirkungspotential des Textes keineswegs erschöpft. Die Beschreibung der letzten Körperbewegung des Indianers – "The husband in the upper bunk rolled over against the wall" (*SS* 92) – setzt eine markante Leerstelle, die vom Leser zu füllen ist. Bei der Erstlektüre wird man diesen Satz womöglich überlesen oder vielleicht vermuten, daß sich der 'stoische Indianer' in eine etwas bequemere Liegeposition bringen will. Bei der Zweitlektüre wird dann die lakonisch registrierte Körperbewegung zur 'gegenständlichen Entsprechung' für die Todesverzweiflung der Figur, deren Intensität und Schrecklichkeit sich jeder Leser selbst ausmalen kann bzw. ausmalen muß.

Spätestens an diesem Punkt werden wir zu Spekulationen über die Gründe für diese Todesverzweiflung herausgefordert und die Rezeptionsgeschichte von "Indian Camp" belegt einen Spielraum von durchaus unterschiedlichen Deutungsmöglichkeiten (s. Smith, 1989, 38-42). Die vielleicht naheliegendste Erklärung bestünde darin, daß der indianische Ehemann sich das Leben nimmt, weil er die Schmerzensschreie seiner Frau nicht mehr ertragen kann. So ist das Motiv von den meisten Kritikern gedeutet worden. Es gibt jedoch noch eine andere Erklärungsmöglichkeit, die ebenso plausibel ist, jedoch ebenso spekulativ bleiben muß. Sie ergibt sich im Zusammenhang mit der Frage nach der thematischen Funktion von Uncle George. Mit dieser Figur konnten die meisten Kritiker nichts anfangen. Man erfährt über ihn in der Tat nicht viel – bzw. nur so viel, wie auch Nick aus seiner eingeschränkten kindlichen Sicht wahrnimmt. Im zweiten Abschnitt wird erwähnt, daß Nick und sein Vater in dem einen Boot, Uncle George in einem anderen Boot zum Indianerlager gerudert werden. Etwas später erfahren wir, daß Uncle George, der mit seinem Boot bereits etwas früher am anderen Ufer angekommen ist, in der Dunkelheit dabei ist, eine Zigarre zu rauchen und den beiden Indianern, die sich als Ruderer betätigt haben, Zigarren anbietet, wobei die anaphorisch-parataktische Satzfügung auf die limitierte kindliche Wahrnehmungsperspektive der Reflektorfigur Nick verweist: "Uncle George was smoking a cigar in the dark. [...] Uncle George gave both the Indians cigars" (*SS* 91). Später wird erwähnt, daß Uncle George bei der Operation hilft und dabei von der Gebärenden in den Arm gebissen wird:

> Later when he started to operate Uncle George and three Indian men held the woman still. She bit Uncle George on the arm and Uncle George said, "Damn squaw bitch!" and the young Indian who had rowed Uncle George over laughed at him. (*SS* 93)

Nach der Operation wird von Nick registriert, wie Uncle George mit seiner Bißwunde beschäftigt ist und der junge Indianer ihn daraufhin 'anlächelt': "Uncle George looked at his arm. The young Indian smiled reminiscently" (*SS* 94). Das Motiv wiederholt sich wenig später, als Dr. Adams in naiver Selbstbewunderung über seine chirurgische Glanzleistung spricht: "Uncle George was standing against the wall, looking at his arm" (*SS* 94). Am Schluß erfahren wir nur noch, daß Uncle George verschwunden ist, und erhalten auf die Frage, warum und wohin, ebensowenig eine Antwort wie Nick, der von seinem Vater mit einer nichtssagenden Bemerkung abgefertigt wird:

> "Where did Uncle George go?"
> "He'll turn up all right." (*SS* 95)

Die Figur des Uncle George provoziert bei der Lektüre eine Reihe von Fragen, deren Beantwortung sich der Text letztlich verweigert: Warum hat er sich an der Fahrt in das Indianerlager beteiligt? Warum schenkt er den beiden indianischen Ruderern Zigarren? Warum beißt die Indianerin ausgerechnet ihn in den Arm und warum beschäftigt ihn dies so sehr? Und schließlich: Warum und wohin ist er am Ende verschwunden? Dieser Fragenkatalog bezeichnet die Leerstellen, die der Leser mit eigenen Mutmaßungen und Kombinationen zu füllen hat.

Spielen wir zunächst die auf den ersten Blick naheliegenden Spekulationen durch. Daß Uncle George sich an der Fahrt zum Indianerlager beteiligt, kann damit erklärt werden, daß er für Dr. Adams bei der Operation eine willkommene Hilfe darstellt. Daß er den beiden Indianern Zigarren anbietet, könnte als die gönnerhaft-herablassende Dankbarkeitsgeste eines sozial Höhergestellten gegenüber sozial Niedrigerstehenden und damit als Ausdruck eines gesellschaftlichen Hierarchieverhältnisses zwischen Weißen und Indianern gedeutet werden. Daß die Gebärende in unkontrolliertem Schmerz gerade ihn in den Arm beißt, kann ein Zufall sein, und daß er so intensiv mit seiner Bißwunde beschäftigt ist, könnte vielleicht damit zusammenhängen, daß er Angst vor einer Infektion hat – solches würde zumindest die Äußerung des Dr. Adams nahelegen: "'I'll put some peroxide on that, George,' the doctor said" (*SS* 94). Und vielleicht ist er am Schluß bereits auf dem Wege ins nächstgelegene Krankenhaus, um seine Bißwunde dort behandeln zu lassen.

Spekulationen dieser Art bleiben allerdings insofern wenig ergiebig, als sie das Verhalten dieser Figur zwar zu einem in sich einigermaßen kohärenten Erklärungsmuster zusammenfügen, aber damit die thematische Substanz der Erzählung nur unwesentlich berühren. Die meisten Kritiker haben denn auch auf weitergehende Spekulationen verzichtet und Uncle George als eine relativ unwichtige Funktionsfigur – beispielsweise als Kontrastgestalt zu der theatralisch-redseligen Figur des Dr. Adams – betrachtet. Die Offenheit des Textes erlaubt es jedoch, Mutmaßungen in eine ganz andere als die oben eingeschlagene Richtung anzustellen. In neueren Interpretationen wird z.B. die Vermutung geäußert, daß Uncle George der Vater des Babys sei (s. Smith, 1989, 38-42). Mit Hilfe dieser Hypothese lassen sich die angesprochenen Texthinweise in der Tat in einen plausiblen Motivationszusammenhang bringen. So deutet sich gleich im Eingangssegment an, daß die indianischen Ruderer Uncle George mit noch größerer Aufmerksamkeit behandeln als Dr. Adams. Sein Boot wird bezeichnenderweise von dem jüngeren – und offensichtlich kräftigeren – der beiden gerudert und kommt u.a. auch deshalb eher am anderen Ufer an. Auch die Geste des Zigarrenverteilens läßt sich erklären, entspricht sie doch der amerikanischen Sitte, auf diese Weise den Status der Vaterschaft zu zelebrieren.

Unterstellt man, daß Uncle George der Vater des Babys ist, dann ergibt sich eine plausible Begründung dafür, warum die Gebärende gerade ihn gebissen hat. Man kann weiter mutmaßen, daß die Indianerfrau nicht nur die Geliebte Uncle Georges war, sondern daß dies im Indianerlager auch allgemein bekannt war. Solche Vermutungen werden durch Uncle Georges Schimpfausdruck "Damn squaw bitch" ebenso gestützt wie durch den wiederholten Hinweis auf die Reaktion des jungen Indianers, der den Vorgang beobachtet: "the young Indian [...] laughed at him. [...] The young Indian smiled reminiscently" (*SS* 93, 94). Mit Begriffen wie "laugh" und "smile" setzt der Text hier erneut eine Leerstelle, denn er läßt offen, wie man sich diese Gebärde genau vorzustellen hat. Folgt man der Vermutung, daß Uncle George der Vater des Babys ist, dann werden wir uns dieses 'Lachen' oder 'Lächeln' wohl eher als ein vielsagendes Grinsen vorstellen müssen. Weiterhin ergibt sich eine Erklärung für Uncle Georges Betroffenheit wegen seiner Bißwunde, wie auch für die Tatsache, daß er am Schluß nicht zusammen mit Dr. Adams und Nick aus dem Indianerlager zurückkehrt (wobei wir über die näheren Umstände seiner Abwesenheit weiter spekulieren dürfen).

Verlagert man auf der Grundlage dieser Hypothese die Aufmerksamkeit wieder auf das Verhalten des indianischen Ehemanns, so ergibt sich ein Motiv für dessen Selbstmord. Entgegen dem ersten Anschein – und der Wahrnehmung der naiv-kindlichen Reflektorgestalt Nick Adams – wäre es nicht die Verzweiflung über die Gebärschmerzen seiner Frau, sondern das Bewußtsein der Demütigung durch den weißen Rivalen, das ihn in den Selbstmord getrieben hat.

Durch die Technik des Einbaus von 'Leerstellen' provoziert die Erzählung den Leser also zu einer Reihe von Vermutungen und Kombinationen. Spielt man diese konsequent durch, dann stößt man – im Sinne der Hemingwayschen Eisbergmetapher – auf verborgene Tiefendimensionen, von denen sich bei erster, oberflächlicher Lektüre kaum etwas ahnen läßt. Konkret deutet sich im vorliegenden Falle eine kulturkritische Thematik an, die auf rassen- und auf geschlechtspolitische Problemstellungen abzielt. "Indian Camp" ist ein Text, der den Leser – wenn er sich darauf einläßt – auf subtile Weise für das Hierarchie- und Ausbeutungsverhältnis zwischen Weißen und Indianern, nicht zuletzt auch in seiner sexistischen Dimension, zu sensibilisieren versteht.[4]

Ein weiterer methodischer Aspekt der vorliegenden Deutung betrifft ein Phänomen, das u.a. im Bereich der Wahrnehmungspsychologie angesiedelt ist. Diese hat herausgefunden, daß menschliche Wahrnehmungen immer nach dem Prinzip der Selektion und Hierarchiebildung funktionieren; d. h. wir filtern aus einem Wahrnehmungsbild, um es überhaupt kognitiv verarbeiten zu können, immer schon bestimmte Wahrnehmungsaspekte aus, die uns aus irgendwelchen Gründen besonders relevant erscheinen. Die Bestandteile dieses so gefilterten Wahrnehmungsbildes fügen sich in der Regel zu einer hierarchischen Struktur zusammen – dergestalt, daß bestimmte Objekte im Zentrum stehen und andere mehr an den Rand gerückt werden. Die menschliche Alltagswahrnehmung funktioniert in aller Regel automatisch, d.h. sie wird gesteuert von bestimmten eingeschliffenen Erwartungen und Gewohnheiten.

Aus dieser Automatisierung unserer Wahrnehmungsgewohnheiten schöpft auch die Kurzgeschichte "Indian Camp" ihr ästhetisches Wirkungspotential. Der Leser wird bei der ersten spontanen Lektüre in aller Regel so reagieren, wie er dies auch täte, wenn er im 'richtigen Leben' zum Zeugen einer solchen Geburtsszene würde: Er würde die Aufmerksamkeit quasi automatisch auf die 'Hauptdarsteller', die schreiende indianische Frau und den weißen Arzt, richten. Ebenso automatisch würden andere Figuren – darunter der indianische Ehemann und Uncle George – zu Randfiguren seines Wahrnehmungsfeldes. Solche automatisierten Wahrnehmungsgewohnheiten aufzubrechen, ist jedoch eines der wesentlichen Anliegen von Hemingways früher Kunst, die sich hierin sowohl mit den Absichten der Imagisten wie auch mit den kunsttheoretischen Konzepten der Russischen Formalisten trifft.

An "Indian Camp" läßt sich besonders gut veranschaulichen, wie ein Kunstwerk eine solche 'Entautomatisierung' der Leserwahrnehmung leisten kann. Wenn die voraufgegangene Deutung methodisch so verfahren ist, daß die Aufmerksamkeit von dem offenkundigen Situationszentrum auf die beiden vermeintlichen Randgestalten verlagert wurde, so ist sie letztlich nur dem gefolgt, was Wolfgang Iser als das "Appellpotential" des Textes bezeichnen würde. Die schockartige Enthüllung, daß eine scheinbare Nebenfigur dieses Dramas sich das Leben nimmt, kann den Leser dazu animieren, diese Randgestalt in seiner Wahrnehmung ins Zentrum zu rücken. Und durch diese 'Verrückung des Zentrums' wird nicht nur die Automatik seiner eingefahrenen Wahrnehmungsgewohnheiten durchbrochen, sondern der Geschichte wird auch ein neuer, zusätzlicher Bedeutungsspielraum erschlossen, der in Fragebereiche von höchster moralischer Komplexität hineinführen kann, die – wenn man das Appellpotential des Textes weit genug auslotet – letztlich auch eine eminent politische Dimension haben.

"Soldier's Home" im historischen, sozio-kulturellen und geistesgeschichtlichen Kontext

Ein anderer Text, an dem sich die künstlerischen Gestaltungs- und Wirkungsprinzipien von Hemingways früher Kurzprosa nachvollziehen lassen, ist "Soldier's Home". So wie "Indian Camp" und die übrigen Nick-Adams-Geschichten hat auch diese Geschichte über die Heimkehr eines amerikanischen Kriegsveteranen aus dem Ersten Weltkrieg ein autobiographisches Substrat. Interessanter als die Parallelen sind jedoch die Unterschiede zwischen den Lebensumständen des Autors und denen seines Protagonisten, des durch das Kriegserlebnis von seinem Zuhause und seinem Herkunftsmilieu entfremdeten Veteranen Harold Krebs. Während Hemingway eher aus einem romantischen Abenteuergeist heraus als Ambulanzfahrer beim Roten Kreuz am Ersten Weltkrieg teilnahm, verkörpert der Elitesoldat Krebs ganz den Typus des patriotisch gesinnten Durchschnittsamerikaners aus dem Mittleren Westen (Neuweiler, 1985, 59 f.).

Im Rahmen einer detaillierteren textimmanenten Form-Inhalt-Analyse ließe sich an diesem Text auch das grundlegende Gattungsprinzip der Short Story – größtmögliche Komplexität und Intensität bei einem Höchstmaß an stofflicher und gestalterischer Ökonomie – paradigmatisch veranschaulichen. Neben einer raffiniert gehandhabten, zwischen auktorialer Außen- und personaler Innensicht oszillierenden Erzählperspektive arbeitet der sprachlich scheinbar so anspruchslose Text mit einer Reihe von komplizierten erzählerischen Raffungs- und Verdichtungstechniken, um auf engstem Raum das Thema der individuellen Identitätskrise und Entfremdung mit einer sich im Leitmotiv der 'Lüge' kristallisierenden Kritik an der Gesellschaft zu verbinden. Im folgenden sollen die biographische und die werkästhetische Fragestellung jedoch nicht weiter vertieft und statt dessen das Augenmerk auf den (im Sinne eines erweiterten Intertextualitätsbegriffs verstandenen) intertextuellen Resonanzraum der Geschichte gerichtet werden.

Allgemein formuliert, geht es bei der in "Soldier's Home" zum Ausdruck gebrachten Gesellschaftskritik um die satirische Bloßstellung von geistiger Konformität, heuchlerischer Moral und Frömmigkeit sowie standardisierten Verhaltens- und Denkgewohnheiten. Auf die konkreten historisch-sozialen und geistesgeschichtlichen Hintergründe des Geschehens nimmt der Text allerdings nur andeutungsweise Bezug. Die Abstraktionstendenz liegt ganz in der Logik des Eisbergprinzips, denn die im Text gestaltete Situation des Kriegsheimkehrers erhält auf diese Weise einerseits eine abstrakt-zeitlose Qualität, während der Leser andererseits dazu herausgefordert wird, das im Text nur Angedeutete zu konkretisieren und damit der Lektüre ein Spektrum zusätzlicher thematischer Bezugsfelder zu erschließen.

Der historische Kontext

Der unmittelbar ins Auge fallende historische Kontext von "Soldier's Home" ist zunächst durch die im ersten Abschnitt der Erzählung genannten Jahresdaten 1917 und 1919 angedeutet, die den Zeitraum zwischen dem Eintritt der Vereinigten Staaten in den Ersten Weltkrieg und dem ersten Nachkriegsjahr beschreiben. Die lakonische Art, mit der diese beiden Zeitdaten in einem einzigen Satz aneinandergereiht werden, ist typisch für die Eisbergtechnik Hemingways, deutet sie doch implizit auf die fundamentalen Veränderungen hin, die sich während dieses Zeitraums ereignet haben. Dies gilt zunächst für die Entwicklung des Protagonisten: Wie der Kontrast zwischen den beiden im ersten und im zweiten Abschnitt erwähnten Erinnerungsphotos anzeigt, hat sich Krebs durch das Kriegserlebnis verändert. Er ist aus seiner Haltung der Konformität herausgewachsen und paßt nicht mehr in die gesellschaftlich vorgegebenen Schablonen:

> There is a picture which shows him among his fraternity brothers, all of them wearing exactly the same height and style collar. [...]
> There is a picture which shows him on the Rhine with two German girls and another corporal. Krebs and the corporal look too big for their uniforms. (*SS* 145)

Bezieht man jedoch die beiden Zeitdaten 1917 und 1919 ausdrücklich auf den historischen Kontext, den sie mitevozieren, so wird deutlich, wie sehr diese auch Markierungspunkte eines radikalen politisch-sozialen Klimawechsels sind, den die Erzählung auf subtile Weise thematisiert. Seit Beginn des Ersten Weltkrieges hatte sich die offizielle Politik der Vereinigten Staaten bekanntlich immer stärker von einer zunächst neutralen Position entfernt und immer offener für die Alliierten Partei ergriffen, was schließlich am 6. April 1917 in der Kriegserklärung Präsident Woodrow Wilsons an Deutschland gipfelte. In den historischen Standardwerken, die sich mit dieser Epoche befassen, sind sich die Autoren weitgehend darüber einig, daß neben den traditionell engen geistig-kulturellen Beziehungen zu England und Frankreich vor allem ökonomische Faktoren für den Kriegseintritt Amerikas maßgebend waren.[5] Ein Kriegsroman wie *1919* von John Dos Passos, der 1932 als zweiter Teil der Trilogie *U.S.A.* erschien, stellt diesen Aspekt deutlich in den Vordergrund. Daß die in der Mitte der zwanziger Jahre veröffentlichte Short Story Hemingways – ebenso wie übrigens auch sein 1929 erschienener Kriegsroman *A Farewell to Arms* – den ökonomisch-politischen Aspekt des Krieges überhaupt nicht zum Thema macht, hat neben persönlich-biographischen auch geistesgeschichtliche Gründe, die noch zu erörtern sind. Was in "Soldier's Home" jedoch angedeutet wird, ist die ideologische Stimmung im Lande. Diese war seit spätestens 1917 bis zum Ende des Krieges durch einen naiven 'Hurrapatriotismus' gekennzeichnet, der nicht selten Züge eines geradezu religiösen Sendungsbewußtseins annahm. Dazu schreibt z.B. der Historiker William E. Leuchtenburg:

> Wilson transmuted the war into a religious crusade, in which he invoked the old theme of the church militant and the more modern one of the secular religion of democracy. Secretary of War Newton Baker wrote of America's "high and holy mission"; Secretary Lane spoke of "the world of Christ" coming face to face with the world of force; while a government pamphleteer noted the conviction of the American people that the "war across the sea was no mere conflict between dynasties, but a stupendous civil war of all the world." The war, declared the Creel Committee, was "a Crusade not merely to re-win the tomb of Christ, but to bring

> back to earth the rule of right, the peace, goodwill to men and gentleness he taught." (Leuchtenburg, 1958, 46)

Auch die Kirchen trugen zu dieser Kreuzzugstimmung wesentlich mit bei. Stanley Cooperman bemerkt dazu in seinem Buch über *World War I and the American Novel*:

> American clergymen eagerly embraced the concept of Holy Cause, Jesus in khaki, and represented the war as a test of spiritual righteousness. [...] Not since the days of the crusades and religious wars did the ministers of western civilization demand, with such enthusiasm, killing for the greater glory of God and justice. (Cooperman, 1967, 18, 22)

Vorbereitet und begleitet wurde diese Stimmung durch eine beispiellose Propagandakampagne – der Historiker A.S. Link nannte sie "perhaps the most gigantic propaganda campaign in American history" (Link/Catton, 1967, 209) –, in welcher der Gegner geradezu als die fleischgewordene Ausgeburt des Bösen erschien. Wie etwa bei James Morgan Read nachzulesen ist, wurden systematisch Greuelgeschichten – "atrocity stories" – verbreitet, denenzufolge die Deutschen als barbarische Hunnen die westliche Zivilisation bedrohten.[6] Daß die antideutsche Hysterie sich durchaus auch auf den Kreis der Gebildeten erstreckte, zeigen etwa Kriegsromane wie Willa Cathers *One of Ours* (1922) oder Edith Whartons *The Marne* (1918) und *A Son at the Front* (1923), in denen die Deutschen als monströse blonde Bestien dargestellt sind[7] – ein Stereotyp, das sich seither in zahlreichen amerikanischen Kriegsfilmen findet und das sich durch die historischen Ereignisse der Folgezeit nur noch weiter verfestigen sollte.

Nach Beendigung des Krieges entlud sich diese Stimmung zunächst in einem überschwenglichen Siegesrausch,[8] der jedoch schon im Jahre 1919 in eine antikommunistische und allgemein fremdenfeindlich-chauvinistische Panikstimmung umschlug. Diese ist als *Red Scare* in die Geschichtsbücher eingegangen und fand in dem umstrittenen Prozeß gegen die beiden italostämmigen Anarchisten Sacco und Vanzetti, an denen 1927, sieben Jahre später, das Todesurteil vollstreckt werden sollte, ihren traurigen Höhepunkt. Die aufgeputschte Stimmung der Kriegs- und der unmittelbaren Nachkriegszeit machte jedoch sehr schnell einer allgemeinen Ernüchterung Platz, die sich auf politischer Ebene darin manifestierte, daß die von einem idealistischen Pathos geprägte Regierung Wilson von einer republikanischen Administration abgelöst wurde, die 1921 mit dem Provinzpolitiker Warren G. Harding unter dem berühmt gewordenen Slogan "Return to Normalcy" die Wahlen gewann. Außenpolitisch bedeutete dies einen Rückzug auf isolationistische Positionen, innenpolitisch den Umschlag von einer progressiv-sozialreformerisch geprägten Politik (der Roosevelt-Taft-Wilson-Ära) zu einer rückhaltlosen Unterstützung der Interessen des Kapitals. Wie Calvin Coolidge, der Nachfolger Hardings, es ausdrückte: "[...] the business of the United States is business" (s. Morison/

Commager, 1962, 618). Diese Politik führte in der Folgezeit tatsächlich zu einem unerhörten ökonomischen Aufschwung, was jedoch eine weitgehende Entpolitisierung der Bevölkerung zur Folge hatte. Das allgemeine Interesse begann sich auf neue Formen der Massenunterhaltung wie Sport, Auto, Radio und Film zu konzentrieren, während man andererseits vielerorts – insbesondere in der Provinz – glaubte, bruchlos an die Lebens- und Denkweise der Vorkriegszeit anknüpfen zu können.[9]

Ist man sich dieses hier nur umrißhaft angedeuteten historisch-sozialen Kontextes bewußt, dann erschließen oder konkretisieren sich einige Bedeutungsaspekte von "Soldier's Home", die ohne dieses Vorwissen nicht oder nur schattenhaft wahrgenommen werden könnten. Bereits der Eingangssatz "Krebs went to the war from a Methodist college in Kansas" (*SS* 145), der in ironisierender Absicht die Vorstellung eines aufrecht und heroisch in den Kampf schreitenden jungen Mannes evozieren soll, verweist auf die naive Kreuzzugsstimmung, mit der die jungen amerikanischen Soldaten 1917 in den Ersten Weltkrieg zogen. Hinter der lakonischen Erwähnung von "war" und "Methodist college" in einem Atemzug – so, als ob es einen geraden Weg vom einen zum anderen gäbe – versteckt sich überdies ein Hinweis auf die Rolle der Kirchen bei der ideologischen Vorbereitung des Krieges sowie auf die paradoxe Mixtur von Religiosität und Patriotismus, die für diesen "crusade" so charakteristisch war. Auch auf die entfesselte antideutsche Greuelpropaganda wird in der Geschichte angespielt, wenn es etwa heißt: "His town had heard too many atrocity stories to be thrilled by actualities" (*SS* 145), oder über die Freunde von Krebs:

> His acquaintances, who had heard detailed accounts of German women found chained to machine guns in the Argonne forest and who could not comprehend, or were barred by their patriotism from interest in, any German machine gunners who were not chained, were not thrilled by his stories. (*SS* 146)

Weiterhin erschließt sich die thematische Funktion einer Textstelle wie etwa der folgenden: "He thought about France and then he began to think about Germany. On the whole he had liked Germany better" (*SS* 148). Die auf den ersten Blick irrelevant erscheinende Tatsache, daß es dem Protagonisten in Deutschland besser gefallen hat als in Frankreich, zeigt an, wie sehr er sich von den gängigen Denkschablonen seiner Umwelt, für die das negative Deutschlandklischee schon selbstverständlich geworden ist, gelöst und sich dieser entfremdet hat.

Die Gegenwartshandlung der Geschichte setzt historisch genau zu dem Zeitpunkt ein, wo Kriegsbegeisterung und Siegesrausch einer allgemeinen Ernüchterung und Gleichgültigkeit Platz gemacht haben. Im dritten Abschnitt heißt es:

> By the time Krebs returned to his home town in Oklahoma the greeting of heroes was over. He came back much too late. The men from the town who had been drafted had all been welcomed elaborately on their return. There had been a great

> deal of hysteria. Now the reaction had set in. People seemed to think it was rather ridiculous for Krebs to be getting back so late, years after the war was over. (*SS* 145)

Die Tatsache, daß niemand mehr an den Kriegserlebnissen des Protagonisten interessiert ist – "no one wanted to hear about it" (*SS* 145) –, läßt das Bild einer Gesellschaft entstehen, die sich entschlossen hat, zur 'normalcy', zum 'business as usual' zurückzukehren. Um diesen gesellschaftlichen Verdrängungsmechanismus noch zu pointieren, weckt Hemingway mit der Erwähnung von "Belleau Wood, Soissons, the Champagne, St. Mihiel and [...] the Argonne" (*SS* 145), wo Krebs gekämpft hat, die Erinnerung an die besonders blutigen und verlustreichen Kriegsschauplätze des Ersten Weltkrieges (s. Leuchtenburg, 1958, 36 f.). Auf die ideologische Fiktion einer bruchlosen Kontinuität zwischen Vor- und Nachkriegszeit, vor der sich der Identitätsbruch des Protagonisten um so deutlicher abhebt, verweist der Erzähler in Bemerkungen wie "Nothing was changed in the town except that the young girls had grown up" (*SS* 147), oder über den Wagen von Krebs' Vater: "Now, after the war, it was still the same car" (*SS* 147). Daß dieser im "real estate business" (*SS* 146) tätig ist und "farm property" (*SS* 146) verkauft, wirft ein weiteres ironisches Schlaglicht auf die fieberhafte Landspekulation und den alle bisherigen Dimensionen sprengenden Immobilienboom, die nach dem Krieg einsetzten und 1925 in dem berühmten Florida-Boom ihren Höhepunkt fanden (Allen, 1964, Kap. XI).

Als Zwischenergebnis läßt sich somit festhalten, daß die Short Story den historisch konkretisierbaren Stimmungsumschlag von der idealistisch-patriotischen Kriegsbegeisterung von 1917 zu der materialistischen, wohlstandsorientierten Gedankenlosigkeit der Nachkriegsjahre in pointierter Weise reflektiert.

Der sozio-kulturelle Kontext

Informationen wie die, daß der Protagonist in einem "Methodist college in Kansas" (*SS* 145) erzogen wurde, seine "home town in Oklahoma" (*SS* 145) liegt, sein Vater ein wohlhabender Geschäftsmann ist und sich in seiner Mutter konventionelle Frömmigkeit mit bürgerlicher Arbeitsmoral und sozialen Ambitionen mischen, evozieren über den unmittelbaren historischen Kontext hinaus einen allgemeineren sozio-kulturellen Kontext: das mittelstädtische Mittelklassenmilieu des Mittleren Westens, also in jeder Hinsicht *Middle America* – um hier einen von der Soziologie geprägten Typologiebegriff zu verwenden. Geographisch und geistig gilt der Mittlere Westen als das 'Herzland' Amerikas. Soziologen wie Max Lerner (1957) oder Robert und Helen Lynd, die in den Jahren 1924 und 1925 (also um die Zeit, als die Geschichte entstand) eine bedeutende Feldstudie in einer typischen 'Mittelstadt' des Mittleren Westens durchführten, die sie 1929 unter dem bezeichnenden Titel *Middletown: A Study in American Culture* veröffentlichten, gehen davon aus, daß die Mittelklassenmentalität, die der gesamten amerikanischen Lebenskultur das Gepräge gibt, im Mittleren Westen ausgeprägter verkörpert ist als in irgendeiner anderen Region der USA.

Was sind die typischen Attribute dieser Mittelklassenkultur? In den genannten Studien von Lerner und dem Ehepaar Lynd findet sich dazu ausführliches Informationsmaterial, von dem hier nur einiges herausgegriffen sei, was für das Verständnis dieser Short Story besonders wichtig erscheint. Mit dem Stichwort "Methodist college" verweist bereits der erste Satz auf die gesellschaftliche Bedeutung der Religion – oder genauer: der protestantischen Religion – in den USA. Der Protestantismus ist in den Vereinigten Staaten – im Unterschied etwa zum Katholizismus – eine typische Mittelklassenreligion. "Protestants" – so Max Lerner – "are largely middle-class groups and most typically come from business and the professions and from the white-collar and service strata of the population."[10] Trotz der offiziellen Trennung von Staat und Kirche bestimmt das protestantische Erbe nach wie vor in starkem Maße die Werte, Normen und Einstellungen des bürgerlichen Alltagslebens. So prägt insbesondere die asketische Lebenseinstellung des neuenglischen Puritanismus auch andere protestantische Glaubensrichtungen wie etwa den Methodismus. Mit dieser Askese ist u.a. eine rigide Repression der Sexualität, wie des Gefühlslebens überhaupt, verbunden,[11] die paradoxerweise mit einem romantischen Liebes- und *courtship*-Ideal einhergeht (Lerner, Bd. II, 1957, 582 ff.; Lynd, 1929, 114 f.). Nur vor diesem sozio-kulturellen Hintergrund kann der Leser verstehen, welchem Kulturschock der junge Soldat Krebs durch seine sexuellen Erfahrungen im Krieg ausgesetzt gewesen sein muß und wie sehr er sich inzwischen von den gängigen Verhaltens- und Einstellungsschablonen der amerikanischen Mittelklasse gelöst hat, wenn er seinen Kontakt mit Mädchen am liebsten auf rein sexuelle Bedürfnisbefriedigung reduzieren möchte:

> He would have liked to have a girl but he did not want to have to spend a long time getting her. He did not want to get into the intrigue and the politics. He did not want to have to do any courting. (*SS* 147)
> That was the thing about French girls and German girls. There was not all this talking. (*SS* 148)

Ein weiterer Grundzug der puritanischen Mittelklassenmentalität ist die Verbindung von christlicher Frömmigkeit und materiellem Erfolgsstreben, wie sie insbesondere die Gestalt der Mutter verkörpert. Wenn diese ihren mütterlichen Appell an Krebs, "to get somewhere" (*SS* 151), und so wie sein Freund Charley Simmons "a credit to the community" (*SS* 151) zu werden, mit dem Argument untermauert: "God has some work for every one to do [...]. There can be no idle hands in His Kingdom" (*SS* 151), entspricht sie einem Einstellungstypus, wie ihn Soziologen wie R.H. Tawney in *Religion and the Rise of Capitalism* (1926) und insbesondere Max Weber in seinem berühmten Essay *Die protestantische*

Ethik und der Geist des Kapitalismus (1981 [[1]1904, 1905]) analysiert haben. Nach den Ausführungen Webers hatten insbesondere die asketischen Richtungen des Protestantismus – Kalvinismus, Methodismus oder Pietismus – Einfluß auf die Entwicklung einer kapitalistischen Ethik. Wenngleich diese These in der Forschung auf vielfältigen Widerspruch gestoßen ist, bleibt die im vorliegenden Fragehorizont interessierende Legitimationsfunktion protestantischer Ideologieelemente für das ökonomische Handeln der amerikanischen Mittelschicht weithin unbestritten (s. Brumm, 1973, 97 ff.). Ergibt sich nach Weber für den Kalvinisten die Verpflichtung, sein ganzes Leben dem Ziel der Heilsvergewisserung zu widmen aus dem Prädestinationsdogma, so leitet sie sich für den Methodisten aus dem Glauben an den freien Willen und die Vervollkommnungsfähigkeit des Menschen ab (Semmel, 1974, 10 ff.). Diesem Ziel wird er am besten durch intensive körperliche und geistige Arbeit, eine rigide Selbstdisziplinierung und totale Rationalisierung seiner Lebensführung gerecht, denn am praktischen Verhalten und seinen Auswirkungen läßt sich ablesen, ob man zu den Auserwählten Gottes gehört. Da der Einzelne sein kurzes Leben permanent dazu einsetzen soll, sich des eigenen Heils zu vergewissern, gilt jede Art von Zeitverschwendung – wie Müßiggang, Zeitvertreib wie Unterhaltungslektüre oder -spiele, mehr Schlaf als unbedingt nötig, fleischliche (insbesondere sexuelle) Genüsse – als moralisch verwerflich.

Vergegenwärtigt man sich diesen ideologischen Hintergrund, dann gewinnen Aussagen wie

> he was sleeping late in bed, getting up to walk down to the library to get a book, eating lunch at home, reading on the front porch until he became bored and then walking down through the town to spend the hottest hours of the day in the cool dark of the pool room (*SS* 146)

eine zusätzliche Dimension. Im Sinne der methodistisch-kalvinistischen Glaubenslehre ist Krebs' Passivität ein Anzeichen fehlender göttlicher Gnade. Wenn er seiner Mutter antwortet "I'm not in His Kingdom" (*SS* 151), verstößt er überdies gegen eine weitere kalvinistische Grundregel, derzufolge jeder Zweifel an der eigenen Auserwähltheit als Ausdruck fehlenden Glaubens ein Zeichen ewiger Verdammnis ist. Die geradezu pathologisch anmutende Passivität des Helden läßt sich somit nicht nur auf die traumatische Erlebniskette von Krieg und gesellschaftlicher Indifferenz, sondern auch auf den Verlust seiner religiösen Gewißheiten beziehen. Der hier aufgezeigte Kontext trägt also mit dazu bei, das Bild der totalen Entfremdung des Protagonisten zu vertiefen, indem er nicht nur die soziale, sondern auch die religiös-weltanschauliche Dimension dieser Entfremdung sichtbar macht.

Zum sozio-kulturellen Kontext der Short Story gehört ferner die matriarchalische Familienstruktur der amerikanischen Mittelklasse, in der dem Vater eine periphere Rolle zugewiesen ist, während die Mutter als "the chief socializing agent" (Lerner, Bd. II, 1957, 557) auftritt. Max Lerner sagt dazu:

> Busy at job or office, the American father cannot exercise the continuous direction required in the patriarchal family. His authority is still recognized in theory, and usually he is the court of last resort on questions of discipline. But [...] on daily matters his wife is his deputy, and under the absentee sovereignity of the husband the deputy becomes king [...]. (Lerner, Bd. II, 1957, 553 f.)

Mit unnachahmlicher ironischer Treffsicherheit nimmt Hemingway diesen 'Momism' in dem Dialog zwischen Krebs und seiner Mutter aufs Korn:

> One morning [...] his mother came into his bedroom and sat on the bed. She smoothed her apron.
> "I had a talk with your father last night, Harold," she said, "and he is willing for you to take the car out in the evenings."
> "Yeah?" said Krebs, who was not fully awake. "Take the car out? Yeah?"
> "Yes. Your father has felt for some time that you should be able to take the car out in the evenings whenever you wished but we only talked it over last night."
> "I'll bet you made him," Krebs said.
> "No. It was your father's suggestion that we talk the matter over."
> "Yeah, I'll bet you made him," Krebs sat up in bed. (*SS* 149)

Das paradoxe Pendant zu dieser für die weiße amerikanische Mittelklassengesellschaft charakteristischen Mutterherrschaft ist ein ausgeprägter Männlichkeitskult, der sich u.a. darin äußert, daß der männliche Heranwachsende sich besonders eng an seine gleichgeschlechtliche *peer group* anschließt, um sich dadurch partiell dem weiblichen Regiment von Schule und Familie zu entziehen (s. Lerner, Bd. II, 1957, 580). In bezug auf diesen Männlichkeitskult ist Krebs allerdings kein sozialer Außenseiter, sondern – ebenso wie sein Autor – ein typischer Vertreter seiner Kultur. Wie in einer eingehenderen Textanalyse zu zeigen wäre, werden die beiden Männerwelten Armee und 'Poolroom' durch das leitmotivisch verwandte Adjektiv *cool* mit positiven Konnotationen besetzt und mit der – negativ bewerteten – verlogenen Zivilisiertheit einer von Frauen beherrschten Gesellschaft in Kontrast gesetzt.

Um den sozio-kulturellen Kontext der Geschichte voll auszuleuchten, könnte man – um sich hier nur auf einige Stichworte zu beschränken – auch auf den typisch amerikanischen Popularitätskult, das *dating system,* sowie auf den enormen Konformitätsdruck, der im amerikanischen Erziehungssystem auf den Heranwachsenden ausgeübt wird, eingehen (s. Lerner, Bd. II, 1957, 570-582). Auch diese Hintergrundinformationen sind geeignet, gleichsam als soziokulturelle Kontrastfolie den Außenseiterstatus des Protagonisten schärfer zu konturieren.

Der geistesgeschichtliche Kontext

Abschließend sei hier noch ein dritter Kontext skizziert: der geistesgeschichtliche Hintergrund. Der für das allgemeine Bewußtsein der zwanziger Jahre so charakteristische Trend zur Entpolitisierung schlägt sich auch im Bereich der höheren Kultur deutlich nieder. Eine Mehrzahl von Schriftstellern, Künstlern und Intellektuellen wandte sich nach dem Krieg weitgehend von ökonomischen und sozialen Fragen ab und konzentrierte sich fast ausschließlich auf die Probleme des Individuums. Der Historiker Harvey Wish bemerkt dazu:

> The enthusiasm for a just social order had wanted and in its place came an intense preoccupation with self rather than with the common good. Society was past redemption and no group was as important as the individual. The men of the Lost Generation, like Narcissus of the Greek legend, were absorbed in contemplating their own image. (Wish, Bd. II, 1952, 466)

Diese Haltung läßt sich gerade auch am Genre des amerikanischen Kriegsromans belegen. Erst in dem veränderten geistigen Klima der *Great Depression* konnte offenbar ein Roman wie Dos Passos' *1919* entstehen, der die politischen und ökonomischen Ursachen des Krieges bloßlegte. Die in den zwanziger Jahren entstandenen Kriegsromane dagegen, wie Dos Passos' *One Man's Initiation - 1917* (1920) oder *Three Soldiers* (1921), E.E. Cummings' *The Enormous Room* (1922), Hemingways *A Farewell to Arms* (1929) oder dessen Nachkriegsroman *The Sun Also Rises* (1926), behandeln den Krieg alle primär im Hinblick auf dessen seelische Auswirkungen auf das Individuum. Darüber hinaus reflektieren alle diese Romane ein Gefühl der Desillusionierung und Entfremdung, ein Bewußtsein, daß die überkommenen religiösen und kulturellen Werte, die humanistischen und weltverbesserischen Ideale, mit denen viele Intellektuelle in den Krieg gezogen waren, für immer in die Brüche gegangen sind. Der Ich-Erzähler von *A Farewell to Arms* wird geradezu zum Sprachrohr der Intellektuellen der zwanziger Jahre, wenn er dieses Gefühl des Sinn- und Werteverlustes in jener berühmten Textpassage, in der er von der Obszönität abstrakter Begriffe wie "glory, honor, courage, or hallow" (*FA* 185) spricht, zum Ausdruck bringt.

Das Verhalten dieses Protagonisten, der aus der Armee desertiert, um für sich selbst "a separate peace" (*FA* 243) zu schließen, ist paradigmatisch für ein weit verbreitetes geistiges und soziales Verhaltensmuster der amerikanischen Intellektuellen der zwanziger Jahre. Die 'Flucht aus der Gesellschaft' ist ein stereotypes Handlungsmotiv im Roman wie auch im Drama dieser Epoche. So wie der Ich-Erzähler von *A Farewell to Arms* desertiert auch John Andrews, die Hauptgestalt von Dos Passos' *Three Soldiers,* aus der Armee, die in ihrer enthumanisierenden Maschinenhaftigkeit und Konformität zum Sinnbild des gesellschaftlichen Makrokosmos wird. In ähnlicher Weise kehren Jimmy Herf, die Hauptfigur von Dos Passos' *Manhattan Transfer* oder die Protagonisten von Hemingways Nick-Adams-Stories und Sherwood Andersons *Winesburg, Ohio* der korrupten Gesellschaft den Rücken. Ein ähnliches Handlungsschema unterliegt expressionistischen Dramen wie John Howard Lawsons *Roger Bloomer,* Dos Passos' *The Garbage Man* oder Edmund Wilsons *The Crime in the Whistler Room* (K. Müller, 1977, Kap. III, 2, V).

Diesem weit verbreiteten literarischen Motiv entspricht ein real existierendes soziales Verhaltensmuster junger Künstler und Intellektueller, die scharenweise dem Aufruf Harold Stearns', des Herausgebers der berühmten kulturkritischen Anthologie *Civilization in the United States* (1922), folgten und sich freiwillig ins Exil begaben. Gingen einige nach Mexiko oder nach Afrika auf die Suche nach vermeintlich noch unkorrumpierten, naturnäheren Lebensformen, so zog es die meisten der jungen *Expatriates* nach Paris – in der Hoffnung, dort die authentischen Kulturerfahrungen machen zu können, die ihnen in ihrem eigenen Land, für sie Sinnbild spießbürgerlicher Borniertheit, kultureller Enge und sexuell-moralischer Repression, versperrt bleiben mußten. Das vielleicht berühmteste Dokument dieser Fluchtbewegung, die nicht zuletzt in Hemingway einen ihrer markantesten Vertreter hatte, ist Malcolm Cowleys *Exile's Return: A Literary Odyssey of the 1920s* (1951 [[1]1934]).[12]

Setzt man die Geschichte "Soldier's Home" mit dem soeben skizzierten geistesgeschichtlichen Kontext in Beziehung, dann wird deutlich, wie sehr die Gestalt des Protagonisten – unbeschadet der Tatsache, daß dieser alles andere als ein Intellektueller ist – wesentliche Züge des intellektuellen Zeitgeistes der zwanziger Jahre reflektiert. In seiner gesellschaftsabgewandten, fast autistisch-selbstbezogenen Grundhaltung spiegeln sich sowohl der übersteigerte Individualismus als auch die totale Entpolitisierung der *Lost Generation.* Seine Apathie und Gleichgültigkeit sind Anzeichen jenes Werteverlustes, der sich insbesondere im literarischen Bewußtsein dieser Zeit niederschlug; eines Bewußtseins, das vielleicht in T.S. Eliots *The Waste Land* seinen intensivsten literarischen Ausdruck fand. Auch das erwähnte Fluchtmotiv ist in "Soldier's Home" zumindest angedeutet. Im letzten Abschnitt heißt es, daß Krebs, der sich längst in eine Art innere Emigration zurückgezogen hat, seiner Gesellschaft nun auch physisch entfliehen will: "He would go to Kansas City and get a job and she would feel all right about it" (*SS* 153). Ob er zu dieser Flucht fähig ist, wird allerdings in der Geschichte offengelassen. Immerhin war aber Kansas City auch für den jungen Hemingway die erste Station seiner Flucht aus dem wohlbehüteten mittelwestlichen Mittelklassenmilieu seiner Eltern.

Die für ein historisch, gesellschaftlich und kulturell vertieftes Verständnis von "Soldier's Home" relevanten Kontexte konnten hier nur umrißhaft angedeutet werden. Dabei sollte jedoch deutlich geworden sein, daß diese nicht etwa von außen herangetragene Zutaten des Interpreten darstellen, sondern im Text selbst sedimentierte historische Erfahrungsgehalte und Sinnmuster sind, deren Aktualisierung und kritische Bestandsaufnahme freilich vom spezifischen Vorverständnis und Fragehorizont des jeweiligen Lesers abhängen.

2. Die frühen Romane

Zwischen Ressentiment und Kunst: Das antisemitische Stereotyp in *The Sun Also Rises* (1926)

Nach dem außerordentlichen Erfolg der Kurzgeschichtensammlung *In Our Time* und dem darauffolgenden Wechsel von Liveright zum renommierten Scribner's-Verlag hatte Hemingway auch den Ehrgeiz, sich als bedeutender Romanschriftsteller zu etablieren. Daß er wenig Skrupel hatte, seine eigenen Ambitionen auf Kosten seiner besten Freunde und Förderer zu verwirklichen, zeigt sich bereits in der beißenden Satire auf Sherwood Anderson in dem ansonsten künstlerisch wenig anspruchsvollen Erstlingsroman *The Torrents of Spring* (1926). Von ähnlicher persönlicher Rücksichtslosigkeit war auch seine Methode in dem unmittelbar danach veröffentlichten *The Sun Also Rises*, einem Werk, in dem er gleich mehrere Personen seines engsten Bekanntenkreises, allen voran seinen jüdischen Schriftstellerfreund Harold Loeb, literarisch karikierte.

Dennoch wurde Hemingways zweiter Roman zu einem durchschlagenden Erfolg, nicht zuletzt auch wegen der Skandalwirkung, die das Werk bei seiner Erstveröffentlichung entfachte. Zahlreiche frühe Rezensenten reagierten mit moralischer Empörung auf die freimütige Darstellung sexueller und alkoholischer Ausschweifungen, und insbesondere amerikanische Kritiker stießen sich daran, daß der Autor in diesem Roman – wie sie meinten – das zügel- und richtungslose Expatriiertenleben in Europa verherrliche, statt über amerikanische Themen zu schreiben (Reynolds, 1988, Kap. 3). Andere Kritiker erkannten in der Darstellung der physisch und psychisch heruntergekommenen Charaktere ein Sinnbild der durch den Ersten Weltkrieg entwurzelten und den überlieferten Werten entfremdeten *Lost Generation* – ein Deutungsmuster, das u.a. durch das dem Roman vorangestellte Motto "*You are all a Lost Generation*" nahegelegt wird und immer noch zu den herrschenden Topoi der Kritik gehört. Im Verlauf der weiteren Rezeptionsgeschichte ist die literarische Komplexität des Werkes zunehmend erkannt worden. Insbesondere Philip Young und Carlos Baker haben zur Kanonisierung des Romans als einem Klassiker der frühen amerikanischen Moderne beigetragen, indem sie u.a. die intertextuellen Bezüge zu einem anderen Klassiker der frühen Moderne – T.S. Eliots *The Waste Land* – herausgearbeitet und dabei verdeutlicht haben, daß sich unter der scheinbar banalen Oberfläche des äußeren Romangeschehens eine subtile künstlerische Struktur verbirgt (s. u.a. Fietz, 1972, 282 ff.).

Unbeschadet der hohen ästhetischen Wertschätzung, die *The Sun Also Rises* inzwischen genießt,[13] bleibt der Roman Anlaß für moralische Kontroversen. Diese beziehen sich nun allerdings nicht mehr auf die Sex- und Trinkgewohnheiten der Charaktere; die neuere Kritik stößt sich vielmehr an dem antisemitischen Figurenstereotyp, wie es uns im Porträt des Juden Robert Cohn entgegentritt. So bezeichnet beispielsweise Leslie Fiedler in seiner Studie "The Jew in the American Novel" diese Figur als "the product of anti-Semitic malice" (Fiedler, 1972, 66). In Solomon Liptzins Überblicksdarstellung *The Jew in American Literature* erscheint Hemingway gar in einer Reihe mit Autoren wie Robert Herrick, Willa Cather und Edith Wharton als moderner Exponent einer elitären WASP-Mentalität, die den Juden als aufdringlichen Streber- und Anpassertyp ablehnt. Erscheine der Jude etwa in Edith Whartons *The House of Mirth* oder in F. Scott Fitzgeralds *The Great Gatsby* noch als ungehobelter Parvenü, so sei bei Hemingways Judengestalt zwar die peinliche Vulgarität dieses Typus getilgt, aber auch er – so Liptzin – bleibe eine unangenehme Figur, die immer danach strebe, "old-stock American circles where he was really not wanted" (1966, 154) zu infiltrieren.

Faßt man die Entstehungsgeschichte von *The Sun Also Rises* ins Auge, so drängt sich in der Tat der Eindruck auf, daß die Gestalt Robert Cohns das Produkt antisemitisch gefärbter persönlicher Ressentiments des Autors war. Wie u.a. Bertram D. Sarason (1972) und Frederic J. Svoboda (1983) ausführlich dokumentiert haben, handelt es sich bei dem Werk um einen *roman à clef*, in dem der Autor die Ereignisse einer im Vorjahr mit einer Reihe von Freunden unternommenen Ferienreise von Paris zum San-Fermin-Fest nach Pamplona verarbeitet hat. In deren Verlauf war es in der Gruppe von Literaten, Intellektuellen und Bohemiens wiederholt zu heftigen Spannungen und Auseinandersetzungen gekommen, nicht zuletzt auch zwischen Hemingway und Harold Loeb, dem literarisch ambitionierten Sprößling einer angesehenen jüdisch-amerikanischen Geldaristokratenfamilie, der bis in kleinste biographische Details hinein das Vorbild für die Romangestalt Robert Cohn abgeben sollte.

Wie wenig der 'Mensch Hemingway' bei der Konzeption seines Werkes von kleinkarierter Gehässigkeit frei war, belegt etwa der von Kathleen Cannell, der damaligen Geliebten Harold Loebs, überlieferte Ausspruch Hemingways, er werde in *The Sun Also Rises* "these two bastards" – gemeint sind seine beiden Freunde Bill Smith und Harold Loeb – 'auseinandernehmen' ("tear [...] apart") und dem Juden Loeb sei die Rolle des Schurken zugedacht.[14] Harold Loeb konnte die persönliche Kränkung, die ihm mit diesem herabsetzenden literarischen Porträt zugefügt wurde, nie verwinden. Er revanchierte sich damit, daß er Hemingway seinerseits zum Opfer einer frühkindlich bedingten Verfolgungsphobie erklärte, gegen den Vorwurf des Antisemitismus nahm er ihn jedoch erstaunlicherweise immer wieder in Schutz.[15]

Wenn Harold Loeb rückschauend den Konflikt mit Hemingway auf einer rein persönlichen Ebene anzusiedeln versuchte, so handelt es sich dabei wahrscheinlich um den typischen Rationalisierungsversuch eines Menschen, der sich die gesellschaftliche Dimension seines Außenseitertums nicht eingestehen möchte. Denn welche Rolle auch immer die persönlichen Animositäten und Eifersüchteleien gespielt haben mögen, die in Pamplona am 9. Juli 1925 in einer plötzlichen Eruption offener Feindseligkeit kulminierten – das Ostrazismusritual, das Harold Loeb an diesem Abend erlebte, folgt unverkennbar einem Grundmuster jüdischer Leidenserfahrung. Seine eigene Schilderung dieses Vorgangs zeigt im Grunde nur an, wie sehr auch er trotz seiner sozial und kulturell arrivierten Herkunft die gesamtgesellschaftlich induzierte Außenseitermentalität verinnerlicht hatte:

> I was tremendously sad [...]. It was my pattern, I felt, [...] to acquire a friend and then have him turn in an instant into a bitter, lashing enemy. It had happened at Princeton and Mohegan, and in the Sunwise Turn [Loebs Buchladen]. Even in marriage. There was something about me. I felt excruciatingly lonely [...]. (Loeb, 1959, 296)

Über die zurückhaltenden Äußerungen Loebs hinaus gibt es jedoch Zeugnisse, die eine antisemitische Grundhaltung Hemingways sehr wohl nahelegen.[16] Loebs Freundin Kathleen Cannell, die bei verschiedenen Gelegenheiten antisemitische Ausbrüche Hemingways miterlebte, sagt z.B. über Robert Cohn: "Cohn was Harold Loeb and everything Hem disliked in Jews – which was everything" (Cannell, 1972, 150). Auch Hemingway selbst artikulierte gegenüber Maxwell Perkins seine Ressentiments mit brutaler Offenheit, als er über seine Romangestalt kommentierte: "And why not make a Jew a bounder in literature as well as in life?"[17] Auch in einem Brief an seinen Freund Henry Strater mokierte er sich über einen Safariführer, hinter dessen Namen er einen Juden vermutete: "Only thing about Klein is that name – [...] Germans are swell – kikes not so good – We don't want him to turn out to be Harold Loeb."[18] In anderen Briefen Hemingways deutet überdies die häufige Verwendung herabsetzender Bezeichnungen wie *frog, wop* oder *kike* auch generell auf eine ethnozentrische Voreingenommenheit hin. Carlos Baker gesteht dem Autor allerdings mit Recht zu, "that – like Frost, Pound, and Eliot, [...] he was born into a time when such epithets were regrettably commonplace on most levels of American society. Hemingway's anti-Semitism was no more than skin-deep".[19] Ähnlich äußert sich auch Hemingways langjähriger Freund Donald Ogden Stewart, der in *The Sun Also Rises* als Bill Gorton erscheint. Antisemitisch – so seine aufschlußreiche Antwort auf eine Interviewfrage Bertram D. Sarasons – sei Hemingway "no more than anyone else" gewesen (zit. in Sarason, 1972, 70). Deutlicher – und selbstkritischer – wird Stewart in einem anderen Interview, wo er dem gesamten Zeitgeist der zwanziger Jahre eine antisemitische Grundstimmung attestiert und dabei sowohl sich selbst als auch Hemingway mit einschließt:

> Not that any of this was the kind of deep-seated thing that helped give rise to Nazism, but it was there as a form of social snobbishness, something that people simply took for granted.[20]

Festzuhalten bleibt also zunächst, daß Hemingway sich in den zwanziger Jahren mit seiner antisemitischen Grundeinstellung durchaus in erlauchter Gesellschaft befand, erschien doch der Jude gerade einigen Schriftstellern der literarischen Avantgarde "as a representative of the modern bourgeoisie which these writers attacked without mercy" (Kopf, 1969, 94).

Wenn auch die angeführten 'außerliterarischen' Zeugnisse zu belegen scheinen, wie sehr das Denken und Fühlen des Autors von den Klischeebildern persönlicher Ressentiments und zeitgenössischer Vorurteile geprägt war, muß gerade im Falle Hemingways vor der kurzschlüssigen Ineinssetzung des 'Menschen' und des 'Künstlers', zu der die psychologisch-biographische Forschung immer wieder neigt, gewarnt werden. Wie die einleitenden Ausführungen über das künstlerische Programm des Autors verdeutlicht haben, ist die ästhetische Wirkungsabsicht seiner Texte vorrangig auf die 'Entautomatisierung' und Destruktion stereotyp gewordener Gefühls-, Denk- und Wahrnehmungsgewohnheiten gerichtet. Für Hemingways Methode der Destruktion konventioneller Stereotypen ließen sich zahlreiche Beispiele anführen. Man denke etwa an die Entheroisierung des Krieges in "Soldier's Home" oder *A Farewell to Arms*, an die Entidealisierung des Vater- und des Mutterbildes in zahlreichen Nick-Adams-Stories oder an die Zerstörung idyllischer Klischeevorstellungen in einer Geschichte wie "An Alpine Idyll". Aber es sind nicht nur solche sentimental-romantischen Erwartungsmuster, sondern gerade auch nationale, ethnische und rassische Stereotypen, die Hemingway in seinem Werk immer wieder aufzubrechen versucht: etwa in "Soldier's Home", wo das von der Kriegspropaganda verzerrte amerikanische Deutschlandbild lächerlich gemacht wird; in *A Farewell to Arms*, wo die antiitalienischen Vorurteile einzelner Charaktere satirisch aufs Korn genommen werden; in "Indian Camp", wo das Klischee des 'stoischen Indianers', in "The Doctor and the Doctor's Wife", wo das Klischee des 'unterwürfigen Indianers', oder in "The Battler", wo das Klischee des 'servilen Negers' ironisch unterlaufen wird. Charakteristisch ist auch eine Vignette aus *In Our Time*, in der ein Streifenwagenpolizist, nachdem er gerade zwei Ungarn erschossen hat, seinem Kollegen erklärt: "*They're crooks, ain't they?* [...] *They're wops, ain't they?* [...] *Wops, said Boyle, I can tell wops a mile off*" (*SS* 155). Texthinweise dieser Art lassen es wiederum als ratsam erscheinen, auch Hemingway-Äußerungen wie "If you think the book is anti-Semitic you must be out of your mind or at least not in full possession of your critical faculties" (zit. in Scott, 1957, 310) ernstzunehmen und auf Stichhaltigkeit zu überprüfen.

Kann man in Hemingways literarischem Werk einerseits die Destruktion konventioneller Stereotypen konstatieren, so läßt sich andererseits auch eine dazu gegenläufige Tendenz feststellen. Um hier nur die wichtigsten Stichworte zu nennen: das von feministischer Seite immer wieder attackierte Negativklischee der *castrating American bitch* sowie das entsprechende Positivklischee unterwürfiger und selbstaufopfernder Weiblichkeit; oder das bereits notorisch gewordene Männlichkeitsideal, das sich sowohl in den eigenen öffentlichen Auftritten Hemingways als auch in den diversen *code heroes* seiner Romane und Short Stories verkörperte. Aber selbst hier wäre eine Ineinssetzung des 'Menschen' mit dem 'Künstler' Hemingway zu kurzschlüssig, da der Autor zu dem *code-hero*-Ideal, das er in seiner eigenen Lebenswirklichkeit regelrecht 'in Szene zu setzen' bemüht war, als Künstler ein sehr viel kritischeres und gebrocheneres Verhältnis hatte, als dies von der Kritik gemeinhin konzediert wird. Wie die nachfolgenden Analysen zeigen werden, ist sich der Künstler Hemingway durchaus bewußt, daß vermeintliche *code*-Helden wie Jake Barnes in *The Sun Also Rises*, Frederic Henry in *A Farewell to Arms* oder Robert Jordan in *For Whom the Bell Tolls* in Wahrheit "weak men overcompensating desperately for their weakness" (McConnell, 1983, 194) sind. Selbst bei der Gestalt des Großwildjägers Wilson in "The Short Happy Life of Francis Macomber" – einer geradezu *comic-strip*-artigen Version des Hemingwayschen Männlichkeitsideals – spricht vieles dafür, daß es sich um eine bewußte Selbstparodie handelt.[21]

Um die obige These im Sinne der vorliegenden Problemstellung zu erweitern: Wie sehr Hemingway in seiner persönlichen Lebenswelt auch den Schutz stabilisierender und entlastender Vorstellungs- und Rollenstereotypen brauchte, so sehr ist sein literarisches Werk der Ausdruck einer spannungsvollen Ambivalenz: einerseits einer Neigung, sich vor der verunsichernden Komplexität innerer und äußerer Erfahrung in ein psychologisches Schutzterrain reduktiver Gedanken- und Verhaltensstereotypen zurückzuziehen, andererseits eines gegenläufigen (selbst-)kritischen Impulses, die Rationalisierungs- und Kompensationsfunktion solcher Stereotypen zu entblößen. Hemingway thematisiert eben *nicht nur* den Dualismus zwischen dem Unverfälscht-Echten und dem Korrumpiert-Unechten, etwa in der stereotypen Antithese von naturhaft-maskulinen *outdoor values* und zivilisiert-femininen *indoor values* (Grebstein, 1973, 5 ff.). Zumindest in seinen anspruchsvollsten Werken gelingt es ihm darüber hinaus, den schmalen Grenzbereich auszumessen, in dem der Gestus der 'Eigentlichkeit' in die Uneigentlichkeit der Pose oder des Stereotyps umschlägt. Um ein solches Werk handelt es sich auch bei *The Sun Also Rises*.

Bei oberflächlicher Betrachtung scheint die thematische Struktur des Romans ganz von dem oben angesprochenen Dualismus geprägt zu sein. Für die meisten Kritiker verkörpert denn auch der Ich-Erzähler Jake Barnes die positiven Werte: Obwohl durch eine kriegsbedingte Genitalverletzung in einem rein physischen Sinne seiner Männlichkeit beraubt, erscheint er diesen Kritikern durch die stoische Gelassenheit, mit der er sein Schicksal annimmt und zu meistern versucht, als eine Hemingwaysche Vorbildgestalt wahrer Männlichkeit. Im Rahmen dieses Deutungsmusters, welches das Motiv der Genitalverletzung lediglich als eine ironische Umkehrung herkömmlicher Männlichkeitsvorstellungen begreift, erscheint Jake Barnes meist als 'moralisches Zentrum' einer *insider*-Gruppe desillusionierter oder verwundeter Charaktere, die sich in einem gemeinsamen *code* illusions- und klagloser Schicksalsresignation zusammengefunden hat, während der zwar sexuell durchaus potente, aber von den Initiationserfahrungen des Krieges verschont und innerlich unreif gebliebene Jude Robert Cohn, den der Erzähler und sämtliche andere Mitglieder der Gruppe mit Spott und Häme überziehen, den negativen Gegentypus zu verkörpern scheint.

Die wenigen kritischen Stimmen, die in Robert Cohn einen positiven Typus verkörpert sehen – wie etwa Arthur L. Scott (1957), Paul Lauter (1963/64), William L. Vance (1966) oder R.W. Stallmann (1977) – abstrahieren zu rigoros vom Gesamtkorpus der poetologischen Äußerungen und des literarischen Werks Hemingways, die keinen Zweifel daran lassen, daß diese Gestalt die prototypische Verkörperung dessen ist, wogegen der Autor sein Leben lang polemisch Stellung genommen hat: nämlich einer durch und durch fremdbestimmten, in nicht-authentischen, derivativen Werten befangenen Existenzweise, deren Denken, Fühlen und Verhalten ganz an der Autorität vorgegebener Muster orientiert ist.

Der Jude als *scapegoat:* Zur Charakterisierung Robert Cohns

Die biographischen Details, die uns der Erzähler gleich im ersten Kapitel über Robert Cohn mitteilt, pointieren bereits auf sarkastische Weise die totale Fremdbestimmtheit seiner Identität: "Robert Cohn was a member, through his father, of one of the richest Jewish families in New York, and through his mother of one of the oldest" (*SR* 4). So wie er schon von Geburt an ganz das Produkt seiner Herkunft war, ist er auch in seiner weiteren Biographie immer nur, was andere aus ihm machen. Er wird von seinen Eltern zur Militärakademie und nach Princeton geschickt, um von diesen gesellschaftlichen Prestigeinstitutionen nach dem Schnittmuster des *All-American boy* geformt zu werden. Seine exzellenten Leistungen in 'typisch maskulinen' Sportarten wie Football oder Boxen sind deshalb auch nichts anderes als ein Anzeichen seiner Konformitätsbereitschaft, ironisch vergegenständlicht in der plattgedrückten Nase, die ihm sein Boxtrainer in Princeton verpaßte. Daß seine geistigen Leistungen ebenso nur einem exzessiven Anpassungsdrang entsprechen, verdeutlicht der Erzähler in einem ironischen Kommentar: "In his last year at Princeton he read too much and took to wearing spectacles" (*SR* 3). Die totale 'Mustergültigkeit' von Cohns persönlicher Erscheinung ironisiert der Erzähler überdies in Wendungen wie "He was a nice boy, a friendly boy [...]" (*SR* 4), "He had a nice, boyish sort of cheerfulness [...]" (*SR* 45) oder "He read many books, played bridge, played tennis, and boxed at a local gymnasium" (*SR* 6). Diese Überanpassung an die Konformitätsmuster des *All-American-boy*-Ideals läßt Cohn in den Augen des Erzählers wie auch des Lesers zunächst einmal als eine komische Figur erscheinen.

Als lächerlich erweist sich auch Cohns Ehrenkodex, entspricht dieser doch einem angelernten Ritterlichkeitsideal, das sich vor der Folie der desillusioniert-sarkastischen Bewußtseinslage des Erzählers in seiner ganzen Aufgesetztheit und Prätentiosität offenbart. In der Fröhlichkeit, mit der er Tennisniederlagen hinzunehmen pflegt, entspricht er z.B. ganz dem populären Klischeebild des *good loser*. Als "prep-school stuff" charakterisiert der Erzähler mit Recht die melodramatische Pose, mit der Cohn aus nichtigem Anlaß eine formelle Entschuldigung einfordert. Die Lächerlichkeit wird durch das Szenentableau pointiert: "He stood up from the table his face white, and stood there white and angry behind the little plates of hors d'œuvres" (*SR* 39). Um so unangemessener wirken die höflich-diskreten Umgangsformen, mit denen er bei anderen Situationen auch auf die vernichtendsten Demütigungen reagiert; so z.B., wenn er von einem flüchtigen Bekannten als "a case of arrested development" abqualifiziert (*SR* 44), von seiner Ex-Verlobten Francis Clyne als verachtenswerter Poseur bloßgestellt oder von seinem Rivalen Mike Campbell als "a poor bloody steer" (*SR* 142) beschimpft wird. Geradezu ins Farcenhafte gerät Cohns Ritterlichkeitsattitüde, wenn er, nachdem er um der vermeintlichen Ehre seiner Angebeteten willen verschiedene Leute k.o. geschlagen hat, die verfahrene Situation wieder durch grandiose *shake-hands*-Rituale zu bereinigen sucht.[22]

Abstrahiert man von Cohns 'Jewishness', so könnte man ihn durchaus – wie es einige Kritiker getan haben – für eine satirische Verkörperung des unreifen und naiven amerikanischen *boy man* schlechthin halten. Über diese Ebene hinaus operiert Hemingway bzw. sein Ich-Erzähler jedoch mit spezifisch antijüdischen Negativklischees. Cohn erscheint bereits durch seine Herkunft als Repräsentant eines jüdischen Bildungs- und Besitzbürgertums, dem von jeher der Ruf anhaftet, sich den Eintritt in die etablierte Gesellschaft durch exzessive kulturelle und materielle Leistungen erkaufen zu wollen. Mit diesem Familienhintergrund entspricht er nicht nur der Ressentimentvorstellung des allzu reichen, allzu tüchtigen und allzu klugen Juden, sondern auch der des typischen 'Assimilanten', der sich die Anerkennung seiner nichtjüdischen Umwelt durch Überanpassung an deren Normen und Werte zu sichern versucht. Sein Habitus männlicher Kampfbereitschaft, höflicher Selbstkontrolle und fairer Ritterlichkeit erscheint vor diesem Hintergrund – in paradoxer Umkehrung gängiger Vorstellungen – nur noch als Ausdruck einer ängstlichen Verleugnung seiner eigentlichen Identität – eine Insinuation, die letztlich auf das Klischeebild vom 'feigen Juden' hinausläuft.

Darüber hinaus bestätigt Cohn auch die gängigen Negativklischees jüdischer Aufdringlichkeit, jüdischer Larmoyanz und jüdischen Selbstmitleids. Wenn er z.B. Jake im zweiten Kapitel drängt, mit ihm nach Südamerika zu gehen, so zeigt sich darin – trotz seines Angebots, sämtliche Reisekosten zu übernehmen – die typische Einstellung eines 'Schnorrers', will er doch seinen spanischsprechenden Freund nicht nur als Übersetzer, sondern gewissermaßen auch als Vermittler der 'authentischen' Lebenserfahrungen benutzen, zu denen er aus sich selbst heraus keinen Zugang hat. Cohns mangelndes Gespür für Distanz und Diskretion durchzieht den Roman ebenfalls wie ein Leitmotiv. So wie er in der eben geschilderten Situation alle höflichen Versuche Jakes, ihn loszuwerden, hartnäckig ignoriert, weiß er auch bei späteren Gelegenheiten nie, wann er unerwünscht ist, etwa in jener Szene, als sich seine Angebetete Brett Ashley zu einem intimen Gespräch mit Jake zurückziehen möchte:

> "I'm going to sit here," Brett said.
> "I'll stay with you," Cohn said.
> "Oh, don't!" Brett said. "For God's sake, go off somewhere.
> Can't you see Jake and I want to talk?" (*SR* 180 f.)

Was Cohn in den Augen des Erzählers wie des impliziten Autors zu einer besonders abstoßenden Gestalt macht, ist die Neigung, seinen Freunden und Gesprächspartnern mit 'typisch jüdischer' Schwatzhaftigkeit seine inneren Gefühle aufzudrängen; beispielsweise, wenn er Jake in einem Satz wie "'You're really about the best friend I have [...]'" (*SR* 39) seiner Freundschaft versichert, oder mit den Worten "'I can't stand it to think my life is going so fast and I'm not really living it'" (*SR* 10) seine Weltschmerzgefühle mitteilt. Bereits die Art und Weise, wie er sich über Brett Ashley in Worten wie "There's a certain quality about her, a certain fineness [...]. I don't know how to describe the quality" (*SR* 38) ausläßt, löst beim Erzähler Aggressionen aus. Diese schlagen später durch die Mischung von penetranter Selbstgefälligkeit und plumper Vertraulichkeit, mit der Cohn Andeutungen über seine Liebesaffäre mit Brett macht, in mühsam unterdrückte Haßgefühle um, deren explizit antisemitische Grundfärbung sich auch auf den Leser zu übertragen droht, da die Sympathielenkung hier eindeutig gegen Cohn gerichtet ist. Zu einem grotesken Kulminationspunkt penetranter Larmoyanz und Gefühlsentblößung kommt es, als Cohn, nachdem er Jake und Pedro Romero verprügelt hat – mit seinem weißen Polohemd weinend auf dem Hotelbett liegt und mit melodramatischen Worten um Mitleid und Verständnis bettelt:

> "I just couldn't stand it about Brett. I've been through hell, Jake. It's been simply hell. When I met her down here Brett treated me as though I were a perfect stranger. I just couldn't stand it. We lived together at San Sebastian. I suppose you know it. I can't stand it any more." (*SR* 194)

Hemingways Gegenposition gegen alle Formen exzessiver verbaler Artikuliertheit – bei ihm immer das Indiz eines derivativen, entfremdeten Wirklichkeitsbezugs – äußert sich in *The Sun Also Rises* darüber hinaus als Ressentiment des Erzählers gegen 'typisch jüdische' Bildungshypertrophie und Überintellektualisierung. Im Sinne dieses Vorurteilsklischees erscheint Cohn als ein literarisch-intellektueller Schnorrertyp, dem jegliche genuine Eigenmotivation und Eigenkreativität abgeht. Ebenso wie er z.B. in seiner Abneigung gegen Paris die blasiert-modische Attitüde H.L. Menckens imitiert, orientieren sich seine romantischen Vorstellungen über Südamerika am literarischen Vorbild von W.H. Hudsons *The Purple Land* – einer trivialliterarischen Romanze, die ihm gleichzeitig auch als Modell seines antiquierten *courtship*-Ideals dient. Auch seinen Tätigkeiten als Kunstmäzen, Verleger, Herausgeber und Schriftsteller ermangelt es jeglichen authentischen Engagements, da sie sämtlich von einem Sekundärbedürfnis nach persönlicher Anerkennung motiviert sind. Cohns – im Sinne des bekannten Negativklischees – typisch jüdischer Mangel an genuiner Kreativität und Originalität zeigt sich schließlich in einer Reihe von Situationen, in denen er seine Freunde mit seinem angelernten Bildungswissen zu beeindrucken versucht. So berichtet der Erzähler vom Besuch einer Kathedrale in der französischen Grenzstadt Bayonne:

> Cohn made some remark about it being a very good example of something or other, I forget what. It seemed like a nice cathedral, nice and dim, like Spanish churches. (*SR* 90)

Wie für Hemingway typisch, wird nicht explizit thematisiert, welche Gefühlsreaktion Cohns Bemerkungen im Erzähler hervorrufen. Unmittelbar auf die Schilderung dieser Situation folgt jedoch ein Bild, das sich durchaus als eine Art von 'gegenständlicher Entsprechung' von Jakes Gefühlen deuten ließe. Er schildert den Aufbruch aus dem Hotel:

> [...] we had the bags sent down and waited for Robert Cohn. While we were waiting, I saw a cockroach on the parquet floor that must have been at least three inches long. I pointed him out to Bill and then put my shoe on him. (*SR* 91)

In diesem Bild dekuvriert sich gleichsam vorausdeutend einiges von der haßerfüllten Pogrom- und Vernichtungsmentalität, die auf dem Höhepunkt der Handlung offen ausbricht.

Die bisherigen Charaktermerkmale Robert Cohns finden ihren gemeinsamen Nenner alle mehr oder weniger im spezifisch Hemingwayschen Negativbild mangelnder Männlichkeit, wofür im übrigen auch die 'plattgedrückte Nase' als ironisches Symbol fungiert. Dieses Negativbild findet insbesondere in den Frauenbeziehungen dieser Gestalt, die überall hoffnungslos unter dem Pantoffel steht, eine satirische Zuspitzung. "Internally" – so der Erzähler – "he had been moulded by the two women who had trained him" (*SR* 45). Seine reiche Mutter läßt ihm regelmäßig Geld zukommen, nachdem er das Erbteil seines Vaters durchgebracht hat. Geheiratet wird er (der Erzähler verwendet hier mit Absicht eine Passivkonstruktion) "by the first girl who was nice to him" (*SR* 4), einer reichen Frau, die ihm nach fünf Jahren eines konventionellen Ehelebens just in dem Augenblick davonläuft, als er sich zu einer Trennung durchgerungen hat. Wie schließlich die beiden Affären mit Frances Clyne und Brett Ashley zeigen, erweist er sich selbst in seinen außerehelichen Liebschaften noch als ein schwächliches Opfer weiblichen Eroberungs- und Dominanzanspruchs.

Abstrahiert man wieder von Cohns 'Jewishness', so wird man durchaus die Karikatur eines allgemeinen amerikanischen Typus – wie er beispielsweise auch in der nicht-jüdischen Titelgestalt von "The Short Happy Life of Francis Macomber" repräsentiert ist – erkennen können. Aber auch hier verbindet sich die allgemeine Satire mit einer spezifischen ethnischen Stereotypisierung. Cohn entspricht dabei – wie Josephine Z. Kopf (1969) gezeigt hat – z.T. durchaus einem komischen jüdischen Eigenstereotyp, scheint doch in der Ungeschicklichkeit und Hilflosigkeit dieses gehörnten Pantoffelhelden und 'ewigen Verlierers' das Muster der klassischen Schlemihl-Figur durch. Bei Cohn sind allerdings bezeichnenderweise das Element humorvoller Selbstironie und andere Eigenschaften, die dieser Gestalt traditionellerweise die Sympathien des Publikums sichern, ausgespart. Statt dessen wird das klassische antijüdische Stereotyp des "ungeeigneten Liebhabers nichtjüdischer Frauen" (H. Müller, 1984, 8) abgerufen. Aber selbst der nicht von solchen Vorurteilsmustern affizierte Leser wird – sofern er den Sympathielenkungssignalen des Romans zu folgen bereit ist – kaum Mitleid empfinden, wenn Cohn z.B. von seiner Ex-Verlobten Francis Clyne bitter gedemütigt oder von seiner großen Liebe Brett Ashley skrupellos benutzt und dann fallengelassen wird. Wenn seine Ex-Verlobte ihm vorwirft, er habe sie nur deshalb nicht geheiratet, um in seinem späteren Schriftstellerlebenslauf einmal eine Geliebte vorweisen zu können, so entspricht dies durchaus auch dem auktorial intendierten Charakterbild. Überdies wird für den Leser damit ein vorausdeutendes Signal gesetzt, wie Cohns Affäre mit Brett Ashley zu bewerten ist: eben nicht bloß als Satire auf ein obsolet gewordenes *courtship*-Ideal eines unreifen amerikanischen *boy man*, sondern als ein grundsätzlicher Angriff gegen eine auch noch bis in die intimsten Gefühlsregungen hinein unechte, zutiefst selbstentfremdete Bewußtseins- und Lebenshaltung. Dem 'Großstadtjuden' Cohn wird damit letztlich seine *Seele* abgesprochen. In einem fundamentalen Sinne ermangelt es ihm an *afición*, d.h. im Kontext des Romans: an authentischer Liebes-, Wahrnehmungs- und Empfindungsfähigkeit. Bezeichnenderweise erscheint der in einer traditionellen christlich-katholischen Gemeinschaftskultur verwurzelte Stierkämpfer Pedro Romero als sein positives Gegenbild. Sowohl textinterne als auch textexterne Belege – so läßt sich zwischenresümieren – drängen die Schlußfolgerung auf, daß der Autor von *The Sun Also Rises* den Antisemitismus seines Ich-Erzählers und der meisten übrigen Romancharaktere in hohem Maße teilt.

Der *scapegoat* als Projektions- und Spiegelgestalt

Man würde jedoch der Intention des Romans nicht gerecht werden, betrachtete man Robert Cohn als bloße Negativfolie für andere Charaktere bzw. für Hemingways eigenes Code-Ideal. Wenn Hemingway seinen Ich-Erzähler Jake Barnes an einer Stelle sagen läßt: "Cohn had a wonderful quality of bringing out the worst in anybody" (*SR* 98), so wird hier eine der Neigung zur Stereotypisierung gegenläufige Tendenz zu kritischer Selbstreflexion angedeutet, die sich nicht nur auf die figurale Handlungssituation, sondern auch auf die Ebenen der Aussage- wie der Wirkungsintention beziehen läßt. Der Autor distanziert sich nämlich von der auch in ihm selbst virulenten *scapegoat*-Mentalität seiner Romanfiguren, indem er den in dieser Mentalität wirksamen psychosozialen Projektions- und Rationalisierungsmechanismus durchschaubar macht. Diejenigen, die Robert Cohn selbstgerecht zum *scapegoat* machen – so die ironische Implikation des Romans – haben im Grunde mehr mit ihm gemeinsam, als sie zugeben möchten. Mit anderen Worten: der Haß auf den Juden wird letztlich als rationalisierter Selbsthaß bloßgestellt.

Hemingway unterstreicht die Gemeinsamkeiten zwischen Robert Cohn und den anderen männlichen Mitgliedern der Gruppe durch eine Reihe von ironischen Parallelmotiven. Beschränkt sich die Gemeinsamkeit Cohns mit Bill Gorton im wesentlichen darauf, daß beide erfolgreiche, aber unkreative Schriftsteller sind, die ihrem Publikum 'tote', nur mit dem Anschein des Lebendigen versehene Gegenstände ("stuffed dogs") verkaufen (s. Waldhorn, 1972, 105), so gibt es zwischen Cohn und Bretts Verlobtem Mike Campbell trotz aller offenkundigen Unterschiede augenfällige Parallelen: Beide haben ihr Vermögen verschwendet und sind von einer reichen und herrischen Mutter abhängig. Beiden ist eine penetrante Aufdringlichkeit gemeinsam, die sich auch bei Mike u.a. in übertriebenem Händeschütteln äußert (*SR* 81 f., 134). In emotionalen Extremsituationen zeigt Mike Campbell zudem das gleiche weinerliche Selbstmitleid wie Cohn (*SR* 177 f.). In einem viel direkteren Sinne als dieser erweist er sich außerdem als Feigling und Schnorrer. Bezeichnend für den oben angesprochenen Projektionsmechanismus ist, daß Mikes antisemitische Ausfälle gegen Cohn gerade in dem Augenblick eskalieren, als Pedro Romero auftaucht. Er kanalisiert damit in der typischen Art eines Feiglings seine hilflose Aggression gegen diesen überlegenen Rivalen auf eine im Gruppenkontext ohnehin bereits stigmatisierte Sündenbockfigur. Hemingway unterstreicht Mikes Mangel an Männlichkeit schließlich durch eine weitere ironische Parallele zu Cohn. Auch er kommt in Paris mit einer plattgedrückten Nase an, die er sich allerdings nicht einmal beim Boxen, sondern durch einen im Zugabteil heruntergefallenen Damenkoffer geholt hat (*SR* 78).

Insbesondere aber für den Erzähler selbst wird Cohn in mehrfacher Hinsicht zu einem Doppelgänger. Daß Jake Barnes und Robert Cohn in einem besonderen Verhältnis zueinander stehen, wird bereits durch den Erzähleingang nahegelegt. Der auf jegliche explizite Selbstvorstellung verzichtende Ich-Erzähler informiert uns hier sogleich in einer solchen Ausführlichkeit über den Lebenshintergrund Robert Cohns, daß sich der Eindruck aufdrängt, als sei dieser – wie Hemingway ja auch an anderer Stelle behauptet hat – der eigentliche 'Held' des Romans (s. Sarason, 1972, 18), während man den Erzähler selbst zunächst in einer etwa der Rolle Nick Carraways in F. Scott Fitzgeralds *The Great Gatsby* vergleichbaren Beobachterfunktion vermuten könnte. Rein erzähltechnisch hat ja auch die Genitalverletzung des Erzählers Jake Barnes in diesem 'Liebesroman' zur Folge, daß dieser weitgehend auf die Funktion des nur an der Peripherie des Geschehens beteiligten passiven Beobachters festgelegt ist. Andererseits prädestiniert ihn diese Verwundung für die Rolle des Konfidenten, dem sämtliche anderen Romanfiguren bevorzugt ihre Gedanken und Gefühle offenbaren, was wiederum seine Rolle als zentrales Erzählmedium motiviert. In der Außenseiterposition des Erzählers liegt jedoch auch das erste Parallelmotiv, das ihn mit der anderen Außenseitergestalt Robert Cohn verbindet. Beide sind auch durch das Kastrationsmotiv miteinander verbunden, wobei allerdings die 'tragische' Genitalverletzung des Erzählers mit der 'komischen' Nasenverletzung Robert Cohns in einer Weise parallelisiert wird, die zunächst nur Cohn als satirischen Angriffspunkt erscheinen läßt. Die auffällige Heftigkeit, mit welcher der Erzähler jedoch von Anfang an gegen Cohn polemisiert, muß beim kritischen Leser Fragen über den Grad seiner 'Verläßlichkeit' provozieren; dies um so mehr, als Jake Barnes über sich selbst nur mit äußerster Zurückhaltung spricht.

Bei näherer Betrachtung erweist sich in der Tat, daß sich hinter dem von Jake Barnes sowohl als Erzähler als auch als handelnde Figur kultivierten Habitus lakonischer Sachlichkeit und illusionsloser Kühle eine Reihe von emotionalen und sentimentalen Persönlichkeitszügen verbergen, auf die er bei seinem Gegenüber Cohn mit Spott, Gereiztheit oder Aggressivität reagiert. So demonstriert er z.B. ironische Skepsis gegenüber Cohns romantischer Idee, in Südamerika zu 'authentischen' Lebenserfahrungen vordringen zu können, wenn er sagt: "'You can't get away from yourself by moving from one place to another'" (*SR* 11), für ihn selbst hat jedoch ein ähnlich exotischer Schauplatz wie Spanien eine ähnliche Bedeutung – was sich u.a. an der religiösen Bildlichkeit des hier spielenden Erzählteils im einzelnen belegen ließe. Auch hindert ihn sein Spott über Cohns Vorliebe für trivialliterarische Romanzen nicht daran, sich bei seinem Angelausflug nach Burguette mit Lektüre dieser Art selbst die Zeit zu vertreiben. Wenn Jake inmitten der Naturidylle am Irati-Fluß ein Buch von E.A.W. Mason aus der Tasche zieht, so kommt darin zeichenhaft zum Ausdruck, wie sehr sein Streben nach authentischer Naturerfahrung noch von der entfremdeten Ersatzerfahrung schlechter Literatur kontaminiert ist:

> [...] I was reading a wonderful story about a man who had been frozen in the Alps and then fallen into a glacier and disappeared, and his bride was going to wait twenty-four years exactly for his body to come out on the moraine, while her true love waited too, and they were still waiting when Bill came up. (*SR* 120)

Ähnlich wie Cohn ist also auch Jake Barnes nicht frei davon, daß seine Wirklichkeitswahrnehmung durch vorgeprägte 'literarische' Rezeptionsmuster ihrer Unmittelbarkeit beraubt und damit verfälscht wird. Seine ablehnende Gefühlsreaktion auf bestimmte Straßengegenden von Paris und die daran angeschlossene Reflexion sind dafür charakteristisch:

> The Boulevard Raspail always made dull riding. It [...] always made me feel bored and dead and dull until it was over. I suppose it is some association of ideas that makes those dead places in a journey. [...] Perhaps I had read something about it once. That was the way Robert Cohn was about all of Paris. I wondered where Cohn got that incapacity to enjoy Paris. Possibly from Mencken. Mencken hates Paris, I believe. So many young men get their likes and dislikes from Mencken. (*SR* 41 f.)

Die zitierte Textstelle ist in ihrer Ambivalenz aufschlußreich. Sie deutet zum einen – wie auch die voraufgehend angeführte Passage – an, daß Jake Barnes bei aller Ähnlichkeit mit Cohn seinen eigenen Schwächen mit weitaus größerer Selbstdistanz und Selbstreflexion gegenübersteht. Zum anderen deckt diese Passage aber auch den Projektionsmechanismus auf, nach dem das Denken des Erzählers funktioniert; zeigt sich doch hier, wie sich Jakes spontane Irritation über sich selbst sozusagen automatisch auf das 'äußere' Aggressionsobjekt Robert Cohn verschiebt. Mit anderen Worten: der Habitus kritischer Selbstdistanz schlägt an dieser Stelle um in sein Gegenteil, in Rationalisierung und Projektion.

Die bissigsten Attacken des Erzählers richten sich zweifellos gegen Cohns Unechtheit in erotischen Gefühlsbeziehungen. Aber gerade auch hier gibt es zwischen beiden Figuren ironische Parallelen, deren sich wohl der implizite Autor, nicht aber der Erzähler bewußt ist. Als Jake Barnes sich z.B. im dritten Kapitel eine Prostituierte 'aufgabelt', um sie zum Essen einzuladen, hat die Erklärung, die er dem Leser dafür anbietet, etwas eigentümlich Ausweichendes: "I had picked her up because of a vague sentimental idea that it would be nice to eat with some one" (*SR* 16). Einen Hinweis auf die möglicherweise uneingestandenen oder verdrängten Motive Jakes erhalten wir, wenn Brett Ashley, nachdem sie von ihm auf eine entsprechende Frage eine ebenso ausweichende Antwort erhalten hat, ironisch bemerkt: "You're getting damned romantic" (*SR* 23), und ihm damit zu verstehen gibt, daß er sich selbst etwas vormacht. In ähnlicher Weise, wie Cohn seine Geliebten dazu benutzt, um seinen Mangel an Männlichkeit zu kompensieren, instrumentalisiert auch der zum Geschlechtsverkehr unfähige Erzähler die Prostituierte als Komplementärfigur seiner eigenen Selbsttäuschung, dient sie ihm doch als Substitut für etwas, was er real nicht haben kann, und bestätigt ihn gleichzeitig in einer illusionär gewordenen Identität.

Es ist zweifellos kein Zufall, daß auch Brett Ashley im Verlauf des Romans wiederholt mit dem Prostitutionsmotiv in Verbindung gebracht wird. In einem vordergründigen Sinne mag dieses Motiv auf die ausgeprägte Nymphomanie der Protagonistin hinweisen. Es scheint aber auch in einem fundamentaleren Sinne auf ein System wechselseitiger Selbsttäuschung und Pseudobestätigung zu verweisen, nach dem wiederum nicht nur die Affäre zwischen Brett und Cohn, sondern auch – und zwar auf weitaus subtilere Weise – die Brett-Jake-Beziehung funktioniert. So vermittelt Brett in ihrer Affäre mit Robert Cohn diesem einen offenkundig illusionären Glauben an seine besondere 'Auserwähltheit', und bestätigt ihn zugleich auch in der 'Leidensrolle' des unglücklich schmachtenden, aber ungeachtet seiner unerfüllten Sehnsucht immerfort dienst- und opferbereiten Liebhabers. In diesem Widerspruch zwischen der Glaubensgewißheit der Erwähltheit einerseits und einer – von Cohn mit masochistischer Leidensbereitschaft getragenen – faktischen Erniedrigung andererseits scheint sich auf den ersten Blick ein spezifisch jüdisches Muster zu spiegeln, das die antisemitischen Ressentiments des Erzählers und seiner Freunde denn auch in besonderer Weise provoziert.

Die zentrale strukturelle Ironie des Romans besteht jedoch darin, daß im Verhältnis des Erzählers zu Brett das gleiche Muster wirksam ist. Dieses Muster ergibt sich aus einem von Brett virtuos gehandhabten *double message system* von Anziehung und Zurückweisung, Bestätigung und Nichtbestätigung. So füttert Brett immer wieder Jakes Illusion, aus der Masse ihrer anderen Verehrer durch ein spezielles Vertraulichkeitsverhältnis herausgehoben zu sein. Sie weist ihm z.B. regelmäßig die privilegierte Rolle ihres besonderen Trösters und Helfers zu, wobei ihre emotional und rhetorisch hypertrophierte Sprache den Gestus pathetischer Hilfs- und Trostbedürftigkeit für den Leser als melodramatische Pose ausweist. Auch hier besteht eine strukturelle Ironie insofern, als Sprachwendungen wie "'Oh, darling, I've been so miserable'" (*SR* 24), "'But, darling, I have to see you [...]'" (*SR* 26), "'[...] my own true love'" (*SR* 55), "'You know I love you'" (*SR* 55), "'Oh, darling,' [...], 'I'm so miserable'" (*SR* 64), "'[...] I just feel terribly'" (*SR* 64), "'[...] You're the only person I've got [...]'" (*SR* 181), oder "'Darling! I've had such a hell of a time'"(*SR* 241) exakt dem sentimentalen Pathos entsprechen, das der Erzähler bei Robert Cohn so kritikwürdig findet. Eine weitere Ironie besteht darin, daß sie damit bei Jake an eine Dienst- und Opferbereitschaft zu appellieren vermag, welche derjenigen Robert Cohns zumindest gleichkommt. Bereits bei der gemeinsamen Taxifahrt im Anfangsteil des Romans wird dies auf ironische Weise angedeutet: Brett bestimmt die Richtung, während Jake ihre Befehle an den Taxifahrer weiterleitet. Noch deutlicher wird Jakes Neigung zu selbstverleugnender Servilität im Spanienteil des Romans. So bricht er unvermittelt seinen Angelaufenthalt in

Burguette ab, als er vom angeschlagenen Zustand Bretts und von ihrer Ankunft in Pamplona erfährt. In Pamplona erniedrigt er sich gar zum Zuhälter, als er auf Bretts Bitte eingeht, ihr den Stierkämpfer Pedro Romero als Geliebten zuzuführen, wobei sich durch die voraufgehende Beschreibung der *desencajonada*, in der den kastrierten *steers* die Rolle zufällt, die potenten *bulls* der Herde zuzutreiben, eine ironische Parallele andeutet. Ähnlich dienstbereit wie in Burguette handelt Jake schließlich in San Sebastian, von wo er auf die telegraphischen Hilferufe Bretts unverzüglich nach Madrid aufbricht, um der in einem schäbigen Hotel Gestrandeten als Helfer und Tröster dienen zu können.

Während Brett Jake Barnes auf diese Weise einerseits in dem illusionären Glauben an seine eigene 'Auserwähltheit' bestärkt, reduziert sie ihn andererseits mit Hilfe ihres doppelten Kommunikationssystems von Anziehung und Zurückweisung auf die demütigende Rolle des unglücklich schmachtenden Liebhabers. Bretts widersprüchliches Kommunikationsverhalten zeigt sich bereits bei ihrer gemeinsamen nächtlichen Taxifahrt durch Paris, bei der sie Jake einem verwirrenden Wechselspiel von Stimulation und Frustration unterwirft:

> Brett's hat was off. Her head was back. [...] The street was dark again and I kissed her. Our lips were tight together and then she turned away and pressed against the corner of the seat, as far away as she could get. Her head was down.
> "Don't touch me," she said. "Please don't touch me."
> "What's the matter?"
> "I can't stand it."
> "Oh, Brett."
> "You mustn't. You must know. I can't stand it, that's all. Oh, darling, please understand!"
> "Don't you love me?"
> "Love you? I simply turn all to jelly when you touch me."
> [...]
> "And there's not a damn thing we could do," I said.
> "I don't know," she said. "I don't want to go through that hell again."
> "We'd better keep away from each other."
> "But, darling, I have to see you. [...]." (*SR* 25 f.)

Das gleiche Muster wiederholt sich wenig später, als sie Jake, nachdem sie ihn zunächst seinem einsamen Liebesschmerz überlassen hat, um halb fünf Uhr nachts aufsucht, um ihm ihren neuen Liebhaber Count Mippipopolous vorzuführen, diesen dann wegschickt, um mit Jake allein zu sein, am Ende aber seine Bitte, ihn nicht allein zu lassen, zurückweist:

> [Brett:] "Good night, darling."
> "Don't be sentimental."
> "You make me ill."
> We kissed good night and Brett shivered. "I'd better go," she said. "Good night, darling."

"You don't have to go."
"Yes."
We kissed again on the stairs [...]. (*SR* 34)

Mit ihrem widersprüchlichen Kommunikationsverhalten bringt Brett das bei Jake Barnes mühsam unterdrückte Potential sentimentalen Selbstmitleids an die Oberfläche, das dieser ebenfalls mit Cohn gemeinsam hat. Nachtgedanken an seine unglückliche Liebe lassen auch ihn in Tränen ausbrechen (*SR* 31), und der Habitus larmoyanten Selbstmitleids greift sogar gelegentlich von der Bewußtseinslage des erlebenden auf die des erzählenden Ich über; so etwa, wenn Jake über das eben erlebte Frustrationserlebnis räsoniert: "It is awfully easy to be hard-boiled about everything in the daytime, but at night it is another thing" (*SR* 34).

Besonders augenfällig tritt Jakes Ähnlichkeit mit Cohn im siebten Kapitel zutage. Hier wird er anläßlich eines weiteren Besuchs Bretts von einem eruptiven Ausbruch sentimentalen Selbstmitleids überwältigt, bei dem er sich zu melodramatischen Liebesschwüren wie "'Oh, Brett, I love you so much'" (*SR* 54) hinreißen läßt und in Wendungen wie "'Couldn't we live together, Brett? Couldn't we just live together?'" (*SR* 55) um Liebe und Zuwendung bettelt. Jakes Verlust an Männlichkeit findet in dieser Szene ihr *objective correlative* in der Gebärde des Auf-dem-Bett-Liegens – einem Motiv, das im zweiten Teil der Handlung im Zusammenhang mit Robert Cohn und Pedro Romero wieder aufgenommen wird.[23] Während Cohn nach seiner pathetischen Prügelei mit dem jungen Stierkämpfer mit der gleichen weinerlich-puerilen Gebärde auf dem Bett liegt wie hier Jake, unterstreicht Pedro Romero seine Männlichkeit dadurch, daß er sich trotz seiner Schmerzen und Verwundungen nicht im Bett halten und 'bemuttern' läßt: "' [...] Brett held him and wouldn't let him get up. He was weak, but Brett couldn't hold him, and he got up. [...]'" (*SR* 202). Die Parallele zwischen Jake und Robert Cohn ist hier ebenso signifikant wie der Kontrast zwischen diesen beiden und Romero. Denn Jake verspielt in dieser Situation seine männliche Würde besonders dadurch, daß er es Brett erlaubt, ihm gegenüber die Rolle einer mütterlichen *nurse* einzunehmen:

I lay face down on the bed. I was having a bad time.
[...] Brett came in and sat on the bed.
"Poor old darling." She stroked my head.
[...]
Then later: "Do you feel better, darling? Is the head any better?"
"It's better."
"Lie quiet. [...]." (*SR* 55)

In diesem Zusammenhang gewinnt auch Bretts Kriegstätigkeit als Krankenpflegerin eine paradoxe Symbolbedeutung, denn sie erweist sich nicht zuletzt in dieser mütterlichen Helfer- und Wohltäterrolle als *castrating bitch.* Bezeichnenderweise waren sowohl Jake als auch ihr Verlobter Mike ihre Pflegeobjekte.

Als sie den zusammengeschlagenen Pedro Romero pflegen darf, ist sie "radiant" und "happy" (*SR* 207), wobei ihr vereinnahmendes Dominanzverhalten auf subtile Weise szenisch vergegenwärtigt wird: "She went straight down the hall and into Romero's room. She did not knock. She simply opened the door, went in, and closed it behind her" (*SR* 209). Der blutjunge Pedro Romero – und darin besteht die ironische Pointe dieser Beziehung – ist jedoch der erste wirkliche Mann, dem sie begegnet, weil er – im wörtlichen wie im übertragenen Sinne – der einzige ist, der sich von ihr nicht 'ans Bett fesseln' läßt.

Im Verhältnis zu Jake äußert sich das widersprüchliche Kommunikationsverhalten Bretts nicht nur in dem oben analysierten Wechselspiel von Stimulation und Frustration, sondern auch darin, daß sie sich in raschem Wechsel einmal in der Helferrolle, dann wieder in der Rolle der Hilfsbedürftigen präsentiert. In beiden Rollen aber zwingt sie ihre Partner in ein asymmetrisches Komplementärverhältnis, dessen besondere Paradoxie darin besteht, daß Brett in Wirklichkeit immer die Dominanzposition einnimmt, wo sie dem äußeren Anschein nach in der inferioren Position der Dienenden oder der Hilfesuchenden ist. Eine Dialogpassage aus der unmittelbar an die oben analysierte Besuchs- und Bettszene (*SR* 55) anschließenden Tanzsituation ist dafür ein anschauliches Beispiel:

> "Come on. Let's dance." Brett said.
> We danced. It was crowded and close.
> "Oh, darling," Brett said, "I'm so miserable."
> I had that feeling of going through something that has all happened before.
> "You were happy a minute ago."
> The drummer shouted: "You can't two time –"
> "It's all gone."
> "What's the matter?"
> "I don't know. I just feel terribly."
> "......" the drummer chanted. Then turned to his sticks.
> "Want to go?"
> I had the feeling as in a nightmare of it all being something repeated, something I had been through and that now I must go through again.
> "......" the drummer sang softly.
> "Let's go," said Brett. "You don't mind."
> "......" the drummer shouted and grinned at Brett.
> "All right," I said. We got out from the crowd. [...]. (*SR* 63 f.)

Der leitmotivartig wiederholte Hinweis auf das Lied des Trommlers signalisiert auf subtile Weise, daß Brett in dieser Szene ein falsches Spiel spielt.

Bringt man die hier analysierten Verhaltensweisen Bretts auf den entscheidenden Punkt, so läßt sich auch über sie sagen, daß sie viel mehr mit Cohn gemeinsam hat, als sie selbst wahrnehmen möchte. Denn wie Cohn seine Frauenaffären braucht, um sein Defizit an Männlichkeit zu kompensieren, benötigt Brett ihre männlichen Partner, um sich über ihr Defizit an genuiner Weiblichkeit hinwegzutäuschen. Ihre Nymphomanie ist dafür nur das augenfälligste Symbol. Einen wesentlich höheren Grad der Selbsttäuschung als die sexuellen Abenteuer verschafft ihr jedoch gerade die asexuelle Beziehung zu einem Mann wie Jake, der ihr sowohl in der Rolle selbstloser Mütterlichkeit als auch in der Rolle weiblicher Hilfsbedürftigkeit als Komplementärfigur einer illusionären Selbstbestätigung dient.

Kollusionsspiele: Der *scapegoat* und die kommunikativen Paradoxien in den Figurenbeziehungen

Es wäre allerdings zu einfach, Jake Barnes einseitig als das Opfer einer psychologischen Täuschungsstrategie Bretts anzusehen. Beide sind vielmehr in einem komplizenhaften Spiel wechselseitiger Selbsttäuschung verwickelt. So wie Jake sich für Brett 'prostituiert', indem er so ist, wie sie ihn haben will, damit sie in ihrer Illusion so sein kann, wie sie gerne sein möchte, prostituiert Brett sich für Jake, indem sie ihm durch ihr spezifisches Rollenverhalten hilft, sich über sein Defizit an Männlichkeit – im biologischen wie im übertragenen Sinne – hinwegzutäuschen. Es handelt sich insofern um ein typisches Kollusionsverhältnis in dem von dem Sozialpsychologen R.D. Laing definierten Sinne. Kollusion, so Laing,

> is a "game" played by two or more people whereby they deceive themselves. The game *is* the game of mutual self-deception. [...] Each plays the other's game, though he may not necessarily be fully aware of doing so. An essential feature of this game is not admitting that it is a game. (Laing, 1971, 108)

Eine der zentralen Ironien des Romans scheint darin zu liegen, daß der scheinbar so authentische, sich im lakonischen *understatement* artikulierende Code heroischer Selbstdisziplin und Schicksalsergebenheit in dieses Kollusionsspiel mit einbezogen ist.

Die eben erörterte Besuchs- und die daran anschließende Tanzszene im siebten Kapitel liefern auch ein anschauliches Beispiel dafür, wie Brett diesen Code im Rahmen ihrer widersprüchlichen Kommunikationsstrategien von Frustration und Stimulation funktionalisiert. Anläßlich des von ihr immerhin mitprovozierten Gefühlsausbruchs Jakes kritisiert sie indirekt dessen 'unmännliches' Verhalten, indem sie an den gemeinsamen Code appelliert: "'Let's not talk. Talking's all bilge [...]'" (*SR* 55). Wenn Jake darauf mit den Worten "'Oh, sure,' [...] 'I know you're right. I'm just low, and when I'm low I talk like a fool'" (*SR* 56) antwortet, reagiert er damit in paradoxer Weise auf eine paradoxe Handlungsaufforderung.[24] Nicht aus sich selbst bzw. um der Sache selbst willen findet er zum Habitus mannhafter Sachlichkeit zurück, sondern aus dem Sekundärmotiv heraus, den Verhaltenserwartungen seiner Partnerin zu entsprechen. Auf ähnlich paradoxe Weise wie bei Cohn wird auch hier der Habitus der

Mannhaftigkeit zum Signum der Fremdbestimmtheit. Jake – so die ironische Implikation – verhält sich hier im Grunde wie ein kleiner Junge, der sich bemüht, dem mütterlichen Befehl „Benimm dich wie ein Mann!" nachzukommen. In der folgenden Tanzszene macht Brett den Protagonisten dann vollends zum Spielball ihrer widersprüchlichen Handlungsaufforderungen, indem sie ihn wieder einerseits massiven Gefühlsappellen aussetzt und ihm andererseits unerschütterliche Gefühlsbeherrschung abverlangt. Das Spiel wechselseitiger Selbsttäuschung und 'gefälschter Gefühle' kulminiert schließlich in einer melodramatischen Pose tragischer Entsagung:

> "Good night, Jake. Good night, darling. I won't see you again." We kissed standing at the door. She pushed me away. We kissed again. "Oh, don't!" Brett said.
> She turned quickly and went into the hotel. (*SR* 65)

Ein ähnliches Muster paradoxer und durch emotionale Interessen und Abhängigkeitsverhältnisse verzerrter Kommunikation zeigt sich auch in anderen Situationen. Als Mike z.B. im Beisein Jakes über die zahlreichen Männeraffären Bretts räsoniert, reagiert diese wieder einmal mit lakonischer Knappheit: "'Damned good chaps,' [...] 'It's all rot to talk about it. Michael and I understand each other'" (*SR* 143). Der eigentliche Subtext dieser Aussage ist: Sie erwartet von Mike, daß er die Hörner, die sie ihm aufsetzt, mit männlicher Würde trägt. Auch hier führt die paradoxe Handlungsaufforderung zu einer paradoxen Situation: das Defizit an Männlichkeit erweist sich wieder in der Bereitschaft, einer von außen kommenden Männlichkeitserwartung gerecht zu werden. Dergestalt in eine unhaltbare Situation manövriert, bleibt Mike tatsächlich nur noch der jüdische Sündenbock Cohn, um seine frustrierte Wut überhaupt zum Ausdruck bringen zu können: "'[...] listen, Jake. Brett's gone off with men. But they weren't ever Jews, and they didn't come and hang about afterward'" (*SR* 143).

Vom gleichen Kommunikationsmuster ist die Szene geprägt, in der Brett die Zuhälterdienste Jakes für ihre Affäre mit Pedro Romero beansprucht. Auch hier appelliert sie zunächst an 'männliche' Tugenden wie Zurückhaltung und Selbstdisziplin:

> "You wouldn't behave badly." Brett looked at me.
> "I'd be as big an ass as Cohn," I said.
> "Darling, don't let's talk a lot of rot." (*SR* 181)

Sodann verstärkt Brett ihren Appell, indem sie Jake ihr eigenes Ringen um Selbstdisziplin sozusagen 'dramatisch' vorführt: "'I feel like hell,' Brett said. 'Don't let's talk'" (*SR* 183). Dadurch aber wird der unmittelbar darauffolgende Gestus totaler Gefühlsüberwältigung um so wirkungsvoller in Szene gesetzt: "'Oh, darling, please stay by me. Please stay by me and see me through this'" (*SR* 184). Dies aber heißt nichts anderes, als daß die Zuhälterdienste Jakes von Brett zum Attribut einer ritterlichen Beschützerrolle umdefiniert werden. Das

Defizit an Männlichkeit erweist sich einmal mehr an der Folgebereitschaft gegenüber den von außen kommenden Männlichkeitserwartungen.

In der besagten Szene gibt es allerdings auch Anzeichen dafür, daß Jake Barnes den kollusionären Charakter dieses Beziehungsspiels zu durchschauen beginnt. So reagiert er z.B. auf Bretts Selbstanklage "'[...] God knows, I've never felt such a bitch'" (*SR* 184), indem er den unterschwelligen Appell dieser *exclamatio* offen thematisiert: "'What do you want me to do?'" (*SR* 184). Auch der folgende Dialogausschnitt deutet auf der Ebene des Subtextes den Beginn einer inneren Distanzierung an. Brett:

> "I've always done just what I wanted."
> "I know."
> "I do feel such a bitch."
> "Well," I said.
> "My God!" said Brett, "the things a woman goes through."
> "Yes?"
> "Oh, I do feel such a bitch."
> I looked across at the table. [...] (*SR* 184)

Erst in der Schlußszene des Romans setzt sich bei Jake auch die Einsicht in die prinzipielle Verlogenheit des Code-Ideals durch. Auch dieser Vorgang erschließt sich nicht auf der expliziten Textebene, sondern nur auf der Subtextebene des Dialogs sowie aus einer Reihe von weiteren indirekten Textsignalen. Wenn Jake z.B. auf Bretts zweifachen telegraphischen Hilferuf "COULD YOU COME HOTEL MONTANA MADRID AM RATHER IN TROUBLE BRETT" (*SR* 238 f.) – dessen melodramatisches Pathos ja gerade in der Sprachgeste lakonischer Untertreibung besteht – eilfertig in den Zug steigt, aber weder Schlaf findet, noch die Landschaft genießen kann, so deutet sich darin bereits die innere Krisensituation des Protagonisten an. Das großstädtische *setting* wird dann zum *objective correlative* für eine Situation, in der es für Jake keine Ausflüchte mehr gibt: "The Norte station in Madrid is the end of the line. All trains finish there. They don't go on anywhere" (*SR* 239 f.). Das imagistische Szenenbild am Ende des Romans suggeriert schließlich ebenso wie der abschließende Dialog, daß der Erzähler am Ende zu einer klareren, illusionsloseren Wirklichkeitssicht durchgestoßen ist:

> It was very hot and bright, and the houses looked sharply white. [...]
> "Oh, Jake," Brett said, "we could have had such a damned good time together." [...]
> "Yes." I said. "Isn't it pretty to think so?" (*SR* 247)

Die optischen Wahrnehmungen des Erzählers deuten auch an, daß er Brett und seine bisherige Beziehung zu ihr nun in einem anderen Licht sieht. Wenn er z.B. über deren Hotelzimmer bemerkt: "The room was in that disorder produced only by those who have always had servants" (*SR* 241), so verbindet sich damit auch eine wachsende Einsicht in seine eigene Subalternitätsrolle. Das Resultat dieser Einsicht zeigt sich in der folgenden Dialogsequenz, als Brett wieder den gemeinsamen Code zu beschwören versucht. Bretts Stilgeste schweigsamer Zurückhaltung entlarvt sich hier als unechte Pose, wenn sie ihre Beziehungsprobleme mit Pedro Romero einerseits durch ein leitmotivartig variiertes "'let's not talk about it. Let's never talk about it'" (*SR* 242) mit der Aura eines tragischen Geheimnisses umgibt, aber andererseits immer wieder von sich aus auf eben dieses Thema zurückkommt. Jake zwingt Brett zu dieser Selbstentblößung, indem er ihr Code-Signal "Let's not talk about it!" tatsächlich beim Wort nimmt oder durch Fragen wie "'Anything you want me to think about it?'" (*SR* 244) das unterschwellige Dialoginteresse Bretts ausdrücklich thematisiert. Er verweigert sich damit zum ersten Mal dem Spiel wechselseitiger Selbsttäuschung. Dies wird auch deutlich, als Brett ihre Niederlage bei Pedro Romero mit dem Gestus tragischer Entsagung zu kaschieren versucht:

> "You know it makes one feel rather good deciding not to be a bitch."
> "Yes."
> "It's sort of what we have instead of God."
> "Some people have God," I said. "Quite a lot."
> "He never worked very well with me."
> "Should we have another Martini?" (*SR* 245)

Am Ende von *The Sun Also Rises* steht also ein desillusionierter Ich-Erzähler, der die Fragwürdigkeit seiner Lebenshaltung durchschaut hat. Die einzelnen Stationen und Faktoren des bei Jake Barnes gestalteten Bewußtwerdungsprozesses können hier nicht im Detail erörtert werden. Abschließend sei jedoch noch einmal auf die ambivalente Funktion verwiesen, die dem jüdischen Sündenbock in diesem Kontext zukommt. Diente die Konfrontation mit Robert Cohn dem Erzähler und den anderen Figuren – wie bereits gezeigt wurde – einerseits als willkommener Vorwand, um die eigenen Defizite projektiv zu verdrängen, so ist sie andererseits das auslösende Moment zumindest für Jakes Bewußtwerdungsprozeß. Um dies zu verdeutlichen, bedient sich Hemingway auch hier wieder der für ihn charakteristischen Technik indirekter Textsignale. Ausgangspunkt ist ironischerweise die farcenhaft-melodramatische Prügelszene, in der Jake, nachdem er gerade den Zuhälter für Brett gespielt hat, von dem aufgebrachten Cohn k.o. geschlagen wird. Dieser Schlag führt bei Jake – und zwar im physischen wie im übertragenen Sinne – zu einer 'Gehirnerschütterung', die sich auch auf sein 'Sehvermögen' auswirkt: "[...] everything looked new and changed. I had never seen the trees before. I had never seen the flagpoles before, nor the front of the theatre. It was all different" (*SR* 192). Auf dem Rückweg zum Hotel halluziniert Jake dann eine Szene aus seiner Jugend:

> I felt as I felt once coming home from an out-of-town football game. I was carrying a suitcase with my football things in it [...]. I had been kicked in the head early in the game. (*SR* 192 f.)

So wie das Football-Motiv im ersten Teil des Romans ein Textsignal für die charakterliche Unreife Robert Cohns darstellte, dient es im vorliegenden Kontext als Hinweis auf entsprechende Züge bei Jake Barnes. In dessen Halluzination verbinden sich jedoch zwei gegenläufige Tendenzen. Einerseits ist sie Ausdruck einer Regressionsneigung, wie sie sich auch in dem pubertär wirkenden *shake-hands*-Ritual mit Robert Cohn und dem Wunsch nach einem heißen Bad – "Now it was a hot bath that I needed. A deep, hot bath, to lie back in" (*SR* 193) – andeutet. Andererseits stellt sie eine Art *moment of vision* dar, in dem sich die endgültige Selbsterkenntnis Jakes vorbereitet. Wenn er am nächsten Morgen mit 'Kopfschmerzen' erwacht, so ist auch dies nicht nur physisch zu verstehen, sondern als Ausdruck einer neuen Sensibilität und *awareness*: "There was [...] a bad headache. Everything looked sharp and clear, and the town smelt of the early morning" (*SR* 195 f.). Es ist diese neue Sensibilität und *awareness*, die ihn schließlich zur visionären Einsicht in das Autonomieideal befähigt, das der Stierkämpfer Pedro Romero in einem Akt ästhetischer und menschlicher Vollendung verkörpert:

> Never once did he look up. He made it stronger that way, and did it for himself, too, as well as for her. Because he did not look up to ask if it pleased he did it all for himself inside, and it strengthened him, and yet he did it for her, too. But he did not do it for her at any loss to himself. (*SR* 216)

Bezeichnenderweise vollzieht sich Jakes Schritt zur endgültigen Selbsterkenntnis aber erst, nachdem Cohn mit seinem Weggang als *scapegoat* nicht mehr zur Verfügung steht. Am Ende des Romans steht die Einsicht des Erzählers, daß er einen zu hohen Preis für seine Lebenslüge bezahlt hat. Aber ebenso wie Hemingway der persönliche Schmerz gleichgültig war, den er seinem Freund Harold Loeb zufügte, indem er ihn in einer derartig stigmatisierenden Weise literarisch porträtierte, fehlt auch dem Erzähler jegliches Bewußtsein für den Preis, den der jüdische Sündenbock für die Lebenslüge anderer zu bezahlen hatte. Ob es in der Wirkungsabsicht des Werkes liegt, ein solches Bewußtsein im Leser zu provozieren, erscheint fraglich.

Zieht man abschließend ein Resümee der Rolle, die dem Juden in diesem Roman zugewiesen ist, so spiegelt sich darin nur die Zwiespältigkeit, die wir bereits bei Hemingway selbst festgestellt haben. Der Jude Robert Cohn hat in der Tat "a wonderful quality of bringing out the worst in anybody" (*SR* 98), aber in einem vieldeutigeren und ironischeren Sinne, als auf der Erzählebene bewußt wird. Er ist der Kristallisationspunkt einerseits für die Entfaltung, andererseits für die Bewußtmachung jener 'schlimmsten' menschlichen Eigenschaften. Der Preis, den der Jude – ob als Harold Loeb oder als Robert Cohn – für die ihm von anderen zugewiesene Rolle zu zahlen hatte, ist allerdings höher, als sich der Autor, die Romanfiguren oder die meisten Leser vergegenwärtigen.

Kollusionsbeziehungen: Die Gestaltung des Liebesmotivs in *A Farewell to Arms* (1929)

Entstehungsgeschichtliche Faktoren und Kontexte

Mit der Veröffentlichung des Kriegsromans *A Farewell to Arms* erreichte die frühe Karriere Hemingways ihren Gipfelpunkt. Der Roman entstand unter denkwürdigen Umständen. Hemingway hatte sich 1926 von seiner ersten Frau Hadley Richardson getrennt und im Mai 1927 Pauline Pfeiffer geheiratet, die einige Zeit später schwanger wurde. Paulines Wunsch, ihr Kind nicht in Europa zur Welt zu bringen, beschleunigte seinen Entschluß, sich mit ihr in Key West, Florida niederzulassen. Der Wechsel in den neuen Lebensraum im Frühjahr 1928 stimulierte am Anfang auch seine künstlerische Schaffenskraft. Er vermochte binnen weniger Monate eine erste Fassung von *A Farewell to Arms* fertigzustellen, dann traten jedoch Ereignisse ein, die vorübergehend zu einer ernsten Schreibkrise führten. Am 28. Juni mußte Pauline nach einer achtzehnstündigen Wehenperiode mit einer lebensbedrohlichen Kaiserschnittoperation von ihrem Kind entbunden werden, und am 6. Dezember beging sein Vater Selbstmord. Beide Ereignisse führten bei Hemingway zu einer tiefen emotionalen Verunsicherung, die ihn zu umfangreichen Textüberarbeitungen veranlaßte. Daß er allein das Schlußkapitel, in dessen Endversion die Protagonistin nach einem dramatischen Todeskampf und einer Totgeburt im Kindbett stirbt, insgesamt zweiunddreißigmal umschrieb, ist ein sicheres Indiz dafür, daß es hier nicht nur um rein darstellungsästhetische Probleme, sondern auch um die Bewältigung sehr persönlicher emotionaler Konflikte ging (Lynn, 1987, 384; s. auch Reynolds, 1976).

Die Frage nach dem autobiographischen Substrat des Romans braucht jedoch hier nicht weiter vertieft zu werden. Festzuhalten bleibt nur, daß sich in *A Farewell to Arms* mindestens drei verschiedene Erlebnisschichten überlagern: erstens die Ereignisse um Hemingways Kriegsverwundung im Jahre 1918 und seine enttäuschte Liebe zu der Krankenschwester Agnes von Kurowsky, zweitens die Beziehung zu seiner ersten Frau Hadley und drittens die Umstände während der unmittelbaren Entstehungszeit des Romans (s. Reynolds, 1976; Oldsey, 1979). Die drei genannten Frauenbeziehungen bilden das 'Rohmaterial' für das Porträt der weiblichen Hauptgestalt.

Wie bereits der bewußt auf Doppeldeutigkeit angelegte Titel "A Farewell to Arms" verdeutlicht, verknüpft der Roman die beiden Motive Krieg und Liebe. Ob dies auf ästhetisch befriedigende Weise gelungen ist, sei hier dahingestellt.[25] Als Kriegsroman steht *A Farewell to Arms*, mit seiner entheroisierenden, die Banalität des Tötens und Sterbens hervorhebenden Darstellungsweise, offenbar in der Tradition von Werken wie Stephen Cranes *The Red Badge of Courage* (1895) oder John Dos Passos' *Three Soldiers* (1921). Insgesamt ist die

Kriegshandlung in der Kritik allerdings auf ein eher geringes Interesse gestoßen, wahrscheinlich auch deshalb, weil Hemingways Roman diesem Gegenstand keine wesentlich neuen Aspekte abgewinnen konnte. Ganz anders steht es um die Gestaltung der Liebeshandlung. Hier ist der Text von einer Ambivalenz und Ambiguität, deren Provokationspotential sich auch an den vielfältigen und gegensätzlichen Reaktionen des Lesepublikums ablesen läßt.

Die kritische Kontroverse um *A Farewell to Arms*

Die Gestaltung der Liebesbeziehung zwischen Frederic Henry und Catherine Barkley, den beiden Hauptgestalten des Romans, hat in der Hemingway-Kritik immer wieder zu heftigen Kontroversen geführt. Schon in der frühen Phase der Rezeption standen gegensätzliche Beurteilungsweisen nebeneinander. Während z.B. ein angesehener Kritiker und Romanautor wie Robert Herrick – in einer mit der Überschrift "What Is Dirt?" betitelten Rezension – die Liebesbeziehung als "merely another lustful indulgence" apostrophierte,[26] tendierte die Mehrzahl der frühen Kritiker dazu, den idyllisch-romantischen Aspekt hervorzuheben. Die Vorstellung, Hemingway habe hier ein um das Element des Tragisch-Heroischen bereichertes Verhaltens- und Beziehungsideal gezeichnet, bildete dann lange Zeit eine Art Grundkonsens, in dem sich verschiedene Deutungen trafen.[27]

Es fehlte freilich nicht an Kritikern, die – wie beispielsweise Edmund Wilson und Philip Young – die vermeintlichen Idealisierungstendenzen des Romans kritisch kommentierten.[28] Aber auch solche Stimmen stellen nicht den lange bestehenden Mehrheitskonsens in Frage, daß die Gestaltung der Liebesbeziehung in *A Farewell to Arms* vom Autor letztlich als eine Art Apotheose der 'wahren Liebe' – im Unterschied zu ihren 'unechten' und 'oberflächlichen' Formen – intendiert war.

Spätestens seit den siebziger Jahren hat sich diese Situation gründlich verändert. Insbesondere von feministischer Seite wurde an den von Hemingway entworfenen Frauenbildern heftige Kritik geübt. Dabei entstand so etwas wie ein Alternativkonsens über die vermeintlich misogynen Frauenporträts Hemingways, den der Kritiker Alan Holder wie folgt zusammenfaßt:

> It seems to be the general consensus of Hemingway criticism that his women characters fall into one of two categories, either that of the bitch who threatens to rob the Hemingway male of his strength and integrity, or that of the dream girl, a mindless creature who makes no demands upon her man and who exists only to satisfy his (sexual) needs; in his pleasure is her fulfillment.[29]

Die Catherine-Gestalt in *A Farewell to Arms* wurde dabei in der Regel dem zweiten Typus zugeordnet. Diese Position wurde am nachdrücklichsten von Judith Fetterley vertreten, die in ihrem einflußreichen Buch *The Resisting*

Reader: A Feminist Approach to American Fiction u.a. feststellt, Catherines Charakter sei "a reflection of male psychology and male fantasy life and is understandable only when seen as a series of responses to the needs of the male world that surrounds her" (1978, 66). Hinter der Idealisierung dieser Gestalt, so Fetterley, verberge sich "a hostility whose full measure can be taken from the fact that Catherine dies and dies because she is a woman" (ebd. 49).

Das Verdienst dieser kritischen Position besteht zweifellos darin, daß sie mit der Idealisierungsthese gründlich aufräumt. Sie lenkt die Aufmerksamkeit mit Recht auf die unter der Oberfläche des Romanzenplots verborgene 'pathologische' Dimension der Frederic-Catherine-Beziehung. Diese Dimension haben, mit anderer Akzentuierung als Fetterley, auch eine Reihe weiterer Kritiker in den Blick gerückt. So sehen Richard B. Hovey (1968, 73-91) und Stanley Cooperman (1964) in dieser Beziehung vor allem den Ausdruck psychischer Bedürfnisse und Kompensationsmechanismen. An solche Überlegungen anknüpfend, erörtert John Stubbs das Liebesverhältnis als Ausdruck eines bewußt in Szene gesetzten Rollenspiels "[which] serves their 'need' for a psychological defense" (1974, 272). Stubbs wendet sich dabei mit Recht gegen die Tendenz, die Probleme des Autors vorschnell mit denjenigen seiner Charaktere gleichzusetzen: "Much attention in the past has been directed at the defense mechanisms in Hemingway's own personality. Yet the psychological defenses he depicts with great subtlety in his characters have not received as much scrutiny as they deserve" (ebd. 272). Wie kürzlich auch Scott Donaldson deutlich gemacht hat, ist insbesondere die weit verbreitete Bereitschaft zur Gleichsetzung des Autors mit der Ich-Erzähler-Figur irreführend. Die Ich-Erzählung Frederic Henrys von *A Farewell to Arms* – so Donaldson – sei bestimmt durch die Situation eines "survivor":

> Looked at in one sense, the novel exists only because Frederic felt the need to justify himself, and "the position of a survivor of a great calamity is seldom admirable," as Hemingway wrote on a discarded page of manuscript. Regarded this way, *Farewell* is an *apologia pro vita sua*".[30]

Während die These Donaldsons dem derzeitigen Trend entspricht, die negativen Qualitäten im Charakterbild Frederic Henrys zu akzentuieren, versuchen reziprok dazu einige neuere Diskussionsbeiträge, darunter auch eine Reihe von feministischen Studien, die Gestalt Catherines in ein positiveres Licht zu rükken. So formuliert Joyce Wexler mit polemischem Bezug auf die Thesen Fetterleys: "Catherine becomes Frederic's model of courage by sustaining her capacity for love after the death of the man she loved. Her ability to find – or create – something of value in a world that resists human control as the primary example of bravery Frederic remembers after the war" (Wexler, 1981, 116). In einem ähnlichen Sinne äußert sich Sandra Whipple Spanier, die Catherine als "the truly heroic figure of the novel", als "model of courage and stoic self-awareness" bezeichnet: "Her willingness to submerge herself in a personal relationship, far from being a sign of female spinelessness, is an act of will."[31]

In solchen Versuchen, der weiblichen Gestalt, nunmehr aus feministischer Sicht, eine Vorbildfunktion zuzuschreiben, manifestiert sich jedoch eine kritische Voreingenommenheit, die ebenfalls zu perspektivischen Verkürzungen führt. Diese Voreingenommenheit hat ihren Grund wohl vor allem in dem immer noch weit verbreiteten und offenbar geschlechtsübergreifenden Bedürfnis nach 'positiven' Identifikationsgestalten und 'Botschaften' – mit dem Resultat, daß z.B. die beiden letztgenannten feministischen Studien den *code-hero*-Diskurs ihrer männlichen Kollegen, nur unter anderen Geschlechtsvorzeichen, unverändert fortsetzen. Ähnliches gilt auch für 'postfeministische' Studien männlicher Kritiker wie William Spofford (1978) und Roger Whitlow (1984), die ebenfalls bemüht sind, die positiven Qualitäten von Hemingways Frauengestalten ins rechte Licht zu rücken.

Im folgenden soll der Versuch gemacht werden, die Beziehung der beiden Romangestalten jenseits der durch positive oder negative Geschlechtsstereotypen markierten Parteilichkeitsgrenzen zu erörtern. Anzuknüpfen ist dabei an solche Lesarten, die die pathologische Qualität der Beziehung in den Blick rücken. Es soll dabei jedoch nicht um moralische oder ideologiekritische Bewertung bzw. 'Entlarvung' – weder der Autorpersönlichkeit noch der Figuren – gehen. Vielmehr soll aufgezeigt werden, daß Hemingway hier, ähnlich wie bei der Jake-Brett-Beziehung in *The Sun Also Rises*, mit einem hohen Grad an künstlerischer Bewußtheit das 'Kollusionsverhältnis' zweier seelisch verwundeter Menschen gestaltet, die einander in einem verzweifelten Spiel gegenseitiger Selbsttäuschung und Pseudobestätigung als Stabilitätsfaktor für die eigene gestörte Identität *brauchen* und *gebrauchen*.

In diesem Sinne ist auch die Kollusionsbeziehung Frederic Henrys und Catherine Barkleys Ausdruck einer pathologischen Identitätspolitik, bei der beide Partner einander zerstören, ohne dies wirklich zu wollen. Wie im folgenden zu zeigen ist, gestaltet Hemingway diese Thematik u.a. auf dem Wege einer ironisch-parodistischen Bezugnahme auf Texterwartungen, die sich traditionell mit dem Liebesmotiv verbinden. Was auf den ersten Blick wie eine romantische Liebesbeziehung aussieht, ist in Wahrheit ein Geschlechterkampf, der letztlich für beide Partner zu einem Nullsummenspiel wird, mit dem Unterschied freilich, daß am Ende der Ich-Erzähler als der eigentliche *moralische* Verlierer dasteht. Catherine, die das Kollusionsspiel bis in den Tod hinein durchhält, bezahlt mit dem Verlust ihres Lebens. Die "survivor"-Gestalt Frederic Henry, die dieses Spiel als nostalgisches Erinnerungsszenario des erzählenden Ich weiterführt, bezahlt letztlich mit dem Verlust seiner Seele.

Die Anfangsphase: Schuldtrauma, Rollenspiel und *mistaken identity*

Den Auftakt der Liebesbeziehung bilden die drei Begegnungsszenen im vierten, fünften und sechsten Kapitel des ersten Buches. Diese Szenen, in denen Frederic Henry und Catherine Barkley sich kennenlernen und einander näherkommen, wirken auf den ersten Blick wie Versatzstücke eines sentimentalen Liebesplots in einem konventionellen Kriegs-Melodrama. Die erste der drei weitgehend szenisch-dialogisch gestalteten Begegnungen erscheint zunächst wie die typische Auftaktsituation eines romantischen Flirts. Frederic Henry verfolgt dabei die Gesprächstaktik, von der Eingangsebene höflichen *small talks* möglichst zügig auf eine 'persönlichere' Ebene zu wechseln, ohne dabei jedoch die Beziehungsebene eines oberflächlich-unverbindlichen Flirts grundsätzlich verlassen zu müssen. Diese Taktik wird jedoch von Catherine Barkley von Anfang an durch kommunikative 'Regelverletzungen' durchkreuzt. So konfrontiert sie ihn gleich zu Beginn des Gesprächs mit der von ihm als zu persönlich empfundenen Frage, warum er als Amerikaner in der italienischen Armee als Ambulanzfahrer tätig sei. Frederic Henry reagiert mit einem 'Ausweichmanöver', indem er eine direkte Antwort verweigert, abrupt das Thema wechselt und vorgibt, sich für Catherines Halsschmuck zu interessieren. Seine Absicht, mit diesem Themenwechsel den unterbrochenen Flirtversuch fortzusetzen, wird jedoch durch Catherines Antwort – "'It belonged to a boy who was killed last year'" (*FA* 18) – zunichte gemacht. Diese und ihre nachfolgenden Reaktionen zeigen an, daß der Tod dieses Mannes – ihres früheren Verlobten – sie mit massiven Schuldgefühlen verfolgt. Die Schuldgefühle, verbunden mit Selbstopfer- und Selbstbestrafungsphantasien, werden im vorliegenden Kontext zum Anzeichen ihrer krisenhaft gestörten weiblichen Geschlechtsidentität. Sie sind so übermächtig, daß auch ein weiterer Flirtversuch Frederic Henrys in einer Sackgasse endet:

> We sat down on a bench and I looked at her.
> "You have beautiful hair," I said.
> "Do you like it?"
> "Very much."
> "I was going to cut it all off when he died."
> "No."
> "I wanted to do something for him. You see I didn't care about the other thing and he could have had it all. He could have had anything he wanted if I would have known. I would have married him or anything. I know all about it now. But then he wanted to go to war and I didn't know."
> I did not say anything. (*FA* 19)

Es ist bezeichnend für Catherines Schuldgefühle, daß sie ungeduldig die bevorstehende Frontoffensive herbeisehnt; d.h. sie wartet auf eine Möglichkeit, durch die Pflege verwundeter Soldaten eine Art stellvertretender Wiedergutmachung an ihrem verstorbenen Verlobten leisten zu können (*FA* 20). Ihre Aussagen zeigen, daß dessen Tod ihr romantisches Weltbild zerstört hat:

> "[...] I remember having a silly idea he might come to the hospital where I was. With a sabre cut, I suppose, and a bandage around his head. Or shot through the shoulder. Something picturesque. [...] He didn't have a sabre cut. They blew him all to bits." (*FA* 20)

Daß hier buchstäblich etwas in ihrem Inneren 'zerbrochen' ist, wird im nachfolgend zitierten Dialogsegment durch die leitmotivartige Wiederholung des Wortes "crack" verdeutlicht:

> "Do you suppose it will always go on?"
> "No."
> "What's to stop it?"
> "It will crack somewhere."
> "We'll crack. We'll crack in France. They can't go on doing things like the Somme and not crack."
> "They won't crack here," I said.
> "You think not?"
> "No. They did very well last summer."
> "They may crack," she said. "Anybody may crack."
> "The Germans too."
> "No," she said. "I think not." (*FA* 20)

Nach der für Frederic Henry frustrierend verlaufenden ersten Begegnung scheinen seine erotischen Annäherungsversuche bei den beiden nachfolgenden Treffen raschen Erfolg zu versprechen. Zum ersten Kuß kommt es im fünften Kapitel. Eingeleitet wird diese Szene durch eine Beschreibung, die wie ein Versatzstück aus einem kitschigen Liebesroman wirkt: "We looked at each other in the dark. I thought she was very beautiful and I took her hand. She let me take it and I held it and put my arm around under her arm" (*FA* 26). Auch das nachfolgende Geschehen erinnert an das gängige Romanzengrundmuster: Die weibliche Figur wehrt das Liebesverlangen des männlichen Partners zunächst ab, gibt ihm aber schließlich, von Liebesgefühlen überwältigt, nach. Durch die konkrete Ausgestaltung dieses Musters wird jedoch das traditionelle Erwartungsschema ironisch unterlaufen. Nachdem Catherine den ersten Kußversuch Frederic Henrys mit einer Ohrfeige beantwortet hat, äußert sie sofort unangemessen heftige Schuldgefühle. Frederic Henry versucht dies in einen strategischen Vorteil in seinem Werbungsspiel umzumünzen, indem er an ihre weiblichen Mitleidsgefühle appelliert:

> "I'm dreadfully sorry," she said. "I just couldn't stand the nurse's-evening-off aspect of it. I didn't mean to hurt you. I did hurt you, didn't I?"
> She was looking at me in the dark. I was angry and yet certain, seeing it all ahead like the moves in a chess game.
> "You did exactly right," I said. "I don't mind at all."

"Poor man."
"You see I've been leading a sort of a funny life. And I never even talk English. And then you are so very beautiful." I looked at her. (*FA* 26)

Catherines Verhalten nimmt danach eine scheinbar unlogische Wendung. Obwohl sie das Liebeswerben ihres Partners als Spiel durchschaut ("'You don't need to say a lot of nonsense [...]'", *FA* 26), läßt sie sich plötzlich aktiv darauf ein und übernimmt ihrerseits die Initiative:

"You are sweet," she said.
"No, I'm not."
"Yes. You are a dear. I'd be glad to kiss you if you don't mind." (*FA* 26 f.)

Dieser scheinbar unmotivierte Verhaltenswandel läßt sich als ein Versuch Catherines erklären, ihre emotionale Situation in Form einer bewußten Rolleninszenierung unter Kontrolle zu bringen.[32] Darauf verweist auch die Verwendung der Attribute "sweet" und "dear", mit denen die Protagonistin ihren Partner gewissermaßen zu 'entmännlichen' und sich selbst in eine Art Mutterrolle hineinzuspielen versucht. Schon beim anschließenden Kuß bricht dieses Spiel jedoch in sich zusammen, und es hat den Anschein, als ob Catherine sich nun endgültig von der männlich-erotischen Ausstrahlungskraft ihres Partners überwältigen läßt:

I looked in her eyes and put my arm around her as I had before and kissed her. I kissed her hard and held her tight and tried to open her lips; they were closed tight. I was still angry and as I held her suddenly she shivered. I held her close against me and could feel her heart beating and her lips opened and her head went back against my hand and then she was crying on my shoulder.
"Oh, darling," she said. "You will be good to me, won't you." (*FA* 27)

Auch diese Szene erinnert stark an die erotischen Phantasieszenarien trivialliterarischer Liebesromanzen. Die unterschwellige Ironie der Szene besteht jedoch darin, daß sich die nach der Ohrfeigenattacke aufbrechenden Schuldgefühle Catherines ("'Poor man'", *FA* 26) nicht wirklich auf Frederic Henry beziehen, sondern auf ihren verstorbenen Verlobten. Frederic Henry wird – mit anderen Worten – zu einer Art Ersatzobjekt für Catherines eigentliche Gefühle.

Anläßlich der dritten Begegnung (Kap. 6) werden die bis dahin entwickelten Motive weiter ausgefaltet. Catherine übernimmt auch hier wieder den aktiven Rollenpart, indem sie eine romantische Wiedersehensszene arrangiert, bei der sie ihrem Partner detaillierte Szenen- und Dialoganweisungen gibt:

"[...] You've been away a long time."
"This is the third day. But I'm back now."
She looked at me, "And you do love me?"
"Yes."
"You did say you loved me, didn't you?"
"Yes," I lied. "I love you." I had not said it before.

"And you call me Catherine?"
"Catherine." We walked on a way and were stopped under a tree.
"Say, 'I've come back to Catherine in the night.'"
"I've come back to Catherine in the night."
"Oh, darling, you have come back, haven't you?"
"Yes."
"I love you so and it's been awful. You won't go away?"
"No. I'll always come back."
"Oh, I love you so. Please put your hand there again."
"It's not been away." (*FA* 30)

Gegen Ende der Szene, als Catherine die Ausspracheunterschiede der beiden miteinander vergleicht, wird deutlich, daß sie Frederic Henry hier als ein Rollen-Substitut für ihren verstorbenen Verlobten benutzt: "'It sounds very funny now – Catherine. You don't pronounce it very much alike. But you're very nice. You're a very good boy'" (*FA* 31).

Daß die beiden Figuren sich des Spielcharakters dieser Situation prinzipiell bewußt sind (wobei sie allerdings das Ausmaß ihrer wechselseitigen Selbsttäuschung verkennen), wird sowohl auf der Erzählebene als auch auf der Handlungsebene deutlich. Was der Ich-Erzähler retrospektiv kommentiert ("This was a game, like bridge, in which you said things instead of playing cards", *FA* 30), bringt Catherine auch im Dialog unmittelbar zur Sprache: "'You're a nice boy,' she said. 'And you play it as well as you know how. But it's a rotten game'" (*FA* 31). Gleichwohl spielt sie dieses Spiel – in einer neuen Variante – weiter, indem sie Frederic Henry erlaubt, sie zu küssen:

I wanted to kiss her.
"No," she said. "I'm awfully tired."
"Kiss me, though," I said.
"I'm awfully tired, darling."
"Kiss me."
"Do you want to very much?"
"Yes."
We kissed and she broke away suddenly. "No. Good-night, please, darling." (*FA* 32)

In diesen Reaktionen Catherines deutet sich bereits ein Verhaltensmuster an, das im folgenden immer deutlichere Konturen gewinnt: Die Protagonistin konstruiert die Beziehung zu Frederic Henry in Form eines 'Phantasieszenariums',[33] in dem sie sich selbst die 'archetypische' Rolle der opferbereiten Frau zuweist. In diesem Habitus weiblicher Selbsthingabe versucht Catherine sozusagen unbewußt, die beiden archetypischen Weiblichkeitsrollen von 'Mutter' und 'Hure' auf einen Nenner zu bringen. Mit diesem Verhalten wird die Protagonistin jedoch keineswegs zu einer Verkörperung von Hemingways Weiblichkeitsideal. Im Gegenteil ist dieses Verhalten hier Ausdruck ihres neurotischen Bedürfnisses, sich selbst beweisen zu müssen, daß sie eine 'richtige Frau' ist.

Die Komplikationsphase: Verwundungstrauma, Liebe auf den zweiten Blick und Scheinidylle

Im zweiten Buch tritt das im Expositionsteil entworfene Muster deutlich zutage. Die Kriegsverwundung und die daraus resultierende Pflegebedürftigkeit Frederic Henrys bieten Catherine den idealen Anlaß, ihrem privaten Weiblichkeitsmythos konkrete Gestalt zu geben. Die beiden archetypischen Weiblichkeitsrollen von 'Mutter' und 'Hure' vereinigen sich sozusagen symbolisch in ihrer Rolle als Krankenschwester. In dieser Funktion macht sie ihn zum einen zum Objekt umfassender mütterlicher Fürsorge. Zum anderen ist sie bemüht, alle physisch-sexuellen Bedürfnisse ihres Geliebten zu befriedigen. In den Dialogpassagen des 16. Kapitels wird anschaulich, wie sich die Protagonistin in ihre Weiblichkeits-Doppelrolle regelrecht hineinphantasiert. Während eines Gesprächs über die bevorstehende Operation Frederic Henrys spricht sie zu ihrem Geliebten wie eine Mutter zu ihrem Kind. Sie bezeichnet ihn als "silly boy" (*FA* 102), nennt ihn "darling" und "sweet", und antwortet auf sein Versprechen, daß er während der Vollnarkose nichts 'ausplaudern' werde:

> "Now you're bragging, darling. You know you don't need to brag. Just start your prayers or poetry or something when they tell you to breathe deeply. You'll be lovely that way and I'll be so proud of you. I'm very proud of you anyway. You have such a lovely temperature and you sleep like a little boy with your arm around the pillow and think it's me." (*FA* 104)

Dann wechselt sie in ein neckisches Verhör über Frederic Henrys voraufgegangene Liebschaften. Dessen Versicherung, sie sei bisher 'die einzige' gewesen, ist der Auftakt zu einem witzigen Wortwechsel, in dessen Verlauf Catherine wissen will, wie sich eine Prostituierte verhält, wenn sie ihre Freier bedient:

> "How many have you – how do you say it? – stayed with?"
> "None."
> "You're lying to me."
> "Yes."
> "It's all right. Keep right on lying to me. That's what I want you to do. Were they pretty?"
> "I never stayed with any one."
> "That's right. Were they very attractive?"
> "I don't know anything about it."
> "You're just mine. That's true and you've never belonged to any one else. But I don't care if you have. I'm not afraid of them. But don't tell me about them. When a man stays with a girl when does she say how much it costs?"
> "I don't know."
> "Of course not. Does she say she loves him? Tell me that. I want to know that."
> "Yes. If he wants her to."
> "Does he say he loves her? Tell me please. It's important."
> "He does if he wants to."

"But you never did? Really?"
"No."
"Not really. Tell me the truth."
"No," I lied.
"You wouldn't," she said. "I knew you wouldn't. Oh, I love you, darling."
(*FA* 104 f.)

Die augenscheinlich witzig-spielerische Tonlage dieser Gespräche darf nicht darüber hinwegtäuschen, daß Catherine mit der zugrundeliegenden Thematik in durchaus obsessiver Weise beschäftigt ist. Dies wird u.a. dadurch angedeutet, daß sie nach einer längeren Gesprächspause wieder auf das Prostitutionsmotiv zurückkommt:

Outside the sun was up over the roofs and I could see the points of the cathedral with the sunlight on them. I was clean inside and outside and waiting for the doctor.
"And that's it?" Catherine said. "She says just what he wants her to?"
"Not always."
"But I will. I'll say just what you wish and I'll do what you wish and then you will never want any other girls, will you?" She looked at me very happily. "I'll do what you want and say what you want and then I'll be a great success, won't I?" (*FA* 105)

Das Dialogverhalten Catherines läßt sich auch hier, wie schon in der Anfangsphase der Beziehung, als Ausdruck ihres Bemühens um Situationskontrolle und emotionale Selbstdistanz deuten. Dieses Bemühen gewinnt jedoch eine zunehmend hysterische Qualität. Durch die leitmotivartige Wiederholung und Variation bestimmter Sprachformeln wirkt Catherines Rede am Ende des 16. Kapitels wie ein Akt ritueller Selbstbeschwörung, in dem sich indirekt ihre panische Angst vor dem Zusammenbrechen ihres Phantasieszenariums zum Ausdruck bringt. Durch das imagistische Bildmotiv der Kathedrale wird darüber hinaus angedeutet, daß dieses Szenario für Catherine zu einer Art Religionsersatz – d.h. zu einem privaten Glaubenssystem, das ihr eine gewisse seelische Stabilisierung ermöglicht – geworden ist. Dieses Motiv wird in den Dialogszenen des 18. Kapitels weiter vertieft. Beide Partner spielen hier mit der Fiktion, verheiratet zu sein. Als Frederic Henry einmal die Möglichkeit einer tatsächlichen Heirat erwägt, wird an der Abwehrreaktion Catherines deutlich, daß sie die Legalisierung der Beziehung, d.h. jeden Versuch, diese aus dem Bereich des rein Persönlichen herauszulösen und an die Gesellschaft und ihre Institutionen anzubinden, als Bedrohung ihrer privaten Fiktionswelt empfindet:

"Couldn't we be married privately some way? Then if anything happened to me or if you had a child."
"There's no way to be married except by church or state. We are married privately. You see, darling, it would mean everything to me if I had any religion. But I haven't any religion."
"You gave me the Saint Anthony."
"That was for luck. Some one gave it to me."

"Then nothing worries you?"
"Only being sent away from you. You're my religion. You're all I've got."
(*FA* 115 f.)

Auch am Ende dieses Kapitels wird wieder an den zahlreichen Wiederholungen sinnfällig, wie die Protagonistin ihre private Fiktionswirklichkeit durch sprachliche Beschwörungsrituale zu stabilisieren versucht. Hinter den scheinbar kitschigen Redeformeln steht der verzweifelte Versuch, die äußere Realität auszublenden, und die ebenso verzweifelte Ahnung, daß dies auf Dauer nicht möglich sein wird.

"I'll have to go back to the front pretty soon."
"We won't think about that until you go. You see I'm happy, darling, and we have a lovely time. I haven't been happy for a long time and when I met you perhaps I was nearly crazy. Perhaps I was crazy. But now we're happy and we love each other. Do let's please just be happy. You are happy, aren't you? Is there anything I do you don't like? Can I do anything to please you? Would you like me to take down my hair? Do you want to play?" (*FA* 116)

Wie die beiden letzten Sätze der hier zitierten Textstelle andeuten, erhält die Beziehung auf diese Weise einen immer stärkeren Zug ins Infantil-Regressive.

Durch Frederic Henrys Kriegsverwundung ist im zweiten Buch für ihn eine neue Beziehungssituation entstanden. Ging es ihm anfänglich nur um ein sexuelles Abenteuer, so ist nun auch bei ihm eine pathologische Bedürfnisstruktur vorhanden, die sich mit derjenigen Catherines zu einem komplementären Muster zusammenschließt.[34] Wie u.a. aus den wiederholten Hinweisen auf die nächtliche Schlaflosigkeit des Protagonisten hervorgeht, hat diese Verwundung eine traumatische Wirkung, die nun ihrerseits zu einer krisenhaften Verunsicherung von Frederic Henrys maskuliner Geschlechtsidentität führt. Wieder in einen Zustand kindlicher Hilflosigkeit zurückversetzt, hat er einerseits ein gesteigertes Bedürfnis nach einem Mutterersatz (Bell, 1964, 107-128). Andererseits verbindet sich seine Beinverwundung mit unterschwelligen Kastrationsängsten, und er ist deshalb auf eine Komplementärbeziehung angewiesen, die ihm seine sexuelle Funktionsfähigkeit bestätigt (Cooperman, 1964, 85-92).

Dieses Bedürfnismuster zeigt sich besonders deutlich in der Wiederbegegnungsszene des 14. Kapitels. Die Szene hat verständlicherweise den Spott einiger Kritiker hervorgerufen. Daß es hier – im offen zugänglichen Krankenzimmer eines Mailänder Verwundetenspitals und am hellichten Tage – zwischen der Krankenschwester und ihrem schwerverwundeten Patienten zu einer spontanen sexuellen Vereinigung kommt, wirkt auf den ersten Blick wie eine ungewollte Parodie einschlägiger Motive aus der Trivialliteratur. An das Repertoire sentimentaler Romanzen erinnert auch die Rhetorik spontaner Liebesüberwältigung, mit der der Erzähler den Moment der Wiederbegegnung ins Bild setzt:

> "Hello, darling," she said. She looked fresh and young and very beautiful. I thought I had never seen any one so beautiful.
> "Hello," I said. When I saw her I was in love with her. Everything turned over inside of me. She looked toward the door, saw there was no one, then she sat on the side of the bed and leaned over and kissed me. I pulled her down and kissed her and felt her heart beating.
> "You sweet," I said. "Weren't you wonderful to come here?"
> "It wasn't very hard. It may be hard to stay."
> "You've got to stay," I said. "Oh, you're wonderful." I was crazy about her. I could not believe she was really there and held her tight to me. (*FA* 91 f.)

Man wird die künstlerische Problematik dieser Szene wohl nicht völlig in Abrede stellen können. Es spricht jedoch einiges für die Annahme, daß Hemingway das trivialliterarische Situationsklischee auch hier in bewußt parodistischer, auf die Enttäuschung romantischer Lesererwartungen abzielender Absicht abruft. Solche Lesererwartungen werden im unmittelbaren Kontext insbesondere durch das gehäufte Auftreten der Adjektive "mad" und "crazy" untergraben. Auf dem Wege einer konnotativen Anspielungstechnik verweisen diese Adjektive, auch wenn sie in augenscheinlich banalen Redewendungen wie "I'm crazy about you" (*FA* 92) oder "I'm just mad about you" (*FA* 92) eingelagert sind, indirekt auf die unterschwellige Pathologie der Beziehung.

Wie schon das Spielmotiv im 18. Kapitel andeutet, löst sich die im kollusionären Zusammenspiel der beiden Figuren aufgebaute Scheinwelt jedoch zusehends auf. Die restlichen Kapitel des zweiten Buchs (Kap. 19-24) veranschaulichen, wie die Beziehung immer mehr in Routine und Langeweile erstarrt. Je weiter Frederic Henrys physischer Genesungsprozeß fortschreitet, desto mehr wird insbesondere bei ihm ein gewisser Überdruß erkennbar. Wie verschiedene Dialogszenen (u.a. *FA* 131) veranschaulichen, fällt es beiden Partnern immer schwerer, ihre wechselseitige Entfremdung voreinander und vor sich selbst zu verleugnen. Dennoch machen beide immer wieder neue Anstrengungen, die zunehmende Leere ihrer Beziehung dadurch zu überbrükken, daß sie einander wechselseitig versichern, wie glücklich sie sind. Bei diesen Dialogspielen ist Catherine nicht nur die Aktivere, sondern sie versucht auch mit aller Macht, alles Belastende soweit wie möglich von ihrem Geliebten fernzuhalten. So verschweigt sie ihm z.B. lange Zeit das Wissen um ihre Schwangerschaft, und während ihrer letzten gemeinsamen Nacht vor Frederic Henrys Rückkehr an die Front blockt sie alle seine Versuche ab, das Problem zu besprechen. Mit diesem Gestus der Selbstaufopferung erfüllt Catherine wieder das weibliche Rollenmuster, das sie sich in ihrem eigenen Phantasieszenarium zugewiesen hat. Diese 'Selbstlosigkeit' hat allerdings eine ambivalente Qualität. Denn indem sie ihrem Partner sämtliche Verantwortung abnimmt, entmündigt sie ihn auch; d.h. im Sinne von R.D. Laings Kommunikationsmodell: sie etabliert eine asymmetrische Beziehung, in der sie sich selbst die Rolle der Gebenden und ihrem Partner die auf Dauer unbefriedigende

Komplementärrolle des Empfangenden zuweist (vgl. Laing, 1971, 82 f.). Daß Frederic Henry sich verhältnismäßig widerstandslos in diese Rolle fügt, ist zweifellos auch ein Ausdruck seiner emotionalen Substanzlosigkeit. Um so sinnloser wirkt vor diesem Hintergrund Catherines Gestus der Selbstaufopferung.

Das retardierende Moment: Die Flucht auf den Zauberberg

Die bisherige Analyse hat ergeben, daß die Oberfläche einer romantischen Idylle bereits in einer frühen Phase der Beziehung brüchig wird. Daß frühere Leser solche – bei aufmerksamer Lektüre eigentlich offenkundigen – Bruchstellen nicht immer wahrgenommen haben, hat verschiedene Ursachen. Wer die konventionellen Erwartungsmuster der Romanzenliteratur auf den Text projiziert, wird geneigt sein, die wechselseitigen Liebes- und Glücksbeteuerungen wörtlich zu nehmen und den unter den Dialogspielen verborgenen Subtext zu übersehen. Viele Leser übersehen auch, daß der Ich-Erzähler als retrospektive Beurteilungsinstanz nur bedingt glaubwürdig ist. Soweit er kommentierend hervortritt, vermittelt er das Geschehen meist aus einer nostalgisch getönten Sichtweise (z.B. *FA* 112, 117 f.). Frederic Henry hat also nicht nur als erlebendes, sondern auch als erzählendes Ich eine Tendenz zur Selbsttäuschung. Wie noch zu zeigen ist, wird dieser Umstand insbesondere in den Schlußpassagen des Romans thematisch signifikant.

Daß frühere Leser die desillusionierenden Elemente des romantischen Rezeptionsschemas ausgeblendet haben, ist des weiteren auch darauf zurückzuführen, daß die Darstellung der zweiten Wiederbegegnung (in Buch IV) oberflächlich den Eindruck erweckt, als würden beide Partner hier im Grunde bruchlos wieder an eine nur durch unglückliche Umstände unterbrochene Zeit gemeinsamen Glücks anknüpfen. Auf Seiten Frederic Henrys, der vorher fast von seiner eigenen Militärpolizei als feindlicher Spion hingerichtet worden wäre, ist die scheinbar neu auflebende Intensität seiner Liebesgefühle letztlich jedoch nur die Konsequenz einer weiteren Traumaerfahrung. Seiner 'Fahnenflucht' folgt ein psychologisches Fluchtverhalten, dessen tendentiell infantilregressive Qualität in der folgenden, teilweise in indirekter Rede vermittelten Erinnerungspassage z.B. durch das Stilmittel der Wiederholung und die Verwendung des Schuljungen-Vergleichs markiert wird:

> [...] The war was a long way away. Maybe there wasn't any war. There was no war here. Then I realized it was over for me. But I did not have the feeling that it was really over. I had the feeling of a boy who thinks of what is happening at a certain hour at the schoolhouse from which he has played truant. (*FA* 245)

In dieser Passage, in der die unmittelbare Sicht der erlebenden Figur und die retrospektive Perspektive des Erzähler-Ichs einander überlagern, artikuliert sich freilich noch ein Widerstand gegen diese Regressionsneigung ("[...] I did not have the feeling that it was really over"). Die Beschreibung der nachfolgenden Liebesnacht entwirft dagegen ein romantisches Tagtraumszenario, dessen eskapistische Grundtendenz auch auf der Ebene des retrospektiven Erzählerberichts durch keinerlei Distanzierungssignale relativiert wird:

> Often a man wishes to be alone and a girl wishes to be alone too and if they love each other they are jealous of that in each other, but I can truly say we never felt that. We could feel alone when we were together, alone against the others. It has only happened to me like that once. I have been alone while I was with many girls and that is the way that you can be most lonely. But we were never lonely and never afraid when we were together. (*FA* 249)

Der Leser ist um so mehr geneigt, solche Tagtraumszenarien für bare Münze zu nehmen, als auch die anschließende Flucht über den Lago Maggiore in die Schweiz gängigen Romanzenmotiven zu entsprechen scheint. Dieser Vorgang erscheint den Protagonisten, und bei oberflächlicher Betrachtung auch dem Leser, wie ein Übertritt in eine heile Welt (*FA* 277 f.). Vollends dem populären Klischee eines winterlichen Urlauberparadieses entspricht die Beschreibung des Lebens in den Bergen über Montreux, mit der das fünfte Buch einsetzt:

> We lived in a brown wooden house in the pine trees on the side of the mountain and at night there was frost so that there was thin ice over the water in the two pitchers on the dresser in the morning. Mrs. Guttingen came into the room early in the morning to shut the windows and started a fire in the tall porcelain stove. The pine wood crackled and sparked and then the fire roared in the stove and the second time Mrs. Guttingen came into the room she brought big chunks of wood for the fire and a pitcher of hot water. When the room was warm she brought in breakfast. Sitting up in bed eating breakfast we could see the lake and the mountains across the lake on the French side. [...] We bought books and magazines in the town and a copy of "Hoyle" and learned many two-handed card games. The small room with the stove was our living-room. There were two comfortable chairs and a table for books and magazines and we played cards on the dining-table when it was cleared away. Mr. and Mrs. Guttingen lived downstairs and we would hear them talking sometimes in the evening and they were very happy together too. He had been a headwaiter and she had worked as maid in the same hotel and they had saved their money to buy this place. They had a son who was studying to be a headwaiter. (*FA* 289 ff.)

Das hier entworfene Klischeebild wird jedoch durch eine Reihe von Ironiesignalen auf thematisch signifikante Weise verfremdet. So suggeriert der Hinweis auf den Kauf von Büchern und Zeitschriften die Vorstellung eines 'Lebens aus zweiter Hand' und dient gleichzeitig als ein verstecktes Signal dafür, daß die Figuren die Isolation ihrer Beziehung ("We did not know any one in Montreux", *FA* 292) allmählich als Problem empfinden. Das Motiv des Kartenspiels hat ebenfalls eine Doppelfunktion. Zum einen macht es deutlich, daß die Beziehung auch hier wieder dabei ist, in Routine und Langeweile zu erstarren. Zum anderen verweist das "game"-Motiv auch grundsätzlich auf den fiktiven Spielcharakter der Beziehung. Und durch die ausführliche Erwähnung der Pensionsbesitzerfamilie wird – in Form eines sarkastischen Parallelbezugs – angedeutet, welch konventionelles Lebensmuster auch der Beziehung Catherines und Frederic Henrys vorgezeichnet wäre, wenn sie denn Bestand hätte.

In der Folge wird es immer schwieriger, die Fiktion eines erfüllten Liebesverhältnisses aufrechtzuerhalten. Die Dialogspiele, mit deren Hilfe beide versuchen, die zunehmende Entleerung der Beziehung zu überdecken, nehmen dabei immer stärker regressive Züge an. Bei diesen Spielen ist es wieder Catherine, die den aktiven Part übernimmt. An einer Stelle spielt sie z.B. mit dem Gedanken, beide sollten die gleiche Frisur tragen, um gleich auszusehen.[35] Im weiteren Verlauf des Gesprächs steigert sich dieser Gedanke zu einem Phantasiegebilde, in dem sich die jeweilige Identität beider Partner auflöst und zu einem gemeinsamen 'Ich' verschmilzt:

> "Wouldn't you like it short?"
> "I might. I like it the way it is."
> "It might be nice short. Then we'd both be alike. Oh, darling, I want you so much I want to be you too."
> "You are. We're the same one."
> "I know it. At night we are."
> "The nights are grand."
> "I want us to be all mixed up. I don't want you to go away. I just said that. You go if you want to. But hurry right back. Why, darling, I don't live at all when I'm not with you."
> "I won't ever go away," I said. "I'm no good when you're not there. I haven't any life at all any more." (*FA* 299 f.)

Die zuletzt zitierten Sätze Frederic Henrys sind beispielhaft für den sich verstärkenden Zwiespalt seiner Gefühle. Einerseits ist er weiterhin bemüht, bei der Aufrechterhaltung der gemeinsamen Fiktionswelt mitzuwirken, andererseits zeigen seine Reaktionen an, daß die Beziehung für ihn immer mehr eine klaustrophobische Qualität bekommt. Der Tiefpunkt seiner Gefühle ist erreicht, nachdem beide wegen der bevorstehenden Niederkunft Catherines in ein Lausanner Hotel gezogen sind. Während er es der Hochschwangeren überläßt, die Koffer auszupacken und das Zimmer in Ordnung zu bringen, bestellt sich Frederic Henry einen Whisky mit Soda, legt sich aufs Bett und liest die Zeitung (*FA* 308).

In solchen Distanzreaktionen zeigt sich einmal mehr die emotionale Substanzlosigkeit des Protagonisten und komplementär dazu das sinnleere Pathos von Catherines Opferrolle. Darüber hinaus wird durch eine Reihe von Motiven angedeutet, daß Frederic Henry die Beziehung immer stärker als Bedrohung seines maskulinen Selbstwertgefühls empfindet. Er versucht dieser Bedrohung u.a. dadurch entgegen zu wirken, daß er ein Boxtraining aufnimmt. Das Bart- und das Spiegelmotiv fungieren dabei jedoch als ironische Verweiszeichen auf den lächerlich-kompensatorischen Charakter solcher Bemühungen:

> I could not shadow-box in front of the narrow long mirror at first because it looked so strange to see a man with a beard boxing. But finally I just thought it was funny. I wanted to take off the beard as soon as I started boxing but Catherine did not want me to. (*FA* 311)

Das 'tragische Ende': Zur Identitätspolitik der *dramatis personae* und des Ich-Erzählers

Die voraufgegangene Analyse hat gezeigt, daß die Liebesbeziehung im Grunde bereits 'tot' ist, bevor sie im Schlußkapitel auch ihr 'physisches Ende' findet. Während Frederic Henry sich gewissermaßen 'entmannt' fühlt und erkennen läßt, daß er aus der erstickenden Atmosphäre dieser Beziehung am liebsten ausbrechen möchte, nehmen die Versuche Catherines, die gemeinsame Illusionswelt zu beschwören, eine immer verzweifeltere Qualität an. Die eigentliche, seelisch-emotionale Katastrophe der Beziehung hat sich also bereits ereignet, bevor mit dem Tod Catherines und der Totgeburt des an seiner Nabelschnur erstickten Babys im Schlußkapitel die äußere, letztlich durch biologische Zufälle bedingte Katastrophe eintritt.

Mit dieser 'dramatisch-spektakulären' Schlußgebung geht jedoch eine eigentümliche Verschiebung einher. Ging es Hemingway bis zum vorletzten Kapitel offensichtlich darum, den illusionären Charakter des romantischen Liebesideals in eine kritische Beleuchtung zu rücken, so wirkt das Schlußkapitel auf den ersten Blick geradezu wie ein Dementi solcher Absichten. Die emotionale Krise der Beziehung scheint angesichts des heroischen Todeskampfs Catherines kein Thema mehr zu sein. Durch seine pathetische Präsentation wirkt dieser Todeskampf vielmehr fast wie eine Apotheose eben jener Selbstopferhaltung, deren potentiell pathologische Qualität in den voraufgehenden Handlungsteilen offengelegt wurde.

Es gibt verschiedene Möglichkeiten, diesen Verschiebungsvorgang zu erklären. Eine Möglichkeit bestünde darin, das Schlußkapitel als einen gewissermaßen auktorial verschuldeten Rückfall in den Geist von Romanze und Melodrama zu betrachten. Im Rahmen dieser Lesart könnte man Hemingway unterstellen, daß er zugunsten des 'dramatischen Höhepunkteffekts' darauf verzichtete, seine desillusionierende Sicht der Geschlechterbeziehungen bis zur letzten Konsequenz durchzuspielen. Wäre Catherine am Leben geblieben, hätte dies bedeutet, daß die Beziehung entweder sang- und klanglos auseinandergefallen oder in der Routine eines konventionellen Ehealltags erstarrt wäre. Geht man von der vorliegenden Plotkonstruktion aus, so läßt sich darüber spekulieren, ob Hemingway hier den Ton sentimentaler Idealisierung dazu benutzt, um die aus dem voraufgegangenen Geschehen psychologisch folgerichtige, jedoch moralisch 'anstößige' Konsequenz zu verschleiern, die Judith Fetterley als die auktoriale Botschaft des Romans unterstellt: "[that] the only good woman is a dead one" (Fetterley, 1978, 71).

Ein differenzierteres Bild ergibt sich jedoch, wenn Autor- und Figurenperspektive auseinandergehalten werden. Aus der Figurenperspektive betrachtet, läßt sich z.B. Catherines heroischer Todeskampf als eine Art Selbstapotheose verstehen. Ihr Verhalten könnte Kritikerinnen wie Joyce Wexler und Sandra Whipple Spanier als der deutlichste Beleg für ihre These dienen, daß die weibliche Figur im moralischen Gesamtschema des Romans eine positive Vorbildfunktion für den männlichen Helden übernimmt. Catherine – so könnte man meinen – gewinnt in einem gewissen paradoxen Sinne tragische Größe, weil es ihr gelingt, die Selbstfiktion, mit der sie ihrem Leben wieder Sinn und Bedeutung gegeben hatte, bis in ihren Tod hinüberzuretten.

Eine solche Sichtweise übersieht jedoch die in der Leitmotivtechnik des letzten Kapitels angedeutete Mehrdeutigkeit von Catherines Verhalten. Wie die zahlreichen Verweise auf die schmerzlindernde Gasmaske anzeigen, steigert sich die Protagonistin in ihre Leidensrolle wie in einen von der Sucht nach immer mehr getriebenen Drogenrausch. Hierzu paßt auch der wiederholte Hinweis, daß sie ihre Schmerzen dann als gut empfindet, wenn sie besonders heftig sind: "When the pains were bad she called them good ones. When they started to fall off she was disappointed and ashamed" (*FA* 314). Mit dem Maskenmotiv verbindet sich außerdem die Suggestion des Spektakelhaft-Unwirklichen:

> One of the doctors put a mask over her face and I looked through the door and saw the bright small amphitheatre of the operating room.
> [...]
> Another doctor in a mask gave the anæsthetic. Two nurses in masks handed things. It looked like a drawing of the Inquisition. (*FA* 324 f.)

Die kommunikative Paradoxie besteht auch hier darin, daß sich die destruktive emotionale Qualität dieses asymmetrischen Beziehungsmusters gerade in der scheinbaren Apotheose der weiblichen Selbstopferrolle entfaltet. Daß Catherine diese Rolle allein für sich beansprucht und Frederic Henry allenfalls als passiven, von jeder wirklichen Mitverantwortung ausgeschlossenen Zuschauer daran teilnehmen läßt, wird an einer Reihe von signifikanten Handlungsmotiven verdeutlicht. Hierzu gehört beispielsweise, daß sie ihren Partner mehrfach zum Essen wegschickt, während sie selbst unter schlimmen Gebärschmerzen leidet (*FA* 314, 315, 317). Frederic Henrys – im Text wiederholt angesprochenes – Bedürfnis, seinen Hunger zu stillen, verweist in komisch-grotesker Weise auf das Gefühl der Leere und Nichtigkeit, das ihn erfüllt. Dieses Gefühl suggeriert der Text auch im imagistischen Bild eines streunenden Hundes, der in den herumliegenden Abfällen vergeblich nach Nahrung sucht (*FA* 315). Ähnliches bringt der Dialog der Schlußszene zum Ausdruck, als Frederic Henry auf seine Frage "'Is there anything I can do to-night?'" vom Arzt die Antwort erhält: "'No. There is nothing to do. [...]'" (*FA* 331).

Vor diesem Hintergrund erweist sich die Rolle des Erzähler-Protagonisten als besonders ambivalent. Die Ambivalenz manifestiert sich am deutlichsten dort, wo eine Diskrepanz zwischen der nostalgischen Perspektive des erzählenden und der eher desillusionierten Sichtweise des erlebenden Ichs besteht; so etwa noch im vorletzten Kapitel, wo die szenisch-dialogische Darstellung den zunehmenden Zerfall der Beziehung ins Bild setzt, während der rückschauende Erzähler immer wieder eine ungetrübte Glücksatmosphäre beschwört: "We had a fine life. [...] the winter was very fine and we were happy" (*FA* 306); "[...] we had a splendid time and we never had a bad time" (*FA* 311). In solchen 'Vergangenheitskorrekturen' zeigt sich ein Bedürfnis, die entstandene Leere auszufüllen und im nachhinein mit einer Fiktion von Sinn zu versehen.

Im letzten Kapitel tritt insofern noch einmal eine signifikante Veränderung im Erzähldiskurs ein, als Frederic Henry nun auch in der Rolle des erlebenden Ich in eine pathetisch-emotionale Tonlage wechselt, die nicht nur in Anbetracht der vorher geschilderten Beziehungskrise überrascht, sondern auch in markantem Kontrast zu seinem ansonsten eher lakonischen Sprachverhalten steht. Er bricht in Tränen aus (*FA* 330), sendet intensive Gebete zum Himmel ("Oh, God, please don't let her die. I'll do anything for you if you won't let her die. Please, please, please don't let her die", *FA* 330) und beklagt in ausgedehnten inneren Monologen die Willkür des Schicksals:

> That was what you did. You died. You did not know what it was about. You never had time to learn. They threw you in and told you the rules and the first time they caught you off base they killed you. Or they killed you gratuitously like Aymo. Or gave you the syphilis like Rinaldi. But they killed you in the end. You could count on that. Stay around and they would kill you.
> Once in camp I put a log on top of the fire and it was full of ants. As it commenced to burn, the ants swarmed out and went first toward the centre where the fire was; then turned back and ran toward the end. When there were enough on the end they fell off into the fire. Some got out, their bodies burnt and flattened, and went off not knowing where they were going. But most of them went toward the fire and then back toward the end and swarmed on the cool end and finally fell off into the fire. I remember thinking at the time that it was the end of the world and a splendid chance to be a messiah and lift the log off the fire and throw it out where the ants could get off onto the ground. But I did not do anything but throw a tin cup of water on the log, so that I would have the cup empty to put whiskey in before I added water to it. I think the cup of water on the burning log only steamed the ants. (*FA* 327 f.)

Es ließe sich argumentieren, daß diese pathetisch-emotionale Tonlage der Situation angemessen ist. Insofern liegt es auch nahe, wie dies frühere Kritiker getan haben, solche Sentenzen als den Ausdruck einer epiphaniehaften Einsicht des Ich-Erzählers in die Sinnlosigkeit menschlicher Existenz zu betrachten, in der sich zugleich auch die auktoriale Botschaft des Romans artikuliert (so z.B. West, 1970, 25). Wahrscheinlicher ist, daß sich hier in verschlüsselter Form die "survivor"-Schuldgefühle des Erzähler-Protagonisten zum Ausdruck bringen, dient doch die Sprache des Pathos und des gesteigerten Gefühls bei Hemingway in aller Regel als ein Textsignal für Falschheit und Lüge.

Es gibt insofern gute Gründe, die manifesten Betroffenheitsgesten des Erzähler-Protagonisten mit Mißtrauen zu betrachten. Die Annahme, daß Frederic Henry durch den pathetisch-emotionalen Ton seiner Rede sein Schuldtrauma zu bewältigen – besser: zu rationalisieren – versucht, entspricht nicht nur dem für die "survivor"-Situation allgemein charakteristischen Reaktionsschema (s. Freud, 1964, 70 f.; Lifton, 1968), sondern steht auch im Einklang mit dem spezifischen Textbefund. Die latente Feindseligkeit und die daran anschließenden Schuldgefühle und Rationalisierungsversuche erklären sich folgerichtig aus der Asymmetrie einer gewissermaßen vom emotionalen 'Erstickungstod' bedrohten Beziehung. Man kann vielleicht sogar soweit gehen, im Bild des an seiner Nabelschnur erstickten Babys eine 'gegenständliche Entsprechung' für Frederic Henrys unbewußte Phobie zu sehen:

> [...] what if he never breathed at all. He hadn't. He had never been alive. Except in Catherine. I'd felt him kick there often enough. But I hadn't for a week. Maybe he was choked all the time. Poor little kid. I wished the hell I'd been choked like that. No I didn't. (*FA* 327)

Das Schlußbild des Romans, als Frederic Henry die Totenwache am Leichnam seiner Geliebten vorzeitig abbricht, suggeriert das verzweifelte Seelenszenario einer Person, die vergeblich darum bemüht ist, ihr Gefühl innerer Leere und Nichtigkeit durch Selbsttäuschungsmanöver zu überdecken:

> But after I had [...] shut the door and turned off the light it wasn't any good. It was like saying good-by to a statue. After a while I went out and left the hospital and walked back to the hotel in the rain. (*FA* 332)

Als Fazit läßt sich festhalten: Hemingways Kriegsroman ist auch und vor allem ein Roman über die Politik der Geschlechterbeziehungen, in dem es am Ende nur Verlierer gibt. Seine Wirkung erzielt der Roman nicht wegen der 'tragischen Aura' der Figuren, sondern aufgrund der desillusionierenden Nüchternheit, mit der er das emotionale Elend einer von den Beschädigungen der Geschichte und des Sozialen gezeichneten zwischenmenschlichen Beziehung offenlegt.

III. Die Krisenphase: Die Dekonstruktion des modernistischen Paradigmas in den dreißiger Jahren

1. Formen der Selbstreklame: Die nicht-fiktionalen Schriften *Death in the Afternoon* (1932) und *Green Hills of Africa* (1935)

Nach dem überwältigenden Erfolg von *A Farewell to Arms* war Hemingway auf dem Gipfelpunkt seiner frühen schriftstellerischen Karriere angelangt, der jedoch zugleich auch einen Wendepunkt markieren sollte. Mit dem endgültigen Umzug nach Key West im Januar 1930 mehrten sich die Anzeichen einer künstlerischen Krise. Mitverantwortlich für diese Krise waren eine Reihe von biographischen Faktoren, die hier nur stichwortartig genannt seien. Reich geworden durch die Heirat mit der wohlhabenden Pauline Pfeiffer und den Verkaufserfolg von *A Farewell to Arms*, leistete sich Hemingway einen aufwendigen und aufreibenden Lebensstil, der zunehmend seine Gesundheit belastete. Er wurde immer häufiger von Unfällen und Krankheiten heimgesucht, die seine diversen Aktivitäten lähmten und auch seine literarische Schaffenskraft in Mitleidenschaft zogen.

Gleichzeitig verstärkte sich bei Hemingway der schon immer stark ausgeprägte Hang zur öffentlichen Selbstinszenierung. Er kultivierte nun systematisch das romantische Image des schreibenden Superhelden, das sich gegen Ende der zwanziger Jahre, u.a. als Folge spektakulärer Presseberichte über seine spanischen Stierkampfabenteuer, im öffentlichen Bewußtsein über ihn gebildet hatte (Lynn, 1987, 261 ff.). Hemingway steigerte damit zwar seinen literarischen Marktwert, verstrickte sich jedoch zugleich in jenes einleitend charakterisierte Dilemma der modernen Künstlersituation, daß der Gestus des 'Authentischen' selbst zu einer Form der Inszenierung werden kann.

Wie bereits deutlich wurde, fand der für die Schreibsituation der Moderne charakteristische Impuls, die Dimension 'authentischer' Erfahrung existentiell und schriftstellerisch zu erschließen, bei Hemingway seinen spezifischen Ausdruck in 'maskulinen' Aktivitäten wie der Jagd, dem Fischfang, dem Stierkampf oder der kriegerischen Kampfsituation. Wenn auch mit Michael S. Reynolds (1986) davon auszugehen ist, daß Hemingways Suche nach dem 'Authentischen' schon früh von dem schizoiden Grundmuster geprägt war, daß dabei zugleich ein Geschlechtsrollentypus bedient wurde, bei dem der Handelnde auch Zuschauer seiner selbst war, so wuchs sich dieses Muster jedoch insbesondere seit den dreißiger Jahren zu einer immer penetranter werdenden Form öffentlicher Selbstinszenierung und medienorientierter Selbstvermarktung aus.[1] In diesem Zusammenhang sind vor allem auch die Stierkampfabenteuer in Spanien und die Großwildsafaris in Afrika zu sehen, wo Hemingway, als ein gefeierter 'Star Actor' des kommerzialisierten Mediengeschäfts, in durchaus rollenbewußter Weise einen autobiographischen Helden in Szene setzt, der sich dem 'Kult des Authentischen' verschrieben hatte.

Diesem Zweck dienen auch die beiden wichtigsten nicht-fiktionalen Schriften Hemingways aus den dreißiger Jahren. In *Death in the Afternoon* werden Spanien und der Stierkampf, in *Green Hills of Africa* Afrika und die Großwildjagd als Bildträger für vermeintlich ursprünglichere Erfahrungsdimensionen funktionalisiert. In beiden Schriften äußert sich der modernistische Impuls, jeweils vergegenständlicht im Szenario einer spezifisch männlichen Bewährungssituation, nur noch in einer trivialisierten, klischeehaften Form – geradezu wie geschaffen als Werbeprodukt für eine auf Abenteuerurlaub spezialisierte Tourismusindustrie. Letztlich dienen beide Schriften der Selbstvermarktung des Autors – man könnte auch sagen: der 'kulturellen Kapitalwertsteigerung' eines unter dem Namen Hemingway firmierenden Kulturprodukts. Dabei geht es zum einen um die literarische Inszenierung des eigenen Männlichkeitsmythos, zum anderen um Reklame für das eigene ästhetische Programm.

Death in the Afternoon (1932)

Das Stierkampfbuch *Death in the Afternoon* schrieb Hemingway mit der erklärten Absicht, einem weitgehend unwissenden und ablehnend eingestellten angelsächsischen Lesepublikum die Geschichte und die kulturellen Hintergründe der spanischen Stierkampftradition nahezubringen. In der Tat ist das Buch eine kompetente Informationsquelle zur *tauromachia* und vermittelt darüber hinaus auch auf durchaus einfühlsame Weise Einblick in die Eigenarten spanischer Mentalität (s. Stanton, 1989, 91 ff.). Der Sachbuchcharakter der Schrift wird dabei immer wieder aufgebrochen durch persönliche Reminiszenzen, Anekdoten und Meinungsäußerungen des Autors sowie durch eingestreute Dialogpassagen, in denen er sich auf einer quasi metafiktionalen Ebene, im Gespräch mit einer als "Old Lady" imaginierten Leserfigur, die er als naive Fragestellerin auftreten läßt, in Szene setzt.

Im vorliegenden Zusammenhang sind an *Death in the Afternoon* insbesondere die poetologischen Reflexionen und die Selbstaussagen des Autors über seine eigene schriftstellerische Entwicklung von Interesse. Bereits im ersten Kapitel erscheint jene vielzitierte Passage, in der Hemingway, unter Verwendung von Adjektiven wie "truly" und "really", sein Stilideal einer klischeegereinigten, auf authentische Erfahrungswiedergabe bezogenen Sprache definiert (*DA* 2). Komplementär dazu findet sich am Ende des fünften Kapitels eine ausgedehnte Polemik gegen bestimmte Formen sentimentalen, pseudowissenschaftlichen und pseudomystischen Schreibens ("erectile writing", *DA* 53), wo der mehrfach wiederholte Begriff "fake" zum zentralen Schlüsselwort wird, um das eigene Bemühen um 'Authentizität' rhetorisch zu markieren:

> If a man writes clearly enough any one can see if he fakes. If he mystifies to avoid a straight statement, which is very different from breaking so-called rules of syntax or grammar to make an effect which can be obtained in no other way, the writer takes a longer time to be known as a fake and other writers who are afflicted by the same necessity will praise him in their own defense. True mysticism should not be confused with incompetence in writing which seeks to mystify where there is no mystery but is really only the necessity to fake to cover lack of knowledge or the inability to state clearly. Mysticism implies a mystery and there are many mysteries; but incompetence is not one of them; nor is overwritten journalism made literature by the injection of a false epic quality. Remember this too: all bad writers are in love with the epic. (*DA* 54)

An späterer Stelle, wiederum rhetorisch geschickt am Ende eines Kapitels (Kap. 16) plaziert, taucht auch die berühmte Eisbergmetapher auf, die Hemingway fortan regelrecht zu seinem Markenzeichen machte und die daraufhin auch in der Literaturkritik zu einem beliebten Topos wurde (s. u.a. Plimpton, 1980, 173).

Neben den direkten poetologischen Aussagen sind auch die Analogien, die der Autor zwischen dem Stierkampf und anderen Kunstformen herstellt, für den kunstästhetischen Gehalt des Buches von besonderer Bedeutung. Hemingway unterscheidet zunächst den Stierkampf vom Sport oder anderen Formen der Massenunterhaltung, indem er ihn zu einem tragischen Ritual von archetypisch-existentieller Bedeutung überhöht. Das Stierkampfspektakel erhält damit eine quasi religiöse Dimension, die sich jedoch nur dem Kreis der 'Eingeweihten' wirklich erschließe:

> The aficionado, or lover of the bullfight, may be said, broadly, then, to be one who has this sense of the tragedy and ritual of the fight so that the minor aspects are not important except as they relate to the whole. Either you have this or you have not, just as, without implying any comparison, you have or have not an ear for music. (*DA* 9)

Die in der zitierten Passage hergestellte Analogie zwischen Stierkampf und Musik ist Teil einer rhetorischen Strategie, die den gesamten Text durchzieht und immer wieder auf den Gegensatz von 'eigentlicher' und 'unechter' Erfahrung bzw. von 'authentischer' und 'gefälschter' Kunst hinausläuft. Mit Bedacht verwendet Hemingway bei der Beschreibung des Stierkampfrituals Begriffe und Wendungen, die sowohl auf die spezifisch ästhetische Dimension dieses Rituals zielen als auch zugleich sein eigenes Schreibideal indirekt benennen. Schon rein sprachlich erinnert beispielsweise seine Forderung an den Zuschauer, sich dem Ereignis ohne vorgefertigte Wahrnehmungsschablonen auszusetzen, an die rezeptionsästhetischen Vorstellungen, die seinem eigenen Kunstkonzept zugrunde liegen: "[...] people will know the first time they go, if they go open-mindedly and only feel those things they actually feel and not the things they think they should feel" (*DA* 10).

In einer weiteren Analogie spricht Hemingway auch wiederholt vom Stierkampf als einer "sculptural art" (*DA* 16, siehe auch 80). Er vergleicht das durch die Bewegungen eines guten Stierkämpfers produzierte Bild mit einem "slow motion picture" (*DA* 14) und geht sogar soweit, daß er zwei berühmte Stierkämpfer, Joselito und Belmonte, mit berühmten Malern und Dichtern in eine Reihe stellt:

> The bull ring had been dominated by the two figures that, in their own art, remembering of course that it is an impermanent and so minor art, were comparable to Velasquez and Goya, or, in writing, to Cervantes and Lope da Vega, though I have never cared for Lope, but he has the needed reputation for the comparison, and when they were gone it was, as though in English writing Shakespeare had suddenly died, and Marlowe retired and the field left to Ronald Firbank who wrote very well about what he wrote about but was, let us say, a specialist. (*DA* 73)

Im paradoxen Vergleich mit der Skulptur wird deutlich, daß der Autor als das besondere Kunstmoment des Stierkampfs eine Qualität beschwört, die generell als ein zentrales Moment modernistischen Kunstverständnisses anzusehen ist. Es ist die Konzeption des Kunstwerks als dem Ort, an dem sich das Erlebnis des epiphaniehaften Augenblicks vollzieht. Diese epiphaniehafte Qualität verleihe auch der Kunst des Stierkampfs trotz ihrer Vergänglichkeit eine gewisse 'Unsterblichkeit', jedenfalls in der mythischen Erinnerung derer, die des Epiphanieerlebnisses teilhaftig wurden:

> I know no modern sculpture, except Brancusi's, that is in any way the equal of the sculpture of modern bullfighting. But it is an impermanent art as singing and the dance are, one of those that Leonardo advised men to avoid, and when the performer is gone the art exists only in the memory of those who have seen it and dies with them. (*DA* 99)

Während dem Stierkampferlebnis solchermaßen eine quasi mystische Erfahrungsdimension zugesprochen wird, wird der Leser bzw. Zuschauer zugleich dazu aufgefordert, die kitschigen oder häßlichen Seiten des Spektakels – "the picturesqueness of the paseo, the color, the scene, the picturesqueness of farols and molinetes, [...] and all such useless and romantic things that the spectators like" (*DA* 11 f.) oder das qualvolle "killing of the horses in the ring" (*DA* 1) als Marginalien zu betrachten.

Auffallend ist in diesem Zusammenhang, wie nachdrücklich Hemingway darauf bedacht ist, den letztgenannten Aspekt von seiner abstoßendsten Seite her darzustellen und den Leser bzw. Zuschauer gleichzeitig zu einer rein amoralisch-ästhetischen Betrachtungsweise zu überreden versucht:

> I have seen it, people running, horse emptying, one dignity after another being destroyed in the spattering, and trailing of its innermost values, in a complete burlesque of tragedy. I have seen these, call them disembowellings, that is the worst word, when, due to their timing, they were very funny. This is the sort of thing you

should not admit, but it is because such things have not been admitted that the bullfight has never been explained. (*DA* 7)

Der Leser, der vielleicht dennoch mit den gequälten Pferden Mitleid haben könnte und den 'burlesken' und 'komischen' Charakter der Vorgänge möglicherweise nicht zu erkennen vermag, wird vorher bereits vorsorglich in die Ecke derer gestellt, die nur zu 'unechten' Gefühlen imstande sind, wie beispielsweise "those people who identify themselves with animals, that is, the almost professional lovers of dogs, and other beasts" (*DA* 5). Es ist offenkundig, daß der Autor hier bewußt provoziert, um den seiner Meinung nach heuchlerischen Moralismus der Tierschutzideologen als konventionelles Gefühlsklischee ("what you were supposed to feel, and had been taught to feel", *DA* 2) bloßzulegen. Er kommt allerdings so oft und so eindringlich auf das Motiv der qualvoll zu Tode gebrachten Pferde zurück, daß der Eindruck entsteht, als ob ihn dieses Phänomen durchaus obsessiv beschäftigt. Dabei geht es Hemingway vermutlich weniger um das konkrete Motiv als vielmehr um dessen metonymische Zeichenfunktion. Hemingways eigentliche Obsession galt immer dem Phänomen des gewaltsamen Todes schlechthin, und zwar in all seinen möglichen Varianten. Wie die rhetorische Struktur von *Death in the Afternoon* nahelegt, hatte diese Obsession für ihn eine existentielle und eine ästhetische Komponente. Der Text wird denn auch bezeichnenderweise von zwei einander zugeordneten thematischen Oppositionen bestimmt: zum einen von der Entgegensetzung von 'mutiger' und 'feiger' Begegnung mit dem Tod, zum anderen von der Entgegensetzung von 'sauberem' und 'unsauberem' Töten, wobei Momente 'mutiger' Todesbegegnung und 'sauberen' Tötens gewissermaßen epiphaniehafte Augenblicke intensiven existentiellen Erlebens darstellen, während die 'feige' Todesbegegnung und 'unsaubere' Formen des Tötens die negativ besetzten Gegenpole bilden.

Im Ritual des Stierkampfs sieht Hemingway offenbar die 'Kunstform', in der die beiden gegensätzlichen Möglichkeiten der Todesbegegnung bzw. des Tötens als gewissermaßen kontrapunktisch aufeinander bezogene Kompositionselemente einander ergänzen und sich in ihrer jeweiligen Wirkung gegenseitig verstärken. Nicht von ungefähr wählt er einen Vergleich mit der Musik, wo es darauf ankomme, nicht einzelne isolierte Töne, sondern die Gesamtkomposition wahrzunehmen (*DA* 9 f.). Auch beim Stierkampf entfalte sich die künstlerische Gesamtwirkung durch das kontrapunktische Gegenspiel von 'tragischen' und 'komischen' Elementen: "[...] the death of the horse tends to be comic while that of the bull is tragic. In the tragedy of the bullfight the horse is the comic character" (*DA* 6).

Worum es Hemingway hier im eigentlichen geht, ist das Bemühen, eine Analogie zwischen dem Stierkampf und seiner eigenen künstlerischen Praxis herzustellen. Er war als Schriftsteller in durchaus obsessiver Weise mit dem Problem der künstlerischen Repräsentation der verschiedenen Spielarten des

Todes befaßt, und neben den 'reinen' Formen der Todesbegegnung und des Tötens kreisen seine Darstellungen auch immer wieder um das Phänomen in seinen 'unsauberen' Formen, etwa bei der Vergegenwärtigung grotesk-komischer Todesszenen. Die Polarität dieser beiden Spielarten bildet denn auch in *Death in the Afternoon* ein wichtiges Kompositionsprinzip. Der "nobility" (*DA* 13) des (idealen) Stierkampfdramas, das mit positiv konnotierten Schlüsselbegriffen wie "technique" und "control" (*DA* 17, 18 und passim), "honesty and delicacy" (*DA* 11), "sincerity and purity" (*DA* 89) usw. umschrieben wird, werden immer wieder die 'unsauberen' ("messy") aber gleichwohl 'aufregenden' ("exciting") Formen des Tötens gegenübergestellt, beispielsweise durch die nachfolgende Schilderung eines barbarischen Gemetzels:

> Sometimes the bull is killed if the town has the money to afford it, or if the populace gets out of control; every one swarming on him at once with knives, daggers, butcher knives and rocks; a man perhaps between his horns, being swung up and down, another flying through the air, surely several holding his tail, a swarm of choppers, thrusters and stabbers pushing into him, laying on him or cutting up at him until he sways and goes down. All amateur or group killing is a very barbarous, messy, though exciting business and is a long way from the ritual of the formal bullfight. (*DA* 24)

Hemingway bedient sich darüber hinaus, insbesondere in dem mit "A Natural History of the Dead" überschriebenen Textsegment, einer *black-humor*-Technik, um den Tod in seiner grotesk-komischen Variante ins Bild zu setzen, indem er das Phänomen in Form einer parodistischen Stilmontage von religiöser Erbauungsrhetorik und scheinbar sachlich-neutraler Wissenschaftssprache vermittelt:

> With a disposition to wonder and adore in like manner, as Bishop Stanley says, can no branch of Natural History be studied without increasing that faith, love and hope which we also, every one of us, need in our journey through the wilderness of life? Let us therefore see what inspiration we may derive from the dead. (*DA* 134)
> [...]
> A naturalist, to obtain accuracy of observation, may confine himself in his observations to one limited period [...]. Until the dead are buried they change somewhat in appearance each day. The color change in Caucasian races is from white to yellow, to yellow-green, to black. (*DA* 137)

Bei *Death in the Afternoon* ist prinzipiell in Rechnung zu stellen, daß es sich um einen expositorischen Text handelt und dementsprechend nicht die gleichen Maßstäbe wie an ein künstlerisches Werk anzulegen sind. Gleichwohl ist bemerkenswert, wie sehr die rhetorische Gesamtstrategie des Textes von einer aufdringlichen Bevormundungshaltung gegenüber dem Leser geprägt ist. Die rhetorische Emphase steht dabei in markantem Kontrast zu dem, was als künstlerisches Stilideal proklamiert wird. Die fortwährende Beschwörung des

'Echten' und 'Unverfälschten' enthüllt sich als eine kalkulierte Strategie des literarischen *self-fashioning*.

Zu dieser Strategie gehört auch der Rollenpart des *tough guy*, der insbesondere in den 'metafiktionalen' Teilen des Buches, den Dialogen zwischen dem Autor und der 'Old Lady' kultiviert wird. Diese alte Dame, eine karikaturhafte Verkörperung eines borniert-spießbürgerlichen, verweichlicht-'verweiblichten' Lektüregeschmacks, fungiert mit ihren naiven Fragen und Kommentaren durchgängig als komische Folie für eine mit ironisch-herablassender Überlegenheit auftretende Autorfigur. Die Strategie der Dialogeinlagen zielt darauf ab, mögliche Gegenstimmen von vornherein mit den Mitteln billiger Komik zu diskreditieren. Bis zum 16. Kapitel hat Hemingway seine fiktive Leserfigur dann soweit 'erledigt', daß er sie aus dem Buch 'herauswerfen' und sich einer Polemik gegen den "faker" (*DA* 191) Aldous Huxley zuwenden kann:

> What about the Old Lady? She's gone. We threw her out of the book, finally. A little late you say. Yes, perhaps a little late. What about the horses? They are what people always like to talk about in regard to the bullfight. Has there been enough about the horses? Plenty about the horses, you say. They like it all but the poor horses. Should we try to raise the general tone? What about higher things?
> Mr. Aldous Huxley writing in an essay [...] (usw.). (*DA* 190)

Die heftigen Attacken gegen Huxley und eine Vielzahl weiterer Schriftstellerkollegen (u.a. William Faulkner und T.S. Eliot), die von Hemingway der 'Fälschung' (*faking*) bezichtigt werden, gehören ebenfalls zu dieser Strategie des *self-fashioning*. So richtet sich seine Polemik an einer Stelle gegen den Autor von *Virgin Spain* (Waldo Frank), der mit ostentativer Verachtung behandelt wird, indem nicht einmal sein Name genannt ist. Gleichwohl wird – in Form parodistischer Paraphrase – zitiert, was dieser Autor "in a now dead little magazine" (*DA* 53) einmal über sein künstlerisches Schaffensprinzip erklärt habe:

> [...] how this writer lay naked in his bed in the night and God sent him things to write, how he "was in touch ecstatically with the plunging and immobile all". How he was, through the courtesy of God, "*everywhere* and *everywhen*". The italics are his or maybe they are God's. It didn't say in the article. After God sent it he wrote it. (*DA* 53)

Dieser ungenannt bleibende Schriftsteller dient dem Verfasser von *Death in the Afternoon* als negatives Paradebeispiel für eine vom "pseudo-scientific jargon" (*DA* 53) Sigmund Freuds korrumpierte Schule des "erectile writing" (*DA* 53), einer Schreibweise, die voll sei von "pretty phallic images drawn in the manner of sentimental valentines" (*DA* 53) und ihre substantielle Nichtigkeit durch einen gekünstelten Mystizismus einer "false epic quality" (*DA* 54) zu überdecken versuche. Abgeschlossen wird die Polemik mit dem Apodiktum: "Remember this too: all bad writers are in love with the epic" (*DA* 54).

Obwohl es sich bei dem genannten Autor nicht um Sherwood Anderson handelt und auf diesen auch nicht explizit verwiesen wird, ist zu vermuten, daß sich Hemingways eigentlicher Angriff einmal mehr gegen seinen langjährigen Freund und Förderer richtet. Der raunende rhetorische Duktus der von ihm paraphrasierten Textpassage paßt jedenfalls zu dem, was man spätestens seit der Auftaktgeschichte von *Winesburg, Ohio* (1919) auch von Anderson gewöhnt war:

> In his bed the writer rolled over on his side and lay quite still. [...] Perfectly still he lay and his body was old and not of much use any more, but something inside him was altogether young. He was like a pregnant woman, only that the thing inside him was not a baby but a youth. No, it wasn't a youth, it was a woman, young, and wearing a coat of mail like a knight. (Anderson, 1947, 2)[2]

Die Heftigkeit von Hemingways Polemik ist das Symptom einer für *Death in the Afternoon* spezifischen "anxiety of influence" (Bloom, 1973). In einer Schrift, die immer wieder die Dimension 'authentischer', 'epiphaniehafter' Seinserfahrung zu umschreiben versucht und damit auch selbst fast unweigerlich in die Nähe mystifizierender Beschwörungsformeln gerät, fühlt sich der Verfasser offenbar unter einem besonderen Abgrenzungsdruck. Er verleugnet dabei, wie viel bereits sein frühes Werk nicht nur einem literarischen Vorgänger wie Anderson, sondern auch dem Einfluß der Freudschen Psychologie verdankt. In dieser Verleugnungsstrategie steckt ohne Zweifel eine diskursive Systemlogik, denn solche Eingeständnisse würden den emphatisch behaupteten Anspruch auf 'Ursprünglichkeit' und 'Originalität', auf den der Modernist Hemingway gewissermaßen seinen künstlerischen Eid abgelegt hat, nachhaltig dekonstruieren. Ironischerweise erweist sich der Autor auch bei seiner Polemik gegen das Epische als ein Prophet in eigener Sache, denn spätere Werke wie *For Whom the Bell Tolls* oder *The Old Man and the Sea* weisen durchaus jene 'epischen Qualitäten' auf, die hier noch als 'künstlich' ("false") gebrandmarkt werden.

Insgesamt enthüllt der rechthaberisch-deklamatorische Ton des Buches, daß Hemingway sich hier massiv als *public-relations*-Agent seiner selbst zu betätigen versucht. Hinter der Fassade auktorialer Selbstgewißheit werden gleichwohl unterschwellige Unsicherheiten und Ängste spürbar. Aufschlußreich ist z.B., wie nachdrücklich er im 10. Kapitel dem Leser den Gedanken nahebringen will, daß große (Stierkampf-)Kunst in aller Regel mit einem unsteten und physisch ruinösen Lebenswandel einhergeht und schließlich davon zerstört wird. Durch den Vergleich mit Boxern und Soldaten wird insinuiert, daß solches gewissermaßen zum existentialistischen Lebensethos eines 'wahren' Männerberufs gehört. Mit Blick auf Hemingways eigene Lebensführung liegt die Schlußfolgerung nahe, daß es sich dabei auch um eine verschlüsseltere Form der Selbstrechtfertigung handelt, und es hat den Anschein, daß er dabei sein späteres Schicksal schon ahnungsvoll vorwegnimmt.

Die Mehrheit der zeitgenössischen Kritiker hat die künstliche Qualität von Hemingways literarischer Rolleninszenierung in *Death in the Afternoon* durchaus richtig erkannt (s. Meyers, 1985, 231 ff.). Robert Coates und Malcolm Cowley beispielsweise diagnostizierten den unterschwelligen Romantizismus des Werkes, und Max Eastman traf offenbar mit einem hämischen Kommentar ins Schwarze, in dem er Hemingway "a literary style [...] of wearing false hair on the chest" attestierte:

> It is of course a commonplace that Hemingway lacks the serene confidence that he *is* a full-sized man. ... [he has] a continual sense of the obligation to put forth evidences of red-blooded masculinity. (zit. in Meyers, 1985, 232)

Der darüber tief getroffene Autor schlug nicht nur mit wilden verbalen Attakken zurück, sondern verwickelte seinen Kritiker vier Jahre später, im Büro seines Lektors Maxwell Perkins im Scribner-Verlag, auch in eine richtige Prügelei. Das von den Medien breit ausgeschlachtete Ereignis zeigt an, wie die Macho-Rolle Hemingways dabei war, in das Genre der Burleske zu kippen.

Green Hills of Africa (1935)

Vor dem historischen Hintergrund der *Great Depression* wirkt der pompöse Lebensstil, mit dem Hemingway Mitte der dreißiger Jahre seine Rolle als schriftstellernder amerikanischer Macho-Held in Szene setzte, eigentümlich unzeitgemäß. Während viele seiner Schriftstellerkollegen sich durch demonstratives politisch-soziales Engagement der herrschenden Zeitgeistströmung anpaßten (s. u.a. Aaron, 1965), begab sich Hemingway auf eine kostspielige Großwildsafari nach Afrika. Er folgte damit gewissermaßen rollenkonform den Spuren des Großwildjägers Teddy Roosevelt, dessen *African Game Trails* (1910) er bereits von Kindheit an kannte und bewunderte. Nach Spanien und dem Stierkampf wurden nun Afrika und die Großwildjagd als symbolische *loci* von vermeintlich ursprünglicheren Erfahrungsdimensionen funktionalisiert, wobei sich hier die Qualität kommerzialisierten Freizeitvergnügens bzw. der 'Erfahrung aus zweiter Hand' noch unverhohlener manifestiert (Meyers, 1985, 264). Hemingway ließ sich die Reise teilweise von einem reichen Onkel seiner Frau finanzieren und versuchte, die weiteren Kosten durch die Produktion gutbezahlter Reiseberichte für das Herrenmagazin *Esquire* wieder hereinzuholen (Lynn, 1987, 411 und ff.). Diese Rückkehr zum Journalismus, speziell die Hinwendung zu jener Art von Unterhaltungsjournalismus, der wesentlich vom Geschäft populärer Imagevermarktung lebte, zeugt einmal mehr davon, wie sehr der Autor dabei war, sich von den selbstgesetzten Standards künstlerischer Integrität zu entfernen.

Ein beredtes Dokument dieser Phase zunehmender künstlerischer Selbstentfremdung ist auch die Reiseautobiographie *Green Hills of Africa.* Im Mittelpunkt dieser Autobiographie steht ein paternalistischer weißer Kolonialheld namens Hemingway, der sich mit herablassendem Humor über die afrikanischen Eingeborenen ausläßt, dabei – unter anderem auch durch die wiederholte Verwendung des Begriffs "savage" – seinem rassistischen Überlegenheitsdünkel freien Lauf läßt und sich ansonsten durch seine Schießwütigkeit auszeichnet. Edmund Wilson kommentiert in seiner Rezension zutreffend: "Almost the only thing we learn about the animals is that Hemingway wants to kill them. And as for the natives ... the principal impression we got of them is that they were simple and inferior people who enormously admired Hemingway" (zit. in Meyers, 1985, 267).

Zum weiteren *supporting cast* gehört u.a. ein Österreicher namens Kandinsky, der in einer Reihe von Gesprächen als Stichwortgeber für Hemingways Ansichten zur amerikanischen Literatur fungiert. Kandinskys österreichische Herkunft schützt ihn nicht davor, als eine parodistische Version des deutschen Bildungsphilisters vorgeführt zu werden. Er ist ein geschwätziger *name dropper*, der Hemingway mit penetranten Fragen Urteile über alle möglichen Schriftsteller zu entlocken versucht, und als der aufdringliche Teutone sich nach dem ersten Gespräch verabschiedet hat, kann sich denn auch der wohlerzogene Angelsachse Hemingway einen milden Tadel nicht verkneifen: "Looking back, I had asked him nothing. I do not like to ask questions, and where I was brought up it was not polite" (*GH* 9). Er läßt sich jedoch trotzdem auf das Frage-Antwort-Spiel ein, wobei er mit augenzwinkernder Ironie die ihm angediente Rolle des autoritativen Literaturexperten annimmt, seinen Gesprächspartner im Spiel des *name dropping* noch übertrumpft, ihn mit apodiktischen Ansichten verblüfft und sein Rollenspiel nachher selbstironisch kommentiert: "'I did have verbal dysentery,' I said" (*GH* 29).

Trotz solcher augenzwinkernden Inszenierungs- und Relativierungssignale entsteht der Eindruck, daß Hemingway sich, in einer schizoiden Doppelsicht auf sich selbst, in dieser Rolle durchaus sehr ernst nimmt. Seine *ranking list* amerikanischer Schriftsteller, mit Henry James, Stephen Crane und Mark Twain an der Spitze, Herman Melville und Henry David Thoreau auf respektablen Positionen im oberen Mittelfeld sowie Edgar Allan Poe und der übrigen Elite der New England-Kultur wie "Emerson, Hawthorne, Whittier, and Company" (*GH* 21) mit deutlichem Abstand dahinter, dient offenkundig dem Ziel einer Kanonrevision, bei der die von ihm selbst vertretenen oder ihm nahestehenden schriftstellerischen Wertpositionen privilegiert werden sollen:

> "[...] There were others who wrote like exiled English colonials from an England of which they were never a part to a newer England that they were making. Very good men with the small, dried, and excellent wisdom of Unitarians; men of letters; Quakers with a sense of humor."
> "Who were these?"
> "Emerson, Hawthorne, Whittier, and Company. All our early classics who did not know that a new classic does not bear any resemblance to the classics that have pre-

> ceded it. It can steal from anything that it is better than, anything that is not a classic, all classics do that. Some writers are only born to help another writer to write one sentence. But it cannot derive from or resemble a previous classic. Also all these men were gentlemen, or wished to be. They were all very respectable. They did not use the words that people always have used in speech, the words that survive in language. Nor would you gather that they had bodies. They had minds, yes. Nice, dry, clean minds. This is all very dull, [...]". (*GH* 20)

Hemingways Aussagen umkreisen dabei auch hier immer wieder Topoi wie Originalität, Natürlichkeit und Unmittelbarkeit der Erfahrung versus Imitation, Fälschung und rhetorische Stilisierung, wobei sich allerdings zwischen dem beschworenen Ästhetikideal und dem eigenen rhetorischen Gestus erneut eine eigentümliche Diskrepanz auftut, wie etwa in der folgenden Passage:

> "[...] How far prose can be carried if anyone is serious enough and has luck. There is a fourth and fifth dimension that can be gotten."
> [...]
> "[...] It is a prose that has never been written. But it can be written, without tricks and without cheating. With nothing that will go bad afterwards." (*GH* 26 f.)

Mit 'zitiergerechten' Programmaussagen solcher Art baute Hemingway gewissermaßen an seinem eigenen Denkmal. Er stellte – im Bild gesprochen – das eigene schriftstellerische Projekt auf den Sockel einer ästhetischen Theorie, verschaffte ihm damit im Rahmen des literaturkritischen Diskurses einen erhöhten Prestigewert und lieferte diesem Diskurs darüber hinaus die geeigneten Stichworte. Damit verstrickte er sich jedoch notwendigerweise in das bereits angesprochene Dilemma, daß die in Rede stehenden Existenz- und Ästhetikideale um so nachhaltiger dekonstruiert werden, je öfter und je emphatischer über sie Rede geführt wird.

Daß Hemingway dieses Dilemma durchaus spürte, findet in *Green Hills of Africa* seinen Ausdruck gewissermaßen in verschobener Form. Wenn er die Korrumpierung vieler amerikanischer Schriftsteller durch Reichtum und Ruhm in verallgemeinernden Formulierungen charakterisiert, so ist ihm zweifellos bewußt, daß er dabei auch und vor allem über sich selbst spricht:

> "We destroy them in many ways. First, economically. They make money. It is only by hazard that a writer makes money although good books always make money eventually. Then our writers when they have made some money increase their standard of living and they are caught. They have to write to keep up their establishments, their wives, and so on, and they write slop. It is slop not on purpose but because it is hurried. Because they write when there is nothing to say or no water in the well. Because they are ambitious. Then, once they have betrayed themselves, they justify it and you get more slop. Or else they read the critics. If they believe the critics when they say they are great then they must believe them when they say they are rotten and they lose confidence. At present we have two good writers who cannot write because they have lost confidence through reading critics. If they wrote, sometimes it would be good and sometimes not so good and sometimes it

would be quite bad, but the good would get out. But they have read the critics and they must write masterpieces. The masterpieces the critics said they wrote. They weren't masterpieces, of course. They were just quite good books. So now they cannot write at all. The critics have made them impotent." (*GH* 23 f.)

In Teilen der zeitgenössischen Kritik wurden die schriftstellerischen Krisensymptome, die sich in *Green Hills of Africa* an die Textoberfläche drängen, durchaus erkannt. Bernard de Voto, der u.a. die gespreizte Sprache, die gekünstelte epische Tonlage und den eitlen Exhibitionismus des Buches beklagt, liegt mit seiner Vermutung doppelt richtig: "Either the reviewers have been getting under his skin or he is uneasy about this book" (zit. in Meyers, 1985, 266); am klarsten bringt Edmund Wilson das Problem auf den Punkt, wenn er die Frage aufwirft, ob Hemingway nicht zum Gefangenen seines eigenen Mythos geworden sei (Lynn, 1987, 426).

Daß der 'Mensch' Hemingway auf die Negativkritik an *Death in the Afternoon* und *Green Hills of Africa* (wie auch der 1933 erschienenen Kurzgeschichtensammlung *Winner Take Nothing*) mit einer charakteristischen Mischung aus Überempfindlichkeit und auftrumpfendem Selbstbewußtsein reagierte, ist ein weiteres Symptom seiner Überidentifikation mit dem selbstgeschaffenen Rollenmythos und verweist gleichzeitig auf seine innere Zerrissenheit und Verunsicherung. Daß jedoch der 'Künstler' Hemingway durchaus noch zu einer sensiblen und differenzierten Selbsteinschätzung imstande war, bezeugen die beiden längeren Kurzgeschichten "The Short Happy Life of Francis Macomber" und "The Snows of Kilimanjaro",[3] in denen er sich in selbstreflexiver Weise kritisch mit den Paradoxien der ihm zugewachsenen öffentlichen Rolle auseinandersetzt. Wie im folgenden zu zeigen ist, geht es in "The Short Happy Life of Francis Macomber" um die Selbstdekonstruktion des Hemingwayschen Männlichkeitsmythos, während in "The Snows of Kilimanjaro" die eigene Schriftstellerrolle kritisch hinterfragt wird.

2. Die Kurzgeschichten

Die Selbstdekonstruktion des Männlichkeitsmythos in "The Short Happy Life of Francis Macomber" (1936)

Der zentrale Handlungskonflikt von "The Short Happy Life of Francis Macomber" entwickelt sich aus einer Ehekrise und einer Dreiecksbeziehung zwischen der Titelfigur Francis Macomber, einem wohlhabenden amerikanischen Playboy, seiner kapriziösen Frau Margot und dem englischen Berufsjäger Robert Wilson, der die beiden auf einer afrikanischen Großwildsafari als Jagdführer betreut. Nachdem Macomber bei seiner ersten größeren Mutprobe versagt hat und in wilder Panik vor einem angeschossenen Löwen geflohen ist, zeigt sich die gesamte Jagdgesellschaft peinlich berührt, und auch er selbst fühlt wegen seiner 'Feigheit' tiefe Scham. Seine Frau Margot demütigt ihn zusätzlich, indem sie sich in der darauffolgenden Nacht auf ein sexuelles Abenteuer mit dem Jagdführer einläßt. Durch diese doppelte Demütigung herausgefordert, streift der gehörnte Ehemann am folgenden Tage unversehens alle Angstgefühle ab und stellt sich in lebensbedrohlicher Lage dem Angriff eines angeschossenen Büffels. In dieser Situation ergreift seine Frau das Gewehr, zielt anscheinend auf den Büffel, trifft aber statt dessen den Kopf ihres Mannes mit einer tödlichen Kugel. Die Geschichte endet mit der anklagenden Unterstellung Wilsons, Margot habe ihren Mann absichtlich ums Leben gebracht. Dazu wird im *Neuen Kindlers Literatur Lexikon* folgende Interpretation angeboten:

> Wilson deckt die psychologischen Hintergründe dieses „Unfalls" auf: In der blitzartigen Erkenntnis, daß der durch seinen Todesmut mündig und glücklich gewordene Macomber sie verlassen würde, hat Margot ihn getötet.
> Angelpunkt dieser meisterhaft konstruierten Kurzgeschichte ist ein für Hemingway typisches Moment: Macombers „Mannwerdung" in der Konfrontation mit den Urkräften der Wildnis und mit dem Tod. (v. Wulffen, 1990, 663)

Die eben zitierten Sätze fallen in ein Interpretationsschema, das seit der Erstveröffentlichung der Erzählung im Jahre 1936 rezeptionsbestimmend war.[4] Im Rahmen dieses Schemas figuriert die Titelgestalt als Initiationsheld, seine Ehefrau als exemplarische Verkörperung der männerzerstörenden Frau und der Jagdführer als Initiationshelfer sowie als Verkörperung und Sprachrohr der auktorialen Botschaft. So heißt es beispielsweise in einer Studie von Horst Breuer und Dieter Ohlmeier:

> Auf der Ebene der Autorintention [...] stellt sich die Erzählung als eine der prägnantesten Ausformulierungen des Hemingwayschen "Code" dar, jenes Ehrenkodex von Mut und Todesverachtung, Selbstdisziplin und Durchhaltevermögen, Schweigsamkeit und Kompetenz, Heroismus und männlicher Würde. Der Repräsentant dieser Haltung ist Robert Wilson, der "white hunter" [...]. Die Gestalt Robert Wilsons ist zwar typisierend gezeichnet, aber eben typisierend im Sinne des Idealischen und Vorbildlichen. (Breuer/Ohlmeier, 1985, 47 f.)

Dieses Interpretationsmuster erscheint auf den ersten Blick durchaus plausibel, insbesondere in Anbetracht dessen, was wir aus den biographischen Zeugnissen über den 'Menschen' (bzw. den 'Mann') Hemingway zu wissen glauben: seine Verachtung für verweichlichte Männer, sein Ressentiment gegen dominante Frauen und seine Bewunderung für ein Ideal todesmutiger Männlichkeit. Der Jagdführer Wilson scheint dieses Ideal in der Tat geradezu spruchbandartig vorzuführen – wie in der folgenden Passage, als er die Wandlung seines Klienten vom Feigling zum Draufgänger mit einer von Shakespeare geborgten Spruchweisheit kommentiert:

> "That's it," said Wilson. "Worst one can do is kill you. How does it go? Shakespeare. Damned good. See if I can remember. Oh, damned good. Used to quote it myself at one time. Let's see. 'By my troth, I care not; a man can die but once; we owe God a death and let it go which way it will, he that dies this year is quit for the next.' Damned fine, eh?"
> He was very embarrassed, having brought out this thing he had lived by, but he had seen men come of age before and it always moved him. It was not a matter of their twenty-first birthday. (*SS* 32)

Die herkömmliche These von der Vorbild- und Sprachrohrfunktion des Jagdführers scheint sich bei oberflächlicher Betrachtung des Textes zunächst zu bestätigen. Zumindest im Hinblick auf das Verhalten Francis Macombers bringen seine Urteile meist noch einmal auf den Begriff, was auch in Form szenisch-dialogischer Darstellung vermittelt wird, oder sie befinden sich im Gleichklang mit den Kommentierungen der Er-Erzählstimme, wie beispielsweise bei dem Verdikt über dessen 'Feigheit':

> Francis Macomber [...] was dressed in the same sort of safari clothes that Wilson wore except that his were new, he was thirty-five years old, kept himself very fit, was good at court games, had a number of biggame fishing records, and had just shown himself, very publicly, to be a coward. (*SS* 4)

Für diese herkömmliche Lesart lassen sich auch eine Reihe von scheinbar eindeutigen biographischen Quellenbelegen anführen. Hemingway verwendet z.B. in der Einleitung zu der von ihm herausgegebenen Kriegserzählungsanthologie *Men at War* (1942), einer mit nostalgischem Veteranenpathos getränkten Rückerinnerung an seine Erfahrungen im Ersten Weltkrieg, das gleiche Shakespearezitat, das in "The Short Happy Life of Francis Macomber" der Figur des Jagdführers in den Mund gelegt wird.[5] Für die Funktion des Jagdführers als Sprachrohr der auktorialen Botschaft scheint auch eine Interviewäußerung Hemingways aus dem Jahre 1953 zu sprechen: "Francis' wife hates him because he's a coward [...]. But when he gets his guts back, she fears him so much she has to kill him – shoots him in the back of the head" (zit. in Lynn, 1987, 432).

Die Beweiskraft dieser textexternen Belege ist allerdings zu relativieren. Bei der siebzehn Jahre nach der Erstveröffentlichung der Erzählung entstandenen Interviewäußerung ist z.B. die Möglichkeit in Rechnung zu stellen, daß Hemingway dabei nur einem bereits etablierten Meinungskonsens gefolgt ist, der gut zu seinem öffentlichen Image paßte (Baym, 1990, 114). Ähnlich läßt sich auch im Hinblick auf das Shakespearezitat argumentieren, obwohl sich die Sachlage hier insgesamt etwas komplexer darstellt. Einerseits ist zu konstatieren, daß die bei Hemingway zitierte Spruchweisheit im Originaltext (*Henry IV*, Teil 2, Akt 3, Szene 2, 250-255) von einer Clownfigur, dem Damenschneider Francis Feeble, ausgesprochen wird. Dieser intertextuelle Befund läßt entweder die – in Anbetracht der Belesenheit Hemingways allerdings eher unwahrscheinliche – Vermutung zu, daß der Autor seine literarischen Quelle nicht genau kannte, oder den Schluß, daß er mit diesem Zitat ganz bewußt ein ironisch-distanzierendes Charakterisierungssignal setzen wollte. Andererseits ist richtig, daß das gleiche Zitat im Vorwort von *Men at War* ohne jeden Anflug von ironischer Relativierung verwendet wird (Breuer/Ohlmeier, 1985, 48). Dieser Widerspruch läßt sich jedoch auflösen, wenn auch hier wieder im Sinne von D.H. Lawrences Diktum "Never trust the artist. Trust the tale" (1971, 8) zwischen dem Menschen und dem Künstler Hemingway unterschieden und der literarische Text als ein Experimentierraum zur Verhandlung der in der Autorpersönlichkeit virulenten Spannungen und Konflikte betrachtet wird.

Diese Betrachtungsweise wird auch durch den internen Textbefund nahegelegt. Dazu ist zunächst noch einmal der Blick auf die Perspektivierungstechnik angebracht. Dargeboten wird das Geschehen teils in Form szenisch-dialogischer Darstellung, teils aus der Perspektive Wilsons und teils aus der Sicht einer Er-Erzählerstimme. Diese wiederum oszilliert ihrerseits in einer Weise zwischen auktorialer und personaler Erzählhaltung, die eine eindeutige Zuschreibung zu einer bestimmten Wahrnehmungsperspektive äußerst schwierig macht. Wenn es beispielsweise in einer der oben zitierten Passagen über Macomber heißt, "[that he] had just shown himself, very publicly, to be a coward", so scheint der unmittelbare Textkontext zunächst nahezulegen, daß es sich um einen auktorialen Kommentar handelt. Wenn man allerdings in Betracht zieht, daß Macombers Scham wesentlich aus dem Umstand erwächst, daß er bei dem Vorfall den verächtlichen Blicken Wilsons und der beiden Jagdhelfer ausgesetzt war, läßt sich die Textstelle auch als eine quasi zitathafte Annäherung an die subjektive Innensicht dieser Figur begreifen. Auffällig ist, daß Macomber sich in geradezu selbstquälerischer Manier für ein Verhalten schämt, das – bei nüchterner Betrachtung – unter den gegebenen Umständen als eine durchaus normale Reflexreaktion angesehen werden kann. Unter diesen Vorzeichen müßte das perspektivische Unbestimmtheitsmoment eigentlich zu der Frage provozieren, ob denn dieses Verhalten tatsächlich als so verdammenswürdig zu gelten hat. Mit anderen Worten: es wäre zu klären, inwieweit die auktoriale und die personale Sichtweise einander überlagern bzw. auseinanderklaffen.

Daß sich die Mehrzahl der bisherigen Deutungen für diese Frage wenig interessiert bzw. sie für irrelevant gehalten hat, hängt wiederum mit einem anderen Aspekt der Hemingwayschen Perspektivierungstechnik zusammen. Der bereits erwähnte Gleichklang der Er-Erzählerstimme mit der Kommentatorstimme Wilsons sowie die massive Privilegierung dieser Kommentatorstimme ist auf eine Rezeptionswirkung hin angelegt, der man sich vor allem bei der Erstlektüre nur schwer entziehen kann. Es wird der Eindruck suggeriert, als ob der Jagdführer vom Autor systematisch als moralisches Orientierungszentrum der Erzählung aufgebaut würde. Hat sich dieser Eindruck einmal zu einer rezeptionsleitenden Einstellung verfestigt, wird sich der entsprechend eingestimmte Leser dazu angeregt fühlen, die Urteile und Vorurteile dieser Kommentatorfigur auch dort als Ausdruck der auktorial intendierten 'Botschaft' zu interpretieren, wo sie nicht durch weitere unterstützende Textsignale abgesichert sind. Dies fällt um so leichter, als Wilsons Kommentare an bestimmte pseudointellektuelle Vorurteilsmuster appellieren. In diese Kategorie gehören z.B. die Klischeevorstellungen über amerikanische Frauen und Männer, die der britische Großwildjäger hier offenbar zum vielfach wiederholten Male bestätigt findet:

> They [American Women] are, he thought, the hardest in the world; the hardest, the cruelest, the most predatory and the most attractive and their men have softened or gone to pieces nervously as they have hardened. Or is it that they pick men they can handle? They can't know that much at the age they marry, he thought. He was grateful that he had gone through his education on American women before now because this was a very attractive one. (*SS* 8)

Die Raffinesse dieser Leserlenkungsstrategie besteht zum einen darin, daß diese Klischees durch die szenisch-dialogischen Segmente und die Er-Erzählerstimme zumindest *teilweise* gedeckt werden. Zum anderen sind Wilsons Kommentare auf das szenische Geschehen so gestaltet, daß dem Leser ein durchweg *kohärent* erscheinender Erklärungszusammenhang für das Figurenverhalten angeboten wird. Hinzu kommt, daß dieser Erklärungszusammenhang sich auf geradezu 'mustergültige' Weise den traditionellen Gattungskonventionen der Initiationsgeschichte einfügt.

Es hat also den Anschein, als ob dem Leser die thematische Essenz der Erzählung gewissermaßen auf dem Tablett serviert werden sollte. Dies würde freilich dem proklamierten Kunstverständnis Hemingways völlig zuwiderlaufen. Eine mögliche Lösung für dieses Erklärungsproblem bestünde darin, dem Text künstlerische Defizite zu attestieren, was ja vor dem voraufgehend erörterten Hintergrund der nicht-fiktionalen Schriften eine gewisse Plausibilität für sich beanspruchen könnte. Überzeugender erscheint mir jedoch die These, daß Hemingway sich hier einer literarischen Vexierbildtechnik bedient, die den Leser gleichermaßen mit einer Version wie mit einer Sub-Version des Männlichkeitsmythos konfrontiert. Durch die scheinbare Kohärenz der angebotenen Erklärungszusammenhänge wird der Leser gleichzeitig dazu verleitet, den Text einer vorschnellen ideologischen Homogenisierung zu unterwerfen und dabei die gegen diese Homogenisierung 'sperrigen' Elemente auszublenden.

Daß sich das herkömmliche Deutungsmuster so massiv durchgesetzt hat, ist natürlich ein Anzeichen dafür, daß im Text selbst etwas angelegt sein muß, das durch eine kongeniale Leserdisposition aktualisiert werden kann. Die in dem Jagdführer personifizierte Attitüde stoischer Todesverachtung gehörte zweifellos zu den Lieblingsrollen des Autors, und Wilsons Ressentiments gegen Margot entsprechen durchaus den misogynen Obsessionen, die den 'Mann'

Hemingway umgetrieben haben, und beides wiederum bildet einen Resonanzboden für entsprechende Rezeptionshaltungen. Die Erzählung entwirft in der Tat ein männlich-narzißtisches Phantasieszenario, wie es beispielsweise Breuer und Ohlmeier in ihrer psychoanalytischen Interpretation beschrieben haben. Es macht jedoch die künstlerische Raffinesse des Textes aus, daß dieses Szenario gleichzeitig als solches dekuvriert wird (Zapf, 1986, 19-39). In diesem Sinne läßt sich sagen, daß dem Text eine schizoide Struktur eingeschrieben ist (s. auch Lynn, 1987, 436).

Den Blick auf die Sub-Version des Männlichkeitsmythos freigelegt zu haben, ist das Verdienst einiger revisionistischer Studien. Wie u.a. Virgil Hutton (1975), Kenneth S. Lynn (1987) und Nina Baym (1990) überzeugend nachgewiesen haben, kann der Jagdführer Wilson nicht so ohne weiteres als kommentierendes Sprachrohr der auktorialen Botschaft angesehen werden. Diese Funktion wird durch eine Reihe von negativen Sympathielenkungssignalen in Frage gestellt. Hierzu gehören z.B. die bereits erwähnte Klischeehaftigkeit seines Denkens und der pompös-selbstgefällige Habitus seiner Selbstgespräche. Auch die eigentümlich disharmonische Physiognomie Wilsons, sein "very red face" (*SS* 4) und seine "flat, blue, machine-gunner's eyes" (*SS* 8), trägt dazu bei, ihn dem Leser suspekt zu machen. Insbesondere das Bild des "machine gunner, who indiscriminately blasts down whatever appears within range of his gun" (Hutton, 1975, 239), fungiert als Verweis auf seine 'professionelle Deformation'. Sie wird auch sinnfällig an der Art und Weise, wie er den angeschossenen Löwen zur Strecke bringt, obwohl dieser Vorgang nur indirekt, aus der Perspektive des flüchtenden Macomber, vermittelt wird:

> He heard the *ca-ra-wong!* of Wilson's big rifle, and again in a second crashing *carawong!* and turning saw the lion, horrible-looking now, with half his head seeming to be gone, crawling toward Wilson in the edge of the tall grass while the red-faced man worked the bolt on the short ugly rifle and aimed carefully as another blasting *carawong!* came from the muzzle, and the crawling, heavy, yellow bulk of the lion stiffened and the huge, mutilated head slid forward [...]. (*SS* 20)

Durch den Hinweis auf die Größe des Gewehrs und den dreifach wiederholten lautmalerischen Hinweis auf das Schießgeräusch wird angedeutet, daß Wilsons Gewehr keine normale Jagdwaffe ist, sondern die Eigenschaften einer Maschinenpistole hat. Dies wird auch unterstrichen durch den Hinweis auf den 'verstümmelten Kopf' des getöteten Tieres.

In besonders eklatanter Weise verstößt Wilson bei der Büffeljagd des nachfolgenden Tages gegen die Regeln der Jagdethik, indem er sich ohne Skrupel über das Verbot hinwegsetzt, vom Auto aus Treibjagden zu veranstalten. Daß er sich auch beim Gebrauch der Waffe nicht waidgerecht verhält, wird ein weiteres Mal aus der Wahrnehmungsperspektive Macombers sinnfällig:

> [...] he heard the *carawonging* roar as Wilson shot [...].
> [...]

> Then Wilson shot, the roar deafening him [...]. (*SS* 28)
> [...]
> [...] Macomber, as he fired, unhearing his shot in the roaring of Wilson's gun, saw fragments like slate burst from the huge boss of the horns, and the head jerked, he shot again at the wide nostrils and saw the horns jolt again and fragments fly [...]. (*SS* 35)

Der dreifach wiederholte Verweis auf den quasi sinnesabtötenden Effekt des Gewehrgeräuschs dient als ein indirekter Hinweis auf die durch das 'Vorbild' Wilsons bei Macomber bewirkte Gefühlsabstumpfung, die auf der Handlungsebene dadurch ins Bild gesetzt wird, daß Macomber gedankenlos dem barbarischen Ratschlag Wilsons folgt, den angreifenden Büffel mit einem Schuß in die Nase zu erledigen. Durch die szenische Beschreibung wird die Barbarei dieses Vorgangs, der die kreatürliche Würde des Tieres ebenso zerstört wie die menschliche Würde des Jägers, mit beklemmender Eindrücklichkeit vermittelt.

Auffällig ist, daß Wilson vor allem am zweiten Jagdtag eine Reihe von professionellen Fehlleistungen unterlaufen. Bei der Suche nach einem angeschossenen Büffel geht er z.B. voreilig davon aus, daß dieser tödlich getroffen ist und bringt damit das Leben seines Jagdkunden leichtfertig in Gefahr. Anschließend zögert er die Suche hinaus, mutmaßlich aus dem Kalkül heraus, daß die Widerstandskräfte des verblutenden Tieres weiter geschwächt werden, und verstößt damit gegen das elementare Gesetz der Jagdethik, ein verwundetes Tier so wenig wie möglich leiden zu lassen. Schließlich empfiehlt er seinem unerfahrenen Schützling eine schwierige und gefährliche Schußposition, während er sich selbst beim Angriff des Büffels zur Seite duckt und mit seiner "cannon" zu einem Schulterschuß ansetzt (*SS* 34, 36). Er wird damit zum eigentlich Verantwortlichen für den Tod Macombers.

Mit der Infragestellung der Funktion Wilsons als zuverlässiger Kommentatorfigur sieht sich der Leser unversehens mit einer Reihe von Leerstellen konfrontiert und ist gezwungen, über das Verhalten und die Motive der drei Handlungsträger neu nachzudenken. Revisions- und differenzierungsbedürftig ist insbesondere das Urteil über Margot. Da deren Charakterbild fast ausschließlich aus der Außenperspektive, d.h. entweder durch szenische Darstellung oder durch die verzerrte Vorurteilsperspektive der beiden Männer, hauptsächlich Wilsons, vermittelt wird, ist der Leser hier notwendigerweise auf Spekulationen angewiesen. Trotzdem läßt sich für ihr Verhalten ein in sich stimmiger Motivationszusammenhang konstruieren, der jenseits der Vorurteilsperspektive Wilsons angesiedelt ist.

In den Anfangsteilen der Erzählung läßt sich aus Margots Verhalten mit Sicherheit so viel herauslesen, daß sie über die mit der Löwenjagd zusammenhängenden Ereignisse innerlich sehr aufgewühlt ist, aber ihre Erregung durch aggressives Rollenspiel unter Kontrolle zu bringen versucht. Beim mittäglichen

Lunch zieht sie sich zweimal wegen eines Tränenausbruchs ins Zelt zurück, kommt aber beide Male mit strahlender Miene wieder zurück. Mit ihrem Gesprächsverhalten provoziert sie sowohl ihren Mann, den sie u.a. durch die Anrede "my pearl" (*SS* 8) zu einem kleinen Jungen degradiert, als auch den Jagdführer, indem sie immer wieder die Rede auf dessen 'rotes Gesicht' bringt und dessen 'Killerqualitäten' mit ironischer Bewunderung kommentiert: "'[...] I want *so* to see you perform again. You were lovely this morning. That is if blowing things' heads off is lovely'" (*SS* 9). Wie aus einer nachfolgenden Rückblende ersichtlich wird, setzt sie damit das doppelte Provokationsspiel fort, das sie bereits auf der Rückfahrt zum Lager begonnen hatte:

> While they sat there his wife had reached forward and put her hand on Wilson's shoulder. He turned and she had leaned forward over the low seat and kissed him on the mouth.
> "Oh, I say," said Wilson, going redder than his natural baked color.
> "Mr. Robert Wilson", she said. "The beautiful red-faced Mr. Robert Wilson."
> (*SS* 20 f.)

Über die Motive solchen Verhaltens lassen sich verschiedene Vermutungen anstellen. Einiges spricht dafür, daß Margot über die Begleitumstände der Löwenjagd ähnliche Scham empfindet wie Macomber und ihn durch ihren ostentativen Flirt mit Wilson gezielt demütigen will. Dies schließt jedoch nicht aus, daß sie vorher um das Leben ihres Mannes gefürchtet hatte und deshalb Wilson gegenüber auch ein Stück Dankbarkeit empfindet. Gleichwohl ist denkbar, daß sie sich von dessen brutalen Jagdmethoden abgestoßen fühlt. Es wäre durchaus plausibel, das Verhalten Margots aus diesem Knäuel widerstreitender Motive heraus zu erklären. Was immer bei diesen Motiven im Vordergrund stehen mag (worüber man spekulieren könnte), als entscheidender Beweggrund läßt sich die Absicht vermuten, den vorgeblichen Superhelden, dessen Unechtheit Margot vielleicht instinktiv erkannt hat, auf seine wahre Statur zu reduzieren.

Um diese Hypothese zu plausibilisieren, lohnt zunächst ein Blick auf Margots kommunikative Strategie, die offensichtlich darauf gerichtet ist, das maskuline Ego des Jagdführers herauszufordern. Wie u.a. das obige Zitat anschaulich macht, bedient sie sich dabei eines *double message system*, das für Wilson nur schwer interpretierbar ist und ihn möglicherweise, wie sein Erröten anzudeuten scheint, in seinem männlichen Rollenverständnis verunsichert. Margot scheint sich dem Jäger (in der Metaphorik des Textes gesprochen) als 'Jagdobjekt' anzubieten, signalisiert aber durch die Art ihres Verhaltens gleichzeitig, daß sich diese Rollenverteilung aus ihrer Sicht umgekehrt darstellt.

Um die obige Hypothese zusätzlich zu untermauern, sind weitere Spekulationen erforderlich, die allerdings durch die im Text eingebauten Leerstellen auch provoziert werden. Eine Leerstelle, die m.W. bisher noch nicht die gebührende Aufmerksamkeit der Kritik gefunden hat, ist der nächtliche Besuch

Margots im Schlaflager Wilsons, über dessen konkrete Details der Leser diskret im unklaren gelassen wird. Szenisch-dialogisch ins Bild gesetzt wird nur die Rückkehr Margots ins Zelt ihres Ehepartners, woraus sich lediglich indirekt erschließen läßt, daß der nächtliche Ausflug für sie gewissermaßen befriedigend verlaufen ist. Sie scheint jedenfalls recht müde zu sein und fällt, nachdem sie den empörten Macomber mit einigen sarkastischen Bemerkungen abgefertigt hat, in einen gesunden Schlaf:

> "Where have you been?" Macomber asked in the darkness.
> "Hello," she said. "Are you awake?"
> "Where have you been?"
> "I just went out to get a breath of air."
> "You did, like hell."
> "What do you want me to say, darling?"
> "Where have you been?"
> "Out to get a breath of air."
> "That's a new name for it. You *are* a bitch."
> "Well, you're a coward."
> "All right," he said. "What of it?"
> "Nothing as far as I'm concerned. But please let's not talk, darling, because I'm very sleepy."
> "You think that I'll take anything."
> "I know you will, sweet."
> "Well, I won't."
> [...]
> "Please let's not talk. I'm so very sleepy, darling."
> "I'm going to talk."
> "Don't mind me then, because I'm going to sleep." And she did. (*SS* 22 f.)

Zum angemessenen Verständnis der Vorgänge des folgenden Tages sind vor allem zwei Aspekte von Bedeutung. Zum einen wird aus dem Handlungszusammenhang und den Einblendungen in das Bewußtseinsinnere Macombers deutlich, daß es sich bei dessen Jagdfieber – psychologisch gesehen – um einen Verschiebungsvorgang handelt. Der gehörnte Ehemann entwickelt über seine Demütigung derartige Haßgefühle, daß er darüber all seine Angst vergißt und sich schließlich in eine "drunken elation" (*SS* 29) hineinsteigert. Er projiziert dabei die eigentlich auf den Rivalen gerichteten Aggressionsimpulse auf die als Ersatzobjekte fungierenden Wildtiere. Wie die expressionistisch verfremdenden Beschreibungselemente der nachfolgend zitierten Textstelle andeuten, werden die Wildtiere gewissermaßen zur 'gegenständlichen Entsprechung' von Macombers seelischem Innenraum:

> [...] Macomber saw three huge, black animals looking almost cylindrical in their long heaviness, like big black tank cars, moving at a gallop across the far edge of the open prairie. They moved at a stiff-necked, stiff bodied gallop and he could see the upswept wide black horns on their heads [...]. (*SS* 27)

Zum anderen ist erkennbar, daß Wilson nun in einer gegenüber dem Vortag auffällig intensiven und selbstrechtfertigenden Weise über sein persönliches und berufliches Selbstverständnis reflektiert:

> He, Robert Wilson [...] had hunted for a certain clientele, the international, fast, sporting set, where the women did not feel they were getting their money's worth unless they had shared that cot with the white hunter. He despised them when he was away from them although he liked some of them well enough at the time, but he made his living by them; and their standards were his standards as long as they were hiring him.
>
> They were his standards in all except the shooting. He had his own standards about the killing and they could live up to them or get some one else to hunt them. He knew, too, that they all respected him for this. (*SS* 26)

Über die Gründe für diesen gesteigerten Selbstreflexionsbedarf kann nur spekuliert werden, aber als eine plausible Möglichkeit drängt sich die Vermutung auf, daß die Ereignisse der voraufgehenden Nacht – was immer dort konkret vorgefallen sein mag – das Selbstbild des Jagdführers etwas ins Wanken gebracht haben, und daß er nun damit beschäftigt ist, es auf dem Wege der Selbstsuggestion wieder zu stabilisieren.[6] Aus dieser Motivationsgrundlage ließe sich auch einleuchtend begründen, warum Wilson am zweiten Jagdtag so gravierende professionelle Fehlleistungen unterlaufen. Wilson – so ist zu vermuten – fühlt sich von Margot als *fake* durchschaut. Unter dem inneren Zwang, sich selbst und seine Mitakteure durch maskulines Imponiergehabe zu beeindrucken, unterlaufen ihm Inszenierungsfehler, die seine Glaubwürdigkeit in den Augen Margots weiter untergraben.

Seinen grotesken Höhepunkt erreicht diese Männlichkeitsinszenierung in dem *male-bonding*-Ritual der beiden Männer, bei dem der Jagdführer als eine Art *stage manager* fungiert. Während Wilson bei der Schießerei auf die Jagdtiere die eigentliche Arbeit erledigt, ist er gleichzeitig darum bemüht, das Selbstwertgefühl seines zahlenden Kunden aufzubauen. Von Wilsons Anerkennungsgesten angespornt, steigert sich Macomber immer mehr in ein rauschhaftes Glücksgefühl, dessen unechte Qualität allerdings dadurch markiert ist, daß er sich dieses Gefühls in mehrfacher Wiederholung sprachlich zu vergewissern sucht und dabei auf entsprechende Bestätigungssignale der beiden Mitakteure hofft:

> "Something happened in me after we first saw the buff and started after him. Like a dam bursting. It was pure excitement."
>
> [...]
>
> Macomber's face was shining. "You know something did happen to me," he said. "I feel absolutely different."
>
> [...]
>
> "Do you have that feeling of happiness about what's going to happen?" Macomber asked, still exploring his new wealth.

"You're not supposed to mention it," Wilson said, looking in the other's face. [...] (*SS* 32 f.)

Nachdem Wilson schließlich – in Form des oben erwähnten pompös-feierlichen Shakespearezitats – ein solches Signal gesetzt hat, steigern sich die beiden Männer in ein theatralisches Szenario wechselseitiger Pseudobestätigung. Was also gemäß der herkömmlichen Lesart des Textes als ein existentielles Epiphanieerlebnis zu deuten wäre, erweist sich im vorliegenden Erklärungskontext als ein künstlich inszeniertes Spektakel. In diesem Sinne relativiert sich auch die Einschätzung von Macombers tödlichem Ende. Er erreicht nicht den Status eines 'tragischen Helden', sondern stirbt als eine Art tragikomischer *mock hero*, als pathetisches Opfer eines unechten, verlogenen Männlichkeitsmythos.

Im vorliegenden Erklärungskontext betrachtet, spielt sich der eigentliche Konflikt nicht zwischen den beiden Ehepartnern, sondern zwischen Margot und dem Jagdführer ab. Dies gilt insbesondere für das Schlußsegment der Erzählung. Wilsons Strategie der Männlichkeitsinszenierung verfolgt auch den Zweck, Margot im Rahmen der vorgegebenen Dreieckssituation in eine Randrolle zu drängen. Während sich die beiden Männer an ihrem *male-bonding*-Ritual berauschen, bringt sie mit ihrem kritischen Urteil die Fragwürdigkeit des Jagdunternehmens durchaus zutreffend auf den Punkt: "You're both talking rot,' said Margot. 'Just because you've chased some helpless animals in a motor car you talk like heroes'" (*SS* 33). Die weibliche Stimme wird jedoch unter der nunmehr total gewordenen Hegemonie des 'männlichen Diskurses' gewaltsam unterdrückt und mit Bedeutungen überschrieben, die Margots Äußerungen wahrscheinlich ihres ursprünglichen Sinnes berauben. Wenn diese sich beispielsweise trotz ihrer demonstrativ zur Schau gestellten Verachtung für den plötzlichen Mut Macombers "very afraid of something" (*SS* 34) zeigt, so spricht außer den Unterstellungen Wilsons nichts gegen die Annahme, daß sie um das Leben und die Gesundheit ihres Mannes fürchtet. Auf der Grundlage des oben hypothetisch konstruierten Motivbündels ließen sich ihre Reaktionen und Verhaltensweisen jedenfalls plausibel erklären. Vielleicht hatte sie ursprünglich darauf gehofft, Macomber durch ihr provozierendes Verhalten dazu zu zwingen, sich als 'Mann' zu beweisen, fühlt sich dann jedoch immer mehr abgestoßen von der brutalen Hetzjagd auf die Tiere und wird sich schließlich darüber klar, daß ihr Mann durch ihr Mitverschulden in einen blindwütigen Jagdrausch und damit in eine lebensbedrohliche Situation geraten ist. Auf dieser Grundlage wird auch die Annahme plausibel, daß Margot bei ihrem tödlichen Schuß einzig aus dem Motiv heraus gehandelt hat, ihren Mann vor dem anstürmenden Büffel zu retten – dies in einer Situation "as it seemed about to gore Macomber" (*SS* 36). Insofern spricht einiges für die Lesart Virgil Huttons, der die weibliche Figur in dieser Dreieckskonstellation als "the most tragic figure" ansieht (Hutton, 1975, 248).

Die Erzählung endet mit einer Szene von höchster Doppelbödigkeit. Wilson ergreift die Rolle der autoritativen Kommentatorstimme, der das am Boden zerstörte Objekt seiner Anschuldigungen noch einmal mit herrischer Geste zur Selbstdemütigung zwingt:

> "That was a pretty thing to do," he said in a toneless voice. "He *would* have left you too."
> "Stop it," she said.
> "Of course it's an accident," he said. "I know that."
> "Stop it," she said.
> [...]
> "[...] Why didn't you poison him? That's what they do in England."
> "Stop it. Stop it. Stop it," the woman cried.
> Wilson looked at her with his flat blue eyes.
> "I'm through now," he said. "I was a little angry. I'd begun to like your husband."
> "Oh, please stop it," she said. "Please, please stop it."
> "That's better," Wilson said. "Please is much better. Now I'll stop." (*SS* 36-37)

Das Sprachrohr des männlichen Diskurses wird damit auf der Textoberfläche einmal mehr zur 'autoritativen Stimme'. Der diktatorische Habitus, mit dem diese männliche Stimme gegenüber ihrem weiblichen Widerpart ihre Deutungsmacht durchsetzt, ist jedoch ein Anzeichen dafür, daß hier die verborgene Sub-Version des Geschehens gewaltsam zum Schweigen gebracht werden soll. Wilson, der sich seiner Hauptverantwortung für den Tod Macombers wohl bewußt sein dürfte, hat mit seiner Version der Geschichte nicht nur ein probates Erpressungsmittel gegen Margot in der Hand, das ihn vor einer genaueren Überprüfung des Unfallhergangs schützt (Lynn, 1987, 436). Seine haßerfüllte Reaktion auf Margot zeigt darüber hinaus, daß er auch von einem fundamentaleren identitätspsychologischen Bedürfnis getrieben ist, die Stimme mundtot zu machen, die die Falschheit seiner Männlichkeitsinszenierung durchschaut hat.

Die Selbstreflexion der Künstlerrolle in "The Snows of Kilimanjaro" (1936)

Eine Art Komplementärtext zu der Macomber-Geschichte ist die im gleichen Jahre erschienene Künstlererzählung "The Snows of Kilimanjaro", in der Hemingway auch seine Rolle als Künstler einer kritischen Selbstreflexion unterzieht. Die Erzählung, bei der ebenfalls eine afrikanische Großwildsafari den Handlungshintergrund bildet, schildert die letzten Stunden im Leben des Schriftstellers Harry, der mit einem bereits von Wundfäulnis befallenen Bein hilflos in seiner Koje in einem am Fuße des Kilimandscharo gelegenen Jagdlager liegt und auf seinen Tod wartet. Harry zieht dabei noch einmal eine Lebensbilanz, die durch und durch negativ ausfällt. Verweichlicht vom Luxusleben an der Seite einer reichen Frau, fühlt er sich moralisch und künstlerisch korrumpiert und durch den trivialen Unfall um den Neuanfang betrogen, der die Safari hatte werden sollen.

Harrys Lebensbilanz findet ihren Ausdruck u.a. in fragmentarischen Rückerinnerungen an frühere Erlebnisse, von denen er bedauert, daß er sie nun nicht mehr als schriftstellerisches Material wird verwerten können. Diese Rückerinnerungen, die im Text durch Kursivsetzung markiert sind, stellen zugleich imaginative Schreibübungen dar, in denen der Sterbende noch ein letztes Mal sein künstlerisches Kreativitätspotential zu stimulieren versucht. Ihren Abschluß findet die Erzählung in einem an Ambrose Bierce's "An Occurrence at Owl Creek" erinnerndes *surprise ending.*

Der Erzählduktus des vorletzten, durch eine doppelte Leerzeile vom übrigen Text abgesetzten Segments erweckt zunächst den Eindruck, als ob der Protagonist am nächsten Morgen von einem Rettungsflugzeug aufgenommen und mit ihm dem Gipfel des Kilimandscharo entgegenfliegen würde. Danach erfolgt ein harter szenischer Umschnitt auf die Situation von Harrys Frau, die den Tod ihres Mannes feststellt. Im nachhinein erweist sich damit auch die vermeintliche Rettungsszene, obwohl diese nicht im Kursivdruck erscheint, als ein Imaginationsprodukt bzw. ein imaginatives Schreibprodukt des sterbenden Schriftstellers:

> Then they began to climb and they were going to the East it seemed, and then it darkened and they were in a storm, the rain so thick it seemed like flying through a waterfall, and then they were out and Compie turned his head and grinned and pointed and there, ahead, all he could see, as wide as all the world, great, high, and unbelievably white in the sun, was the square top of Kilimanjaro. And then he knew that there was where he was going.
>
> Just then the hyena stopped whimpering in the night and started to make a strange, human, almost crying sound. The woman heard it and stirred uneasily. (*SS* 76)

Hemingway setzt in seiner Erzählung die Konfliktsituation zwischen der korrumpierten und der moralisch-idealistischen Seite der Künstlerpersönlichkeit Harry in Szene. Vergegenständlicht wird diese Konfliktsituation im Wechselspiel zwischen dem durch Steildruck markierten Gegenwartsgeschehen und den durch Kursivdruck gekennzeichneten Erinnerungsrückblenden. Das verbindende Element zwischen den beiden Erzählebenen bildet das Todesmotiv. Im Anfangsteil der Gegenwartshandlung erfährt der Leser, wie dieses Motiv den Schriftsteller Harry jahrelang obsessiv beschäftigt hat, und entsprechend spielt es auch in den Erinnerungsrückblenden eine zentrale Rolle. Auffallend ist allerdings, daß sich die beiden Erzählebenen in stilistischer Hinsicht radikal voneinander unterscheiden. Während in den Erinnerungsrückblenden weitgehend der Ton emotionslos-registrierender Faktendarstellung vorherrscht, ist der Darstellungsmodus der Gegenwartshandlung durch eine fast aufdringlich wirkende Symbol- und Allegorietechnik geprägt. So findet beispielsweise die moralische und künstlerische Korruption des Protagonisten ihren symbolischen Ausdruck im Bild seines von Fäulnis befallenen Körpers. Dieses Bild schließt sich mit den Bildern der schwül-heißen Ebene, der Aasgeier und der Todesgestank verbreitenden Hyäne zu einer Motivkette zusammen, durch die der Assoziationsbereich von Sterblichkeit, Verfall und Tod evoziert wird. Kontrapunktisch zu dieser Motivkette steht das der eigentlichen Erzählung vorangestellte Epigraph, in dem von dem getrockneten und gefrorenen Leichnam eines Leoparden berichtet wird, der unterhalb des westlichen Gipfels der schneebedeckten Berglandschaft des Kilimandscharo gefunden wurde:

> *Kilimanjaro is a snow covered mountain 19,710 feet high, and is said to be the highest mountain in Africa. Its western summit is called the Masai "Ngàje Ngài," the House of God. Close to the western summit there is the dried and frozen carcass of a leopard. No one has explained what the leopard was seeking at that altitude.* (SS 52)

Dieses Bildmotiv, verbunden mit dem Hinweis, daß der erwähnte Berggipfel in der Eingeborenensprache als "*House of God*" bezeichnet wird, fungiert ebenfalls als Todesmetapher, evoziert jedoch eher positiv besetzte Konnotationsbereiche wie Ewigkeit, Unvergänglichkeit und das Paradoxon vom Leben im Tod. Eine Wiederaufnahme dieses Motivs scheint dann im vorletzten Segment des Schlußteils zu erfolgen, in dem sich der Protagonist in seiner Todesphantasie dem in ewiger Vollkommenheit leuchtenden Gipfel des Kilimandscharo nähert.

Diese scheinbar einfache Symbolstruktur hat – ähnlich wie bei "The Short Happy Life of Francis Macomber" – zahlreiche Kritiker dazu verleitet, der Erzählung ein vereinfachendes Deutungsmuster überzustülpen. Diesem Muster zufolge schließt das Geschehen, wie in der Macomber-Geschichte, strukturell gesehen mit einem *happy ending*, hier wie dort im Sinne des religiösen Paradoxons 'das Leben ist der Tod, und der Tod ist das Leben'. In dieser Lesart erscheint der Tod des Schriftstellers Harry als ein triumphales Epiphanieerlebnis: Während seine sterbliche Hülle der Verderbnis des Irdischen überlassen bleibt, erreicht seine Seele einen transzendenten Bereich existentieller und ästhetischer Vollkommenheit, scheinbar verbildlicht im schneebedeckten Gipfel des Kilimandscharo. Im Rahmen dieses Deutungsmusters stellen sich die kursiv markierten Rückerinnerungen Harrys sozusagen als sprachliche Trainingsübungen dar, die den Schriftsteller am Ende auch zur imaginativ-künstlerischen Bewältigung seiner eigenen Todeserfahrung befähigen.[7]

Während die auf der Gegenwartsebene der Erzählung angelegte Symbol- und Allegoriestruktur eine solche affirmativ-homogenisierende Lesart in der Tat nahezulegen scheint, zeigt sich bei genauerer Betrachtung, daß dies nur unter Ausblendung bestimmter 'sperriger' Textelemente möglich ist. So besteht beispielsweise eine signifikante inhaltliche Disparität zwischen den Erinnerungsrückblenden des sterbenden Schriftstellers und der imaginativen Vergegenwärtigung seiner eigenen Todeserfahrung. Handelte es sich dort hauptsächlich um schmerzhaftes oder schockierendes Erinnerungsmaterial, so ist die eigene Todesvision von solchen 'Störelementen' vollkommen gereinigt. Harrys Abflug vom Jagdlager erscheint als eine familiäre Abschiedsidylle, das unter ihm sich ausbreitende Landschaftspanorama nimmt paradieshafte Züge an und der vor ihm erscheinende Berggipfel erstrahlt in überirdischem Glanz.

In Anbetracht dieser Disparität gewinnt die Deutungshypothese an Plausibilität, daß es sich bei den imaginativen Schreibversuchen Harrys lediglich um autistische Phantasieszenarien handelt, mit deren Hilfe der sterbende Künstler die späte Einsicht in sein Scheitern wieder zu verdrängen sucht. Er setzt noch einmal auf pathetisch-hilflose Weise eine Künstlerrolle in Szene, die aber kein reales Lesepublikum mehr zu erreichen vermag. In diesem Sinne lassen sich die insgesamt fünf Erinnerungsrückblenden Harrys als metafiktionale Texteinschübe betrachten, in denen das scheiternde Bemühen der Künstlergestalt um Wiederannäherung an ein verlorengegangenes Ideal authentischer Wirklichkeitsdarstellung *in actu* vorgeführt wird. So betrachtet, markiert die als schmerzlose Idylle imaginierte Todesreise des Protagonisten kein wirkliches, sondern nur ein Pseudo-Epiphanieerlebnis, d.h. den endgültigen Rückfall in eine Dimension unechter, gewissermaßen künstlich-literarisierter Erfahrung.

In diesem Zusammenhang ist noch einmal zurückzukommen auf die bereits angesprochene stilistische Disparität zwischen den beiden Erzählebenen. Die Gegenwartshandlung ist geprägt durch ein kontrolliertes, wenn auch auffallend konventionelles ästhetisches Ordnungsschema. Im pointierten Gegensatz dazu werden in den Erinnerungsrückblenden die Schwierigkeiten, eine Fülle heterogenen Erlebnismaterials in eine befriedigende ästhetische Ordnung zu bringen, mittels metafiktionaler Erzähltechniken ins Bild gesetzt. Was diese Disparität für die thematische Gesamtstruktur des Textes bedeutet, erschließt sich beim Blick auf die jeweilige Perspektivierungstechnik. Während es sich bei den Erinnerungsrückblenden Harrys um quasi 'ungefilterte' Bewußtseinsstromdarstellung handelt, ist die Ebene der Gegenwartshandlung zwar weitgehend durch szenisch-dialogische Darstellung geprägt, jedoch fungiert der Protagonist hier als reflektierendes Bewußtseinszentrum.

Diese Rolle wird z.B. deutlich in den Selbstgesprächen Harrys, in denen er sich über die Gründe seines Scheiterns Rechenschaft abzulegen versucht. Wenn er dafür auch zunächst seiner Frau die Schuld gibt, so ist er sich dabei genau bewußt, daß letztlich er selbst für sein Schicksal verantwortlich ist:

> She shot very well this good, this rich bitch, this kindly caretaker and destroyer of his talent. Nonsense. He had destroyed his talent himself. Why should he blame this woman because she kept him well? He had destroyed his talent by not using it, by betrayals of himself and what he believed in, by drinking so much that he blunted the edge of his perceptions, by laziness, by sloth, and by snobbery, by pride and by prejudice, by hook and by crook. What was this? A catalogue of old books? (*SS* 60)

Bei genauer Betrachtung dieses Selbstgesprächsausschnitts wird deutlich, daß die kritischen Selbstreflexionen sozusagen einen 'doppelten Boden' haben. Sie haben konfessionsähnlichen Charakter und sind insofern als 'authentischer' Ausdruck seiner Selbsteinsicht markiert. Gleichzeitig wird durch die rhetorische Frage "What was this? A catalogue of old books?" signalisiert, daß Harry sich bei dieser 'Konfessionsrede' gewissermaßen über die Schulter schaut. Er wird sich – mit anderen Worten – darüber bewußt, daß er in rhetorischen Sprachformeln befangen bleibt, die durch häufigen Gebrauch abgenutzt und daher als Ausdrucksträger des 'Authentischen' letztlich unbrauchbar geworden sind.

Diese Befangenheit in abgenutzten Sprachformeln und sein gleichzeitiges Bewußtsein darüber prägt auch Harrys äußeres Gesprächsverhalten. Besonders deutlich wird dies im Leitmotiv des "talking", einem Begriff, der sich im Werk Hemingways durchgängig auf ein in Formelhaftigkeit erstarrtes Sprechen bezieht. Im vorliegenden Kontext verweist das Leitmotiv auf die Versuche des Protagonisten, sich mit preziösen Sprachspielen auf möglichst 'leichte' Weise die Zeit bis zu seinem Tod zu vertreiben: "'It's much easier if I talk [...]'"; "'[...] Talking is the easiest [...]'" (*SS* 52, 53). Die folgende Dialogszene ist ein anschauliches Beispiel für diese schizoide Doppelsicht des Protagonisten auf sich selbst. Er benutzt klischeehafte Sprachformeln, spielt mit konventionellen poetischen Mitteln wie Reim, Alliteration und Assonanz, setzt sich mit einer eigentümlichen Mischung von Selbstgefälligkeit und kritischer Selbstdistanz in seiner Schriftstellerrolle in Szene und scheint sich resignierend in die Einsicht zu fügen, daß seine künstlerische Ausdrucksfähigkeit in den eingefahrenen Sprachspielmustern gefangen bleibt:

> "[...] Don't pay any attention, darling, to what I say. I love you, really. You know I love you. I've never loved anyone else the way I love you."
> He slipped into the familiar lie he made his bread and butter by.
> "You're sweet to me."
> "You bitch," he said. "You rich bitch. That's poetry. I'm full of poetry now. Rot and poetry. Rotten poetry." (*SS* 58)

Vor diesem Hintergrund muß auch die Rolle des Protagonisten als kontrollierendes und zugleich 'sinnstiftendes' Bewußtseinszentrum für die symbolische Strukturierung des Gegenwartsgeschehens gesehen werden. Harry selbst ist es, der seinen von Fäulnis befallenen Körper als Zeichen seiner moralischen Verrottung begreift und der in den Aasgeiern und der Hyäne Vorboten seines Todes sieht. Er selbst ist es auch, der den Tod zunächst in der literarisch konventionalisierten Form einer allegorischen Gestalt wahrnimmt, um ihn am Ende in einer vermeintlich triumphalen Erlösungsvision zu überwinden. Die auf der Erzählebene der Gegenwartshandlung angelegte Symbol- und Allegoriestruktur läßt sich insofern begreifen als eine Bewußtseinsprojektion Harrys – genauer: als Projektion eines Künstlerbewußtseins, das sich nur noch in den Schablonen eines konventionalisierten, dem modischen Geschmack angepaßten Kunstkonzepts zu erfahren und auszudrücken vermag. Demgegenüber bringt sich in den Erinnerungsrückblenden, wenn auch nur noch in diskursiv fragmentierter Form, jene künstlerische Gewissensinstanz zur Geltung, die sich einem 'authentischeren', aber inzwischen unerreichbar gewordenen Gestaltungsideal verpflichtet fühlt.

"The Snows of Kilimanjaro" läßt sich somit lesen als das Porträt eines gespaltenen Künstlerbewußtseins. Mit diesem Porträt hat Hemingway das Dilemma seiner persönlichen Künstlerexistenz, in dem er sich seit den dreißiger Jahren zunehmend verstrickt fühlte, mit einem hohen Maß an kritischer Selbsteinsicht reflektiert. Während er an einem Gestaltungsideal festzuhalten versuchte, das auf die ästhetische Umsetzung 'authentischer' Erfahrung gerichtet war, wurde er sich gleichzeitig bewußt, daß sich diese Erfahrungsdimension immer mehr seinem künstlerischen Zugriff entzog; nicht zuletzt deshalb, weil sich ihm wohl allmählich immer mehr die Erkenntnis aufdrängte, daß die Kategorie des 'Authentischen' einem von ihm selbst mit in Gang gesetzten und beschleunigten Abnutzungsprozeß unterworfen war. Hemingways Erzählung übersteigt aber den Bereich des Persönlichen, indem sie exemplarisch die Situation des Künstlers im Übergang von der Moderne zur Postmoderne markiert.

Es gab jedoch die andere Seite dieses gespaltenen Künstlerbewußtseins, die wenig Skrupel hatte, den herrschenden Modetendenzen zu Gefallen zu sein. Wie im folgenden zu zeigen ist, tritt diese Seite insbesondere auch in den Schriften zutage, in denen sich der Autor den linkspolitischen Zeitgeistströmungen der dreißiger Jahre (s. dazu Aaron, 1965) anzubiedern versuchte.

3. Die Romane

Zwischen Individualismuskult und 'politischem Engagement': *To Have and Have Not* (1937)

Mitte der dreißiger Jahre, auf dem Höhepunkt der *Great Depression*, verdichteten sich bei Hemingway eine Reihe von Krisensymptomen, die teils persönlich-private, teils künstlerische und teils politisch-soziale Ursachen hatten. Er nahm zwar den Reichtum seiner Frau in Anspruch, um sich ein aufwendiges Luxusleben leisten zu können, fühlte sich jedoch deswegen auch von ihr vereinnahmt.[8] Die persönlichen Beziehungsprobleme vermischten sich mit politischen Schuldgefühlen. Hemingway fühlte sich zunehmend unter den Druck gesetzt, sein schriftstellerisches Rollenprofil dem zeitgenössischen Trend nach 'sozial engagierter Literatur' anzupassen. Symptomatisch für diese Anpassungshaltung ist z.B., daß er sich 1935 auf eine Zusammenarbeit mit den *New*

Masses, dem literarischen Sprachrohr der Kommunisten, einließ und diese Zeitschrift mit 'antikapitalistischen' Auftragsarbeiten belieferte. Erster literarischer Ausdruck dieser politischen 'Wende' war der Roman *To Have and Have Not*, der nach allgemeinem Konsens zu seinen schwächsten Werken gehört.

Der Roman besteht aus drei Erzählteilen, von denen die beiden ersten bereits vorher als Kurzgeschichten veröffentlicht worden waren. Der hinzugefügte dritte Teil, der weit mehr als die Hälfte des Gesamtumfangs ausmacht, stellt den wenig überzeugenden Versuch dar, das heterogene Material im Sinne der im Titel angedeuteten Themenfokussierung zu einer einheitlichen Komposition zusammenzubinden. Protagonist des Romans ist Harry Morgan, ein ehemaliger Polizist aus Miami, dessen Schicksal vor dem Hintergrund der Weltwirtschaftskrise und der Revolutionsunruhen in Kuba entfaltet wird. Sein einziger nennenswerter Besitz ist ein Motorboot, mit dem er den Lebensunterhalt für sich, seine Frau Marie und seine drei Töchter verdient. Im ersten, aus der Ich-Erzählperspektive vermittelten und mit "Harry Morgan (*Spring*)" betitelten Teil lebt der Protagonist zunächst von der Vermietung seines Bootes an reiche Touristen. Als er von einem seiner Kunden um seinen Lohn geprellt wird, läßt er sich um des ökonomischen Überlebens willen auf ein dubioses Geschäft mit einer chinesischen Schlepperbande ein. Statt jedoch den Auftrag, zwölf chinesische Flüchtlinge nach Florida zu schmuggeln, auszuführen, tötet er den Auftraggeber und setzt die Flüchtlinge wieder an der kubanischen Küste ab.

Im zweiten Teil, unter dem Titel "Harry Morgan (*Fall*)", blendet sich die Erzählung, nunmehr in der Er-Form, in eine weitere Schmuggelfahrtepisode ein. Bei einem Versuch Harrys, zusammen mit einem (im Text durchgängig als "nigger" apostrophierten) schwarzen Gehilfen namens Wesley Alkohol von Kuba nach Florida zu schmuggeln, sind beide angeschossen worden. Während der durch eine Schußwunde im Arm gehandicapte Harry dabei ist, die verräterische Ladung ins Meer zu kippen, wird er von einer anderen Mietsyacht aus von einen Regierungsbeamten beobachtet. Die Folgen dieser Episode werden erst im dritten Teil deutlich: Harry verliert seinen Arm, sein Boot wird von der Zollbehörde beschlagnahmt.

Im dritten Teil, unter der Überschrift "Harry Morgan (*Winter*)", will der Protagonist sein fast ausweglos erscheinendes Schicksal noch einmal umbiegen. Er läßt sich darauf ein, vier kubanische Revolutionäre, die gerade eine Bank überfallen haben, um mit dem geraubten Geld ihre Revolution zu finanzieren, mit dem geliehenen Boot eines Freundes nach Kuba zurückzubringen. Harry wird sich bald darüber klar, daß ihn die Bankräuber nach gelungener Überfahrt ermorden wollen. Nachdem sie seinen Gehilfen getötet und ihn selbst gezwungen haben, Kurs auf Kuba zu nehmen, kommt es zu einer Schießerei, bei der er die vier Männer tötet und selbst tödlich verletzt wird. Als das Boot von der Küstenwache gefunden wird, spricht der Protagonist, bereits im

Fieberdelirium, die 'visionären' Sätze, mit denen dem Leser die kollektivistische politische Botschaft des Romans eingehämmert werden soll:

> "A man," Harry Morgan said, looking at them both. "One man alone ain't got. No man alone now." He stopped. "No matter how a man alone ain't got no bloody fucking chance."
> He shut his eyes. It had taken him a long time to get it out and it had taken him all of his life to learn it. (*HN* 225)

Harry stirbt im Krankenhaus, betrauert von seiner Frau Marie, die sich im Schlußkapitel in Form eines inneren Monologs nostalgisch seiner 'animalischen' Manneskraft erinnert.

Weiter aufgebrochen wird die episodenhafte Handlungsstruktur im dritten Teil durch eine über verschiedene Kapitel verstreute Nebenhandlung, in der in kontrapunktierender Absicht die Dekadenz der Oberschicht an einer Reihe von karikaturhaft verkürzten Charakterporträts vorgeführt wird: ein reiches Ehepaar (Helène und Tommy Bradley), sie eine nimmersatte Nymphomanin, er ein impotenter Voyeur, zwei reiche homosexuelle Harvard-Absolventen (Henry Carpenter und Wallace Johnston), von denen einer kurz vor dem Selbstmord steht, sowie ein alkoholsüchtiger, beziehungsunfähiger Getreidemakler, der sich gewissenlos über die Schicksale hinwegsetzt, die er mit seiner kapitalistischen Gewinnsucht zerstört hat:

> He would not need to worry about what he had done to other people, nor what had happened to them due to him, nor how they'd ended; who'd moved from houses on the Lake Shore drive to taking boarders out in Austin, whose debutante daughters now were dentists' assistants when they had a job; who ended up a night watchman at sixty-three after that last corner; who shot himself early one morning before breakfast and which one of his children found him, and what the mess looked like [...]. (*HN* 237)

Wie so oft bei Hemingway, handelt es sich auch bei diesen Porträts um z.T. äußerst bösartige Karikaturen von Freunden und Bekannten (s. Lynn, 1987, 462 ff.; Meyers, 1985, 294 f.). Innerhalb dieser Figurenreihe ist die Karikatur von John Dos Passos, die in das Bild des Schriftstellers Richard Gordon mit eingegangen ist, von besonderer Bösartigkeit. Diese Figur eines Schriftstellers, der von Erektionsproblemen geplagt ist, nacheinander von seiner Geliebten und seiner Ehefrau gedemütigt wird und bei einer Wirtshausschlägerei erbärmliche Prügel einstecken muß, fungiert bei Hemingway als satirische Verkörperung einer künstlichen, intellektualistisch verkürzten *littérature-engagée*-Haltung, der der künstlerische Zugang zum 'eigentlichen Leben' versperrt bleibt.

Die künstlerischen Schwächen des Romans sind nicht zu übersehen. Sie beginnen bereits auf der Ebene der Plotgestaltung. Die drei Erzählteile, von denen der erste einundsechzig, der zweite elf und der dritte hundertzweiundsiebzig Seiten umfaßt, stehen schon rein quantitativ in einem disproportionalen Verhältnis zueinander. Dem dritten Teil, in dem unvermittelt neue Figuren und

Nebenhandlungsstränge eingeführt werden, ist anzumerken, daß Hemingway etwas angestrengt darum bemüht war, den Textumfang auf 'Romanformat' auszudehnen (s. Lynn, 1987, 454 ff.). Ziemlich durchsichtig ist auch das Spiel mit den wechselnden Erzählperspektiven, das im Grunde nur darauf hinausläuft, die 'heroische' Statur des Protagonisten ins rechte Licht zu rücken. Bei der Figurencharakterisierung arbeitet der Roman mit einer *comic-strip*-artigen Vereinfachungstechnik, wie sie für politische Propagandaliteratur charakteristisch ist. Die "Haves", von den superreichen Kapitalisten bis hin zu den Bohemiens, Intellektuellen und Künstlern sind entweder kalte Betrüger, brutale Ausbeuter oder neurotisch-perverse *décadents*. Sie alle fungieren als negative Kontrastfolien für den in Harry Morgan glorifizierten *common man*.

Das Charakterporträt dieses *common man* ist allerdings das Resultat einer problematischen Kompromißbildung. Sein Entwicklungsweg entspricht zwar einem üblichen Konversionsmuster politischer Propagandaliteratur, wonach der zunächst in der bürgerlichen Individualismusideologie befangene Held einen exemplarischen Lernprozeß durchläuft, um am Ende Einsicht in die Notwendigkeit kollektiven Handelns zu gewinnen. Hemingway versäumt es jedoch, einen solchen Prozeß wirklich ins Bild zu setzen. Die Einsicht Harrys kommt völlig unvermittelt, und auch die anschließende auktoriale Bekräftigungsformel kann nicht darüber hinwegtäuschen, daß es sich dabei um ein 'angeklebt' wirkendes Plotelement handelt.

Die Problematik dieser Charakterkonzeption wird durch eine Sympathielenkungsstrategie verschärft, die den Leser dazu animiert, gerade die individualistischen Züge dieser Figur zu bewundern. Der gescheiterte Kleinunternehmer Harry Morgan, der bezeichnenderweise den Namen eines berühmten Piraten aus dem 19. Jahrhundert trägt, ist nicht nur "a supreme individualist", er entspricht auch, wie Carlos Baker mit Recht hervorhebt, dem archetypischen Muster des amerikanischen *frontier*-Helden (Baker, 1972, 210). Sozialpsychologisch betrachtet, könnte man die kaltschnäuzige Killermentalität dieses Protagonisten als Ausdruck einer durch die Brutalität der kapitalistischen Konkurrenzgesellschaft bedingten Charakterdeformation deuten. Soweit solche Zusammenhänge nahegelegt werden, sind sie jedoch überdeckt durch die verherrlichende Darstellung von Harrys maskulinem Individualismus. Seine Geschicklichkeit im Umgang mit Fischrute, Waffe und Bootssteuerung, seine Tapferkeit in der Begegnung mit dem Feind, sein Durchhaltevermögen in existentiellen Extremsituationen und nicht zuletzt seine sexuelle Potenz – all diese Eigenschaften tragen dazu bei, ihn in den Augen des Lesers nicht nur als eine soziale Exempelfigur, sondern als eine Gestalt von überdimensionaler Größe erscheinen zu lassen.

Diese Wirkungsfunktion wird verstärkt durch verschiedene Kontrastfiguren, die ebenso wie Harry zu den "Have Nots" gehören, aber im Gegensatz zu diesem als 'wertlose' Charaktere abgestempelt sind. Dies gilt z.B. für Harrys

Gehilfen Albert, den der Autor nur um des Kontrasteffekts willen in einem eigenen Kapitel als Ich-Erzähler zu Wort kommen läßt. Albert, ein Knecht staatlicher Unterstützungsprogramme, ist auch im häuslichen Bereich eine schwächliche Mannsfigur, die sich von einer nörgelnden Ehefrau bevormunden läßt:

> [...] I haven't got the door open before my old woman is giving me hell for staying out and drinking and being late to the meal. I ask her how I can drink with no money and she says I must be running a credit. I ask her who she thinks will give me credit when I'm working on the relief and she says to keep my rummy breath away from her and sit down to the table. So I sit down. The kids are all gone to the diamond ball game and I sit there at the table and she brings the supper and won't speak to me. (*HN* 104)

Selbst als er im Kugelhagel der kubanischen Bankräuber stirbt, wirkt er noch wie eine komische Figur: "Albert slid down on his knees, his eyes wide, his mouth open. He looked like he was still trying to say, 'Don't!'" (*HN* 153). Als später das Boot mit den Leichen der Bankräuber und dem tödlich verletzten Harry am Hafen anlegt, wird sein Tod noch einmal zum Anlaß einer komisch-grotesken Szene, als Alberts Frau schreiend ins Wasser fällt und dabei ihr künstliches Gebiß verliert (*HN* 252-253, s. Ryan, 1968, 334).

Mit verachtungsvoller Ironie sind auch die beiden 'Negerfiguren' gezeichnet (dazu auch Morrison, 1990, 69 ff.). Einer von Harrys Gehilfen im ersten Teil ist ein namenloser "nigger", dessen karikaturhafte Charakterisierung durch den Ich-Erzähler an keiner Stelle durch gegenläufige auktoriale Signale relativiert wird:

> He's a real black nigger, smart and gloomy, with blue voodoo beads around his neck under his shirt, and an old straw hat. What he liked to do on board was sleep and read the papers. (*HN* 11)

Während mit dieser Figur im vorliegenden Kontext nur gewissermaßen beiläufig ein 'komisches Negerstereotyp' bedient wird, erscheint in der Alkoholschmuggel-Episode des zweiten Teils eine zweite "nigger"-Gestalt, bei der die Kontrastfunktion zur Hauptfigur auf geradezu penetrante Weise in Erscheinung tritt. Augenfällig wird dieser Kontrast an der Art, wie beide Männer mit ihrer Verwundung umgehen. Während Harry trotz seiner schweren Armverletzung die notwendige Arbeit erledigt, ergeht sich der am Bein verletzte Schwarze in weinerlich-'weibischem' Selbstmitleid. Und während dieser sich in einer kindlich-aggressiven Trotzhaltung vor der Mitarbeit drückt und so die gemeinsame Sicherheit gefährdet, hat Harry keine Probleme, seinen Gehilfen zu beruhigen bzw. in Schach zu halten. Die Episode, bei der das rassistische Negerstereotyp ebenfalls durch keinerlei auktoriale Distanzierungssignale relativiert wird, läuft letztlich auf eine 'symbolische Emaskulierung' der schwarzen Figur hinaus.

Die 'Negerfigur' fungiert somit in diesem Text als das negativ besetzte 'Andere' für eine positiv besetzte Identitätskonstruktion, bei der sich sexistische und rassistische Überlegenheitsmythen mischen. Diese Funktion kommt auch im Schlußkapitel des Romans noch einmal auf peinliche Weise zum Tragen, wo Maries nostalgische Erinnerungen an die 'animalische' Männlichkeit ihres toten Ehemannes sich bezeichnenderweise an einem Ereignis festmachen, bei dem Harry seinem weißen Überlegenheitsbewußtsein gewalttätigen Ausdruck gegeben hatte. In diesem Zusammenhang gewinnt auch der Hinweis, daß die von Natur aus dunkelhaarige Marie daraufhin ihr Haar blond färben ließ, um ihre sexuelle Attraktivität für ihren (ebenfalls, allerdings von Natur aus blondhaarigen) Mann zu erhöhen, eine unverkennbar rassistische Symbolbedeutung:

> [...] Cubans are bad luck for anybody. They got too many niggers there too. I remember that time he took me over to Havana when he was making such good money and we were walking in the park and a nigger said something to me and Harry smacked him, and picked up his straw hat that fell off, and sailed it about a half a block and a taxi ran over it. I laughed so it made my belly ache.
>
> That was the first time I ever made my hair blonde that time there in that beauty parlor on the Prado. They were working on it all afternoon and it was naturally so dark they didn't want to do it and I was afraid I'd look terrible, but I kept telling them to see if they couldn't make it a little lighter [...]. [...]
>
> I walked down the Prado to the café where Harry was waiting [...], and he stood up when he saw me coming and he couldn't take his eyes off me and his voice was thick and funny when he said, "Jesus, Marie, you're beautiful."
>
> And I said, "You like me blonde?"
>
> "Don't talk about it," he said. "Let's go to the hotel." (*HN* 258 f.)

Daß Hemingway im glorifizierenden Porträt seines Helden das Stereotyp der 'blonden Bestie' bemüht – Marie vergleicht ihn in ihrem inneren Monolog bewundernd mit "some kind of expensive animal" – hat zweifellos höchst problematische rassenpolitische Implikationen. Allerdings entsteht durch die Tatsache, daß dieses Stereotyp auf einen monogamen Familienvater mit drei Töchtern projiziert wird, auch eine (wohl ungewollte) Komikwirkung (vgl. Ryan, 1968, 330). Die motivliche Diskrepanz ist vielleicht das deutlichste Symptom dafür, daß sich Hemingway bei diesem Versuch, seinen individualistischen Männlichkeitsmythos mit den ideologischen Erwartungsmustern des politischen Zeitgeistes zu versöhnen, auf einen politisch wie auch ästhetisch unglaubwürdigen Kompromiß eingelassen hat.

Der Versuch künstlerischer Neuorientierung: *For Whom the Bell Tolls* (1940)

Der biographische und politische Kontext: Hemingways Rolle im spanischen Bürgerkrieg

Waren die zwanziger Jahre eine Epoche, in der amerikanische Künstler und Intellektuelle, Harold Stearns' berühmtem kulturkritischen Manifest *Civilization in the United States* (1922) folgend, scharenweise emigrierten, um sich auf die Suche nach 'Selbstverwirklichung' und vermeintlich 'authentischeren' Lebens- und Kulturerfahrungen zu begeben, so waren die dreißiger Jahre eine Zeit, in der sie ebenso scharenweise die Romantik von Revolution, Kollektiv und Klassenkampf entdeckten. Zum Inbegriff intellektueller Revolutionsbegeisterung wurde insbesondere der spanische Bürgerkrieg, dessen komplexe moralische und politische Dimension nur von wenigen wahrgenommen wurde. Die Auseinandersetzung zwischen den republikanischen Loyalisten und ihren frankistischen Gegnern schien vielmehr exemplarisch den von der marxistischen Ideologie beschworenen apokalyptischen Menschheitskampf zwischen den Kräften der Finsternis und des Lichts zu verkörpern und eignete sich deshalb sowohl zur Befriedigung quasi-religiöser Sinnbedürfnisse als auch für eine mit dem Pathos moralischer Überlegenheit auftrumpfende schriftstellerische Identitätspolitik.

Der Ausbruch dieses Krieges am 17. Juli 1936 bot auch Hemingway einen willkommenen Anlaß, seine persönlichen Neigungen und Obsessionen im Rollenmuster des politisch engagierten Künstlers aufgehen zu lassen.[9] Die Faszination für den Krieg als Ort existentieller Grenzsituationen, die Vorliebe für Spanien als Ort 'ursprünglicherer' Lebensformen (Josephs, 1996, 222), das Bedürfnis, seine öffentliche Selbstrepräsentation in Gleichklang mit dem vorherrschenden Zeitgeist zu bringen, und nicht zuletzt der Wunsch, sich der von ihm zunehmend als einengend empfundenen Beziehung zu Pauline zu entziehen, veranlaßten ihn dazu, in den Jahren 1937 und 1938 als akkreditierter Korrespondent der "North American Newspaper Agency" (NANA) mehrere ausgedehnte Reisen in die Kriegszone zu unternehmen. Maßgeblichen Anteil an diesem Entschluß hatte die ebenfalls als Korrespondentin im spanischen Bürgerkrieg tätige Journalistin Martha Gellhorn, zu der Hemingway seit Anfang 1937 eine Liebesbeziehung unterhielt und die er später, im Jahre 1940, als seine dritte Frau ehelichen sollte.

Dieser Heterogenität der Motive entspricht das insgesamt diffuse Bild, das sich aus biographischen Zeugnissen über diese Zeit ergibt. Hemingway, der in seinem journalistischen 'Hauptquartier', dem Nobelhotel „Florida" in Madrid, mit Martha Gellhorn eine Zimmerflucht teilte, genoß seinen privilegierten Status als berühmter Schriftsteller, pflegte einen luxuriösen Lebensstil, betrachtete seine Besuche an der Front mit Vorliebe von der sportlichen Seite, nicht ohne sie in seinen Berichten mit einer Aura des Abenteuers zu umgeben, und war im übrigen fasziniert von der Atmosphäre von Macht, Luxus und Intrige, wie sie in dem von den Russen besetzten Hotel „Gaylord" herrschte. Hier hatte er auch engste persönliche Kontakte mit hochrangigen kommunistischen Führern, die ihm wohl das Gefühl gegeben haben, einen 'Insiderstatus' zu besitzen.

Diese Kontakte mögen mit dazu beigetragen haben, daß Hemingway während dieser Zeit eine unkritische Parteinahme für die Kommunisten entwickelte und sich als Journalist wie als Schriftsteller vor deren propagandistischen Karren spannen ließ.[10] So verfaßte er im Frühjahr 1937 Teile des Kommentars zu dem von Joris Ivens gedrehten Propagandafilm "The Spanish Earth" (1937). Er bediente sich dabei einer Sprache, wie sie aus der Agitprop-Abteilung des Komintern hätte stammen können (Lynn, 1987, 445). Im Juli des gleichen Jahres trat er in New York auf dem von der kommunistisch gesteuerten "League of American Writers" veranstalteten "Second American Writers Congress" als Redner auf, machte sich für ein linkes 'Volksfrontbündnis' stark und rief seine Schriftstellerkollegen zum 'bewaffneten Kampf' auf. 1938 lehnte er die Mitherausgeberschaft an einem linksliberalen Magazin (*Ken*) ab, weil er dessen kommunismuskritische Tendenz mißbilligte. Zuvor hatte er sich mit seinem Freund John Dos Passos überworfen, weil er glaubte, die Ermordung von dessen spanischem Übersetzer José Robles durch die Kommunisten als notwendige Klassenkampfmaßnahme rechtfertigen zu müssen.

Hemingway erkaufte seine vermeintlich privilegierte Insiderrolle mit einer weitgehenden Einbuße an persönlicher, journalistischer und künstlerischer Integrität. Er führte diffamierende Angriffe auf Schriftstellerkollegen mit 'abweichlerischen' Meinungen, versuchte bei seinen Frontberichten die mehr als prekäre Kampfsituation der loyalistischen Seite schönzureden und erreichte schließlich mit dem Propagandastück *The Fifth Column* (1938) auch als Künstler einen peinlichen Tiefpunkt. Protagonist dieses an naiver Selbstgefälligkeit kaum mehr zu überbietenden politischen *morality play* (Conlon, 1987, 11-16) ist der unschwer als selbstglorifizierende fiktionale Verkörperung des Autors erkennbare Amerikaner Philip Rawlings, der in dem von den Republikanern gehaltenen Madrid öffentlich als Journalist und Lebemann auftritt, aber in Wahrheit als heimlicher Agent der 'antifaschistischen' Spionageabteilung gegen die 'Fünfte Kolonne' Francos kämpft und sich im Konflikt zwischen revolutionärer Pflicht und privater Neigung (zu einer Frau namens Dorothy Bridges) am Ende – gattungskonform – fürs Weiterkämpfen entscheidet.

Der Mangel an künstlerischer Selbstdistanz tritt auch in den vier zwischen 1938 und 1939 entstandenen "Stories of the Civil War" – "The Denunciation", "The Butterfly and the Tank", "Night Before Battle" und "Under the Ridge" – zutage, in denen der Autor selbst fast unverhüllt als Ich-Erzähler fungiert.[11] In diesen Geschichten scheint sich allerdings bereits eine politische Desillusionierung anzudeuten, die gegen Ende des Bürgerkrieges und der dreißiger Jahre bei ihm immer stärker wurde (Josephs, 1989, 316). Obwohl Hemingway damit nur den allgemeinen Stimmungsumschlag mitvollzog, von dem die amerikanischen Künstler und Intellektuellen im Gefolge des Hitler-Stalin-Pakts und der Enthüllungen über den blutigen Gewaltterror der Kommunisten in Spanien und der Sowjetunion in großer Zahl ergriffen wurden, gelang es ihm, die künstlerischen Verkrustungen, die sich mit der bornierten Parteilichkeitshaltung des kommunistischen *fellow traveller* verbunden hatten, wieder aufzubrechen. Dies zeigt sich auf beeindruckende Weise in der Short Story "Old Man at the Bridge", in der die ausweglose Situation eines vor dem Angriff der Faschisten fliehenden alten Mannes zum einprägsamen Sinnbild einer Tragik wird, die, jenseits des Politischen, eine allgemeinmenschliche Dimension hat.[12]

Nachdem Hemingway gegen Ende 1938 von seiner letzten Reise nach Spanien zurückgekehrt war, vollzog er auch einen Einschnitt persönlicher Art, indem er der zerrütteten Ehe mit Pauline ein Ende setzte und sich mit Martha Gellhorn auf der Finca Vigía in San Francisco, einem kleinen Dorf in der Nähe von Havanna, niederließ. Am 1. März 1939, einen Monat vor dem endgültigen Sieg Francos, begann er mit der Arbeit an dem berühmten Bürgerkriegsroman *For Whom the Bell Tolls*, der gleich nach seinem Erscheinen im Herbst 1940 zu einem gewaltigen Verkaufserfolg wurde und zugleich eine heftige kritische Debatte auslöste. Edmund Wilson brachte in seiner Besprechung für *The New Republic* die Bedeutung dieses literarischen Ereignisses zutreffend auf den Punkt, als er von einer Art 'Heimkehr' des 'Künstlers Hemingway' sprach:

> The big game hunter, the waterside superman, the Hotel Florida Stalinist, with their constrained and fevered attitudes, have evaporated like the fantasies of alcohol. Hemingway the artist is with us again [...]. (zit. in Lynn, 1987, 485)

For Whom the Bell Tolls zeigt im literarischen Schaffen des Autors gleichzeitig die Suche nach einer künstlerischen Neuorientierung an, die sich bereits in "The Short Happy Life of Francis Macomber" und "The Snows of Kilimanjaro" angekündigt hatte. Diese Suche findet ihren Ausdruck in der Zunahme selbstreflexiver, z.T. pointiert selbstreflexiver Erzählelemente[13] und vor allem in einer veränderten Sprachauffassung.

Zur gewandelten Sprachauffassung Ernest Hemingways

Das aus einer grundlegenden Sprachskepsis heraus entwickelte modernistische Stilideal asketischer Sprachökonomie, das Hemingways Frühwerk im wesentlichen prägte, wird in *For Whom the Bell Tolls* radikal durchbrochen. In einer bis dahin bei Hemingway nicht gekannten Weise werden die Sprache und das Sprechen explizit zu zentralen Themen des Romans. Am augenfälligsten wird die Sprachthematik durch die eigentümliche Verwendung spanischer Syntax und spanischen Vokabulars in den Dialogen ins Blickfeld gerückt.[14] Die Handlung ist darüber hinaus in einem Maße, das von vielen Kritikern geradezu als penetrant empfunden wurde, angefüllt mit Situationen, in denen die Figuren bestimmte Sprachrituale – Gebetsrituale, formelhafte Beschwörungsrituale oder auch Fluch- und Beschimpfungsrituale – in Szene setzen (dazu insbes. Stephens, 1972, 151-164). Daß es sich dabei um mehr als folkloristische Einsprengsel handelt, wird u.a. an den zahlreichen inneren Monologen des – über weite Strecken als Bewußtseinszentrum fungierenden – Protagonisten Robert Jordan deutlich. Robert Jordan, der in seinem bürgerlichen Beruf als Spanischlehrer an einem amerikanischen College arbeitet und sich mit dem Gedanken trägt, ein Buch über Spanien zu schreiben, reflektiert fortwährend über Literatur, Gebräuche, Sprache und Sprechweise der Spanier. Überhaupt ist er in geradezu obsessiver Weise mit Fragen der Sprache und des Sprechens beschäftigt. Er reflektiert über den Klang, die Bedeutung und Evokationskraft bestimmter Begriffe in verschiedenen Sprachen, über die Macht der Begriffe, Benennungen und Namen über das eigene Denken und benutzt immer wieder bestimmte Sprachformeln in litaneihaften Akten der Selbstbeschwörung. Der Roman thematisiert auf diese Weise einerseits, wie schon "The Short Happy Life of Francis Macomber" und "The Snows of Kilimanjaro", die destruktive Macht, andererseits jedoch auch das konstruktive, kreative und lebenserhaltende Potential der Sprache und des Sprechens. *For Whom the Bell Tolls* knüpft damit in gewisser Weise auch wieder an die Thematik von *A Farewell to Arms* an, gibt dieser allerdings eine neue, positive Wendung. Dienten die Sprache und das Sprechen den Figuren dort als Mittel zur Erzeugung überlebensnotwendiger, aber illusionärer und in letzter Konsequenz selbstzerstörerischer Sinnfiktionen, so steht hier ihre Funktion als Mittel menschlicher Gemeinschafts-, Wirklichkeits- und Sinnstiftung im Zentrum.

Eine wichtige Rolle spielt in diesem Zusammenhang das mündliche Geschichtenerzählen. Im Verlauf des Romangeschehens kommt es immer wieder zu Situationen, in denen einzelne Figuren die Erzähler- und andere die Zuhörerrolle übernehmen. Im Rahmen solcher dialogischen Situationen kann das Geschichtenerzählen je nach Kontext entweder für die Erzähler selbst, für die individuellen Zuhörer oder für die gesamte Gruppe eine Therapie- und Katharsisfunktion übernehmen. Es kann im Sinne der phatischen Sprachfunktion zur Bildung bzw. Stabilisierung eines positiven Gruppengefühls beitragen, als Form exemplarischen Erzählens einen individuellen oder gemeinschaftlichen Lernprozeß in Gang setzen oder auch die genannten Funktionen miteinander verbinden.

Im Gesamtkontext dieser Thematik nimmt vor allem die Mutterfigur Pilar eine zentrale Stellung ein. Durch ihre Erzählungen ermutigt sie andere, ihre eigenen Geschichten zu erzählen und sich so von der Last ihrer unterdrückten Erinnerungen zu befreien. Von besonderer Bedeutung ist hier Pilars detaillierter Augenzeugenbericht über das von ihrem Mann, dem Guerrillaführer Pablo, verursachte Massaker an den Faschisten seines Heimatdorfes. Das Anhören dieser Geschichte versetzt z.B. den jungen Joaquin erstmals in die Lage, über die Ermordung seiner Familie durch die Faschisten zu sprechen, und die Tränen, die er dabei vergießt, zeigen an, daß er sich aus seiner seelischen Erstarrung zu lösen beginnt. Wie im einzelnen gezeigt werden könnte, markiert dieses Erlebnis auch für Maria, die das Trauma der Ermordung ihrer Eltern und der nachfolgenden Massenvergewaltigungen durch faschistische Truppen noch nicht überwunden hat, einen ebenso schmerzhaften wie notwendigen Schritt zur seelischen Gesundung.

Im thematischen Gesamtgefüge des Romans ist die Wirkung, die von den Erzählungen Pilars auf die Hauptfigur ausgeht, von besonderer Bedeutung. Auch an der inneren Entwicklung Robert Jordans, die sich im Verlauf des dreitägigen Geschehens vollzieht, demonstriert der Roman die heilende Kraft des Geschichtenerzählens. Das Heilungsmotiv verbindet sich hier außerdem mit dem Motiv der *education.* Durch die vielfältige Variation dieses anderen Zentralmotivs wird *For Whom the Bell Tolls* gewissermaßen zu einem zeitlich verdichteten 'Bildungsroman', in dessen Handlungsverlauf der Lehrer wieder zum Lernenden wird. Dieser Lernprozeß vollzieht sich für den Protagonisten in einem Wechselspiel von Erlebnis und Reflexion, wobei die in Form von innerem Monolog und erlebter Rede vermittelte Darstellung der inneren Bewußtseinsvorgänge gegenüber der äußeren Handlungsebene nicht nur insgesamt einen ungewöhnlich breiten Raum einnimmt, sondern allmählich immer mehr an Umfang und Intensität zunimmt; Hemingway bedient sich hier also einer analytischen Schreibweise, die den Prozeß der allmählichen Freilegung und Aufarbeitung von verdrängten Bewußtseinsinhalten abbildet.

Um den Zusammenhang zwischen den Erzählungen Pilars und der spezifischen Lernerfahrung des Protagonisten aufzeigen zu können, ist zunächst nach den Gründen zu fragen, die Robert Jordan zu seinen zahlreichen Spanienbesuchen und schließlich zu seinem Engagement im spanischen Bürgerkrieg veranlaßt haben.

Verdrängte Erinnerung, seelische Erstarrung und politisches Engagement – Zur Motivationsstruktur Robert Jordans

Es entspricht der wirkungsstrategischen Absicht der analytischen Schreibweise, daß anfänglich die eher vordergründigen Motive des Protagonisten ins Blickfeld gerückt werden. Daß ein Spanischprofessor, der überdies ein Buch über das Land schreiben möchte, ein mit kritischer Sympathie verbundenes Interesse an seinem Gegenstand entwickelt, erscheint zunächst nur natürlich. Ebenso 'natürlich', jedenfalls für einen politisch bewußten Intellektuellen, der sich den

Freiheits- und Demokratieidealen der amerikanischen Republik verpflichtet weiß, erscheint Robert Jordans aktiver Einsatz für die Sache der spanischen Republik. Wie erwähnt, entspricht sein Engagement einem Verhaltensideal, das in den dreißiger Jahren bei zahlreichen Intellektuellen als besonders attraktiv galt. Daß Robert Jordan außerdem noch Qualitäten eines typischen Westernhelden aufweist, könnte zunächst den Eindruck entstehen lassen, daß Hemingway hier seinen Lesern einen recht eindimensional gestrickten 'positiven Helden' zumutet: eine fragwürdige Mixtur aus den Klischees der in den dreißiger Jahren gängigen politischen Propagandaliteratur und exotisch verfremdeter Wildwestromantik.[15]

Je intensiver uns der Autor jedoch an den inneren Bewußtseinsvorgängen Robert Jordans teilnehmen läßt, desto deutlicher tritt die komplexe Motivationsstruktur dieses Helden zutage, und desto deutlicher wird, daß das historische Ereignis des spanischen Bürgerkrieges nicht als Vehikel für eine vordergründige politische Propagandaaussage dient, sondern daß es auch hier, in ähnlicher Weise wie in *The Sun Also Rises* und *A Farewell to Arms*, um die persönliche Existenzproblematik eines Individuums geht. Wie Jake Barnes und Frederic Henry leidet auch Robert Jordan an einem Zustand der Entwurzelung und Entfremdung. Anders als bei den beiden früheren Romangestalten Hemingways werden die Ursachen für diesen Zustand hier mit Hilfe der analytischen Technik ausführlich entfaltet. Immer deutlicher tritt dabei der Selbstmord von Robert Jordans Vater als das zentrale traumatische Erlebnis in der Vergangenheit des Protagonisten zutage (u.a. Fleming, 1977, 121-132). Diesem Motiv liegt offenkundig der Selbstmord von Hemingways eigenem Vater als autobiographisches Substrat zugrunde. Signifikant ist jedoch, daß das Motiv hier aus dem rein individuellen Kontext herausgehoben und in den Zusammenhang zeitübergreifender amerikanischer Geschichtsmythen gestellt wird.[16]

Diese Zusammenhänge werden insbesondere im 30. Kapitel im Rahmen einer ausgedehnten Introspektionspassage deutlich. Robert Jordan erinnert sich hier mit Stolz an seinen Großvater, der als überzeugter Republikaner im amerikanischen Bürgerkrieg und später in den Indianerkriegen gekämpft und sich neben berühmten Generälen wie George Custer, Phil Sheridan, Jeb Stuart oder John Mosby als 'guter Soldat' (*BT* 364) bewährt hatte. Der Gedanke an seinen Vater erfüllt ihn hingegen mit Scham:

> I'll never forget how sick it made me the first time I knew he was a *cobarde*. Go on, say it in English. Coward. [...] He was just a coward and that was the worst luck any man could have. Because if he wasn't a coward he would have stood up to that woman and not let her bully him. (*BT* 365)

Der Großvater stellt für Robert Jordan eine positive Identifikationsgestalt dar, wobei festzuhalten ist, daß sich der mit ihm verbundene Privatmythos des Protagonisten wesentlich aus den von ihm und über ihn erzählten Geschichten speist: "Grandfather was a hell of a good soldier, everybody said. They said if he had been with Custer that day he never would have let him be sucked in that way" (*BT* 364).[17] Der Großvater repräsentiert die Traditionslinie amerikanischer Pionierwerte wie Mut und Tapferkeit, die Robert Jordan durch den 'feigen' Selbstmord seines Vaters abgerissen erscheint. Der Vater verkörpert demgegenüber die Degeneration jener maskulinen Pioniertugenden in einer verweichlichten und selbstbezogenen Nachfolgegeneration. Über das Generationsverhältnis von Großvater und Vater reflektierend, spekuliert Robert Jordan: "But suppose the fear he had to go through and dominate and just get rid of finally [...] had made a *cobarde* out of the other one the way second generation bullfighters almost always are" (*BT* 365). Der Traditionsriß, den der Selbstmord des Vaters für den Protagonisten bedeutete, wird in jener quasi ritualhaften Symbolhandlung sinnfällig, die ihm in seiner Rückerinnerung wieder auf schmerzliche Weise vor Augen tritt:

> Then after your father had shot himself with this pistol, and you had come home from school and they'd had the funeral, the coroner had returned it after the inquest saying, "Bob, I guess you might want to keep the gun. I'm supposed to hold it, but I know your dad set a lot of store by it because his dad packed it all through the War [...]."
> He had put the gun back in the drawer in the cabinet where it belonged, but the next day he took it out and he had ridden up to the top of the high country above Red Lodge, with Chub, [...] and up there where the wind was thin and there was snow all summer on the hills they had stopped by the lake which was supposed to be eight hundred feet deep and was a deep green color, [...] and he climbed out on a rock and leaned over and saw his face in the still water, and saw himself holding the gun, and then he dropped it, holding it by the muzzle, and saw it go down making bubbles until it was just as big as a watch charm in that clear water, and then it was out of sight. (*BT* 363 f.)

Vor diesem Hintergrund eines traumatischen Traditionsverlusts werden die tieferen Motive für Robert Jordans intensive Beziehung zu Spanien sichtbar. Durch die Tat seines Vaters 'heimatlos' geworden, sucht er in diesem Land jene Heimat wiederzufinden, die er in Amerika verloren hat. Robert Jordans Spanienbesuche sind insofern mehr als professionelle Bildungsreisen. Sie sind vielmehr Ausdruck einer *Quest* – einer geistigen Suche nach dem verlorengegangenen Glaubens- und Sinnzentrum. Veranschaulicht wird diese Suche nach Heimat u.a. durch die Landschaftssymbolik. Nicht von ungefähr zieht es den Protagonisten aus der amerikanischen Berglandschaft Montanas in die *montañas* der Sierra de Gredos, jener spanischen Berglandschaft in der Nähe von Madrid.

Wie aus den inneren Monologen Robert Jordans deutlich wird, ist insbesondere die aktive Teilnahme am spanischen Bürgerkrieg Ausdruck seiner Versuche, wieder an die abgerissene Traditionslinie der Großvätergeneration anzuknüpfen. Hier hofft er, maskuline Pioniertugenden wie Mut, Tapferkeit, Pflichterfüllung usw. und die republikanischen Glaubensideale seiner Jugend wieder verwirklichen und damit die verlorene Heimat wiedergewinnen zu können. Dies zeigt sich beispielsweise in einer Reflexionspassage, die allerdings im gegebenen Kontext als ein Akt sprachlicher Selbstbeschwörung bloßgelegt wird: "You believe in Liberty, Equality and Fraternity. You believe in Life, Liberty and the Pursuit of Happiness" (*BT* 328). Wie hier deutlich wird, hat Robert Jordans Bemühen zunächst noch eine 'ungesunde', verkrampft-zwanghafte Qualität. Das zeigt sich vor allem in den abstrakt-ideologischen Sprachklischees, in denen das Denken des Protagonisten zu Beginn des Romans noch befangen ist. Als etwa der alte Anselmo ihm erklärt, daß er eine Abneigung gegen das Töten von Menschen habe, entgegnet Robert Jordan nur mit der klassischen Ideologieformel, mit der die Kommunisten die Liquidation ihrer politischen Gegner zu rechtfertigen pflegten: "'But I feel nothing against it when it is necessary. When it is for the cause'" (*BT* 43). Im weiteren Verlauf des Gesprächs wird die gleichermaßen inhuman-instrumentelle wie abstrakt-klischeehafte Denk- und Sprechweise noch deutlicher, wenn der Protagonist über die möglichen Folgen seines Befehls für die davon betroffenen Menschen nachdenkt:

> And that is not the way to think, he told himself [...]. Neither you nor this old man is anything. You are instruments to do your duty. There are necessary orders that are no fault of yours and there is a bridge and that bridge can be the point on which the future of the human race can turn. [...] You have only one thing to do and you must do it. Only one thing, hell, he thought. If it were one thing it was easy. Stop worrying, you windy bastard, he said to himself. (*BT* 48)

Eine ähnliche Verbindung von abstraktem Begriffsdenken und instrumentellen Nützlichkeitserwägungen bestimmt auch sein Verhalten, als er vor die Frage gestellt ist, ob er Pablo liquidieren soll oder nicht. Er entscheidet sich gegen die Tötung, zum einen mit der Begründung "[...] my obligation is the bridge and to fulfill that, I must take no useless risk of myself until I complete that duty" (*BT* 68), zum anderen mit der Überlegung "that it was not a practical move to kill him at this time" (*BT* 70). Robert Jordans Verhaltensweise ist Ausdruck einer emotionalen Kälte, auf die auch die Kommentatorfigur Pilar in leitmotivartiger Wiederholung hinweist. "'The boy is smart,' [...]. 'Smart and cold. Very cold in the head'" (*BT* 104), kommentiert sie an einer Stelle. Wenig vorher hatte Robert Jordan auf ihre Frage, ob und wovor er sich fürchte, wahrheitsgemäß ("truly") geantwortet: "'Only of not doing my duty as I should'" (*BT* 100). Darauf war es zu folgendem Wortwechsel gekommen:

> "You are a very cold boy."
> "No," he said. "I do not think so."
> "No. In the head you are very cold."
> "It is that I am very preoccupied with my work."
> "But you do not like the things of life?"
> "Yes. Very much. But not to interfere with my work." (*BT* 100)

Die hier konstatierbare Mischung von kühlem Killerinstinkt und selbstlosem Pflichtethos erinnert durchaus an die Superhelden amerikanischer Hollywoodwestern (Sanderson, 1992, 7 f.; Rehberger, 1992, 175 ff.). Zum angemessenen Verständnis der eben zitierten Textpassagen ist jedoch hervorzuheben, daß diese Eigenschaften den Protagonisten im vorliegenden Kontext keineswegs als vorbildhafte Heldengestalt ausweisen, sondern im Gegenteil auf einen pathologischen Zug in seinem Persönlichkeitsbild hindeuten. Sie sind Symptome einer Spaltung: einer Dissoziation von *work* und *life*, von Intellekt und Gefühl, von abstrakter politischer Ideologie und konkreter menschlich-kreatürlicher Erfahrung. Daß die Kommentatorgestalt Pilar den Protagonisten wiederholt als "boy" bezeichnet, ist ein Hinweis darauf, daß er seine *education* noch vor sich hat.

Robert Jordans 'krankhafte' Obsession, mit der Präzision eines Instruments funktionieren zu müssen, kommt auch in einer Reihe von weiteren Bildern und Motiven zum Ausdruck. Einen entsprechenden Motivauftakt bietet z.B. die Eingangsszene des ersten Kapitels, die den Protagonisten als einen die Landschaft mit wissenschaftlicher Präzision 'studierenden' Experten ins Bild setzt. In der kurz darauf folgenden Rückerinnerung an die Situation, in der er den Befehl zur Sprengung der Brücke erhalten hatte, wird dieses Motiv in den Worten von General Golz wieder aufgenommen: "'They tell me you blow bridges very well. Very scientific. [...]'" (*BT* 10). Und über die teilweise in erlebter Rede vermittelten Planungsvorbereitungen heißt es im dritten Kapitel:

> [...] he was watching the bridge [...] and studying its construction. The problem of its demolition was not difficult. As he watched he took out a notebook from his breast pocket and made several quick line sketches. As he made the drawings he did not figure the charges. He would do that later. Now he was noting the points where the explosive should be placed in order to cut the support of the span and drop a section of it into the gorge. It could be done unhurriedly, scientifically and correctly [...]. He sketched quickly and happily; glad at last to have the problem under his hand [...]. (BT 39 f.)

Robert Jordans Besessenheit von dem Gedanken, die Wirklichkeit seiner 'wissenschaftlichen' Kontrolle unterwerfen zu müssen, wird insbesondere auch durch das Motiv der Zeit zur Anschauung gebracht. Eine leitmotivische Verweisfunktion hat in diesem Zusammenhang die Armbanduhr, mit deren Hilfe er sich immer wieder die Kontrolle über den Ablauf des Geschehens zu sichern versucht. Diese Uhr steht gleichzeitig als gegenständliches Symbol für sein angestrengtes Bemühen, mit der Präzision eines Uhrwerks zu funktionieren. Mit solchen Vorstellungen nimmt Robert Jordan zugleich auch teil an den krankhaften Obsessionen jener politischen Ideologie, der er sich verpflichtet hat. Diese Obsessionen finden ihren Ausdruck u.a. in der zentralen Handlungsironie des Romans. Obwohl es Robert Jordan gelingt, die Brücke nach einem präzise vorausberechneten Angriffsplan zu einem exakt kalkulierten

Zeitpunkt – "at a stated hour based on the time set for the attack" (*BT* 7) – zu sprengen, wird das Gesamtprojekt zu einem militärischen Desaster. In den Schlußkapiteln des Romans wird dieser Ironieeffekt durch die Parallelhandlung um Andrés, den Robert Jordan mit einer geheimen Botschaft in das republikanische Hauptquartier geschickt hat, weiter verstärkt. In dieser Nebenhandlung wird deutlich, wie der Einzelne zum Teilstück einer bürokratisierten Kriegsmaschinerie wird: zum Opfer eines anonym-abstrakten Räderwerks, das, wenn es einmal in Bewegung geraten ist, nicht mehr zum Stehen gebracht werden kann.

Wie u.a. die (später noch ausführlicher zu erörternden) religiösen Bilder und Motive deutlich machen, stellt Robert Jordans Glaube an abstrakte Werte wie "duty", "discipline", "the cause" usw. eine dogmatisch verhärtete Ersatzreligion dar. Bereits auf den ersten Seiten des Romans gibt es jedoch Hinweise darauf, daß sich bei dem Protagonisten der Beginn einer persönlichen Krise anbahnt. Wenn er beispielsweise den Namen seines Begleiters Anselmo vergessen hat, so ist dies ein erster Hinweis darauf, daß er seinem Anspruch, mit maschinenhafter Präzision zu funktionieren, nicht mehr zu genügen vermag. Weitere Anzeichen einer beginnenden Krise sind die leitmotivisch wiederholten Hinweise auf seine 'Beunruhigung' (*BT* 5) sowie insbesondere die zahlreichen Reflexionspassagen, aus denen hervorgeht, wie Robert Jordan seine in Unordnung geratene Gefühls- und Gedankenwelt durch sprachliche Selbstbeschwörungsrituale unter Kontrolle zu bringen versucht. Beispielhaft ist etwa jene oben zitierte Passage, in der er sich als 'Instrument' definiert. Die zahlreichen Selbstanreden, auktorial markiert durch eine augenfällige Häufung von Wendungen wie "he told himself", "he said to himself" usw., fungieren dabei als Hinweise auf die schizoide psychische Disposition des Protagonisten (*BT* 327 f.).

Die sich anbahnende seelische Krise markiert jedoch zugleich den Beginn eines Heilungsprozesses, in dessen Verlauf die dissoziierten Persönlichkeitsteile Robert Jordans allmählich wieder zusammenfinden. Ein wesentlicher Teil dieses Heilungsprozesses ist die Liebesbeziehung zu Maria.

Die Art und Weise, in der Robert Jordans erste Begegnung mit Maria vergegenwärtigt wird, ist aus verschiedenen Gründen geeignet, den Spott und die Spekulationen der Kritik auf sich zu ziehen. So hat es zunächst den Anschein, daß Hemingway hier in recht aufdringlicher Weise mit dem literarischen Stereotyp der 'Liebe auf den ersten Blick' operiert. Ähnlich wie bei der Verwendung dieses Motivs in *A Farewell to Arms* ist ihm jedoch auch hier zuzubilligen, daß er es in eher zitathafter Weise abruft, um die Problematik der Liebesbeziehung auf dem Wege eines ironischen Spiels mit konventionellen Lesererwartungen allmählich entfalten zu können. Beim ersten Anblick Marias, deren Haar dem Protagonisten wie "the golden brown of a grain field that has been burned dark in the sun" erscheint, spürt er sogleich eine "thickness in his throat" (*BT* 25 f.). Daß diese Wendung anschließend mehrfach leitmotivartig wiederholt und variiert wird, unterstreicht ihre besondere thematische Signifikanz. Diese ergibt sich im Kontext des oben erörterten Identitätskonflikts des Protagonisten: Robert Jordans konkret-sinnliche Wahrnehmung führt hier erstmals zu einer seelisch-leiblichen Reaktion, die sich der Kontrolle seines Intellekts entzieht. Die emotionale Erstarrung, manifestiert in der maschinenhaften Präzision seines bisherigen Verhaltens, wird zum ersten Mal aufgebrochen:

> [...] Robert Jordan realized suddenly that he and the girl were not alone and he realized too that it was hard for him to look at her because it made his voice change so. He was violating the second rule of the two rules for getting on well with people that speak Spanish; give the men tobacco and leave the women alone; and he realized, very suddenly, that he did not care. (*BT* 27 f.)

In dem nun folgenden Heilungs- und Lernprozeß kommt den Erzählungen und Erzählfragmenten, die der Protagonist in sich aufnimmt, eine wichtige Katalysatorfunktion zu. So vermitteln ihm z.B. die Erzählungen Rafaels und Anselmos eine neue, weniger abstrakte Sicht des Tötens. Wenn etwa der Zigeuner Rafael von einem Zugüberfall auf feindliche Truppen berichtet, so vermittelt er diesen Vorgang in der Metaphorik eines Jagderlebnisses, das für den Jäger eine rauschhafte Qualität annehmen kann: "And I had an excitement so great that I cannot tell it" (*BT* 33). Die Geschichte weist damit auf das Blutrauschmotiv voraus, das in Pilars Erzählung über das von Pablo veranstaltete Massaker in den Vordergrund tritt. Robert Jordan, der den Akt des Tötens bis dahin nur unter dem Aspekt instrumenteller Zweckmäßigkeit betrachtet hatte, wird auf diese Weise mit jener quasi animalischen Triebkomponente des Tötens konfrontiert, die von den abstrakten Begriffsklischees, die das Töten ideologisch legitimieren, ausgeblendet wird. Von entgegengesetzter Seite beleuchten Anselmos Erzählung über seine Jagderlebnisse und die daran anschließende Diskussion über den Unterschied zwischen dem Töten von Menschen und dem Töten von Tieren einen persönlich-moralischen Aspekt, der in dem instrumentellen Vernunftdiskurs jener Ideologie, der sich Robert Jordan verschrieben hat, ebenfalls ausgeblendet bleibt:

> "You have killed?" Robert Jordan asked in the intimacy of the dark and of their day together.
> "Yes. Several times. But not with pleasure. To me it is a sin to kill a man. Even Fascists whom we must kill. To me there is a great difference between the bear and the man and I do not believe the wizardry of the gypsies about the brotherhood with animals. No. I am against all killing of men." (*BT* 45)

Wie eingangs erwähnt, nehmen die Geschichten Pilars in diesem Prozeß eine besonders herausgehobene Stellung ein. Von zentraler Bedeutung ist jedoch vor allem ihr Bericht über das von Pablo veranstaltete Massaker (Kap. 10). Mit diesem Bericht vermittelt sie Robert Jordan eine Lehre, die für ihn in zweierlei Hinsicht – einer menschlich-existentiellen und einer poetologisch-schriftstellerischen – relevant wird. Im folgenden soll diese Geschichte und die Art und Weise ihrer Einlagerung in den laufenden Geschehniskontext näher analysiert werden.

Die Massakergeschichte Pilars: Plot, narrative Struktur und Metaphorik

Das von Pilar geschilderte Geschehen umfaßt den Zeitraum eines Tages, von den frühen Morgenstunden bis in die Nacht. Zunächst wird die Erstürmung einer Kaserne der Guardia Civil und die anschließende Liquidation der überlebenden Verteidiger durch Pablo und seine Leute beschrieben. Es folgt die ausführliche Schilderung des an den Faschisten des Dorfes vollzogenen Tötungsrituals, das nach und nach in eine unkontrollierte Mordorgie umschlägt. Abschließend geht die Erzählerin – hauptsächlich in Form szenisch-dialogischer Darstellung – auf die nach dem Massaker zusammen mit Pablo verbrachte Nacht ein.

Pilars Erzählweise ist in gewisser Hinsicht ein Paradebeispiel für Hemingways eigenes Stilideal des "iceberg principle" (Plimpton, 1980, 173). Zu den Paradoxien dieses Gestaltungsprinzips gehört es, daß durch die Konzentration auf die konkreten, sinnlich faßbaren Momente einer Situation oder eines Vorgangs eine Abstraktionswirkung entsteht. Dadurch vermag der konkrete Vorgang über sich selbst hinauszuweisen auf situationsübergreifende Erfahrungsdimensionen. Das Geschehen der Auftaktszene, in der Pablo die vier Zivilgardisten, nachdem sie sich ergeben haben, eigenhändig erschießt, erhält z.B. durch diese Konzentrationstechnik jene Qualität des Zeitlos-Archetypischen, wie sie auch die im ersten Kapitel erörterte Vignette aufweist. Was im Inneren der Hinrichtungskandidaten vor sich geht, wird auch hier nur indirekt angedeutet, etwa durch physische Detailbeobachtungen wie "The four *civiles* had stood against the wall [...]" (*BT* 111), "they stood there against the wall and said nothing" (*BT* 111) oder durch den Hinweis auf die 'trockene Stimme' des Mannes, der von Pablo gezwungen wird, die Mechanik des Revolvers zu erklären, mit dem er umgebracht werden soll. "'Pull it farther back and let it snap lightly forward,' the *civil* said, and I have never heard such a tone of voice. It was grayer than a morning without sunrise" (*BT* 111). Gerade dadurch aber prägt sich dem Leser (bzw. den Zuhörern von Pilars Erzählung) der emotionale Subtext des Geschehens – die unsägliche Todesangst der um eine Haltung würdevollen Sterbens bemühten Hinrichtungskandidaten und der Sadismus Pablos – um so nachdrücklicher ein.

Auf beklemmende Weise werden von Pilar auch das nachfolgende Tötungsritual und die anschließende Mordorgie ins Bild gesetzt. Das von Pablo organisierte Spießrutenlaufen, bei dem einzelne der im Rathaus gefangengehaltenen Faschisten über den Dorfplatz bis zu einem steilen Abhang getrieben und von dort in den darunter fließenden Fluß geworfen werden, ist die groteske Inversion einer friedlichen Festzeremonie. Die einleitende Beschreibung des Dorfplatzes suggeriert zunächst das Bild einer noch intakten ländlichen Idylle. Der Brunnen, traditionell Sinnbild der Fruchtbarkeit und des Lebens, erscheint in diesem Kontext geradezu als das symbolische Zentrum einer die menschliche und die natürliche Ordnung harmonisch verbindenden Gemeinschaftskultur:

> "The town is built on the high bank above the river and there is a square there with a fountain and there are benches and there are big trees that give a shade for the benches. The balconies of the houses look out on the plaza. Six streets enter on the plaza and there is an arcade from the houses that goes around the plaza so that one can walk in the shade of the arcade when the sun is hot. On three sides of the plaza is the arcade and on the fourth side is the walk shaded by the trees beside the edge of the cliff with, far below, the river. It is three hundred feet down to the river. [...]" (*BT* 113 f.)

Die nachfolgende Schilderung der Vorbereitung des Tötungsrituals ist sodann auf groteske Weise durchsetzt mit Bildern, die eine friedliche Festtagsstimmung suggerieren. Pilar vergleicht das Geschehen an einer Stelle mit einem Amateurstierkampf: "Carts were piled exactly as for a *capea* except that the side toward the river was not enclosed" (*BT* 114). An anderer Stelle kommentiert sie die Organisationstätigkeit Pablos wie folgt:

> "He placed them in two lines as you would place men for a rope pulling contest, or as they stand in a city to watch the ending of a bicycle road race with just room for the cyclists to pass between, or as men stood to allow the passage of a holy image in a procession. [...]" (*BT* 115)

So wie bereits das Stierkampfmotiv auf ein traditionelles Fruchtbarkeitsritual verweist, ist auch die Beschreibung des weiteren Geschehnisverlaufs von Bildern begleitet, die auf Motive wie Festlichkeit, Ernte und Fruchtbarkeit verweisen. Die von Pablo dirigierten Bauern benutzen z.B. ihr Erntegerät, um auf ihre Opfer 'einzudreschen', während die Bäume angenehmen Schatten spenden und das Plätschern des Brunnenwassers zu hören ist:

> "They were armed with flails such as are used to beat out the grain [...]. And those who did not have flails had heavy herdsman's clubs, or ox-goads, and some had wooden pitchforks; those with wooden tines that are used to fork the chaff and straw into the air after the flailing. Some had sickles and reaping hooks [...].
> [...] and the trees cast a shade over the men in the lines and you could hear the water running from the brass pipe in the mouth of the lion and falling into the bowl of the fountain where the women bring the water jars to fill them. [...]" (*BT* 115)

Auf das Ernte- und das Festtagsmotiv wird auch angespielt, wenn die Erzählerin registriert, daß die meisten der an dem Tötungsritual beteiligten Bauern Kleider tragen, in denen sie ihre Feldarbeit verrichten, während andere eigens ihre Sonntags- bzw. Festtagskleidung angelegt haben (*BT* 117). Auf den gleichen Motivkomplex verweist auch der nachfolgende Dialogausschnitt:

> "'[...] It is July and there is much work. We have harvested but we have not threshed. We are not yet in the time of fairs and festivals.'"
> "'But this will be a fair and festival today,'" another said. "'The Fair of Liberty [...].'"
> "'We thresh fascists today,'" said one, "'and out of the chaff comes the freedom of this pueblo.'" (*BT* 118)

In der weiteren Darstellung Pilars wird, wieder in Form konkreter Detailschilderung, zur Anschauung gebracht, wie die anfängliche Disziplin und Ordnung nach und nach in Anarchie und Chaos umkippt. In dem Maße, in dem die Trunkenheit der Männer zunimmt, steigert sich auch ihre Grausamkeit. Die vormals geordneten Reihen lösen sich immer mehr auf, und "many of the men left the lines and their places were taken by the drunkards" (*BT* 130). Die Entwicklung kulminiert schließlich in einem wilden Blutrausch, als Pablo die Tür zu dem Raum öffnen läßt, in dem sich die restlichen Gefangenen befinden, und sie der bestialischen Mordlust des Mobs überläßt. Pablo treibt dabei ein sadistisches Spiel einerseits mit der Todesangst der Opfer, indem er einem von ihnen den Schlüssel anbietet und ihn auffordert, die Tür für den Lynchmob selbst zu öffnen, andererseits mit der Mordlust der Masse, die er durch sein Verhalten gezielt anstachelt und zu einem Höhepunkt treibt. Auch hier gewinnt die Darstellung dadurch an geradezu beklemmender Intensität, daß sie weitgehend auf die in optischer Distanz befindliche Augenzeugenperspektive Pilars beschränkt ist und erklärende Kommentare vermeidet.

Einen Anstrich grotesker Komik erhält Pilars Schilderung überdies durch die Erwähnung einer auf den ersten Blick trivial erscheinenden Nebenepisode. Um das Geschehen besser 'beobachten' bzw. 'sehen' zu können, hat sie sich auf einen der herumliegenden Cafestühle gestellt. Hier ist zunächst auffallend, mit welcher Ausführlichkeit Pilar auf ihre eigene Beobachtertätigkeit eingeht. Auf die thematische Bedeutsamkeit dieser Tätigkeit wird u.a. durch die gehäufte Verwendung der Verben *watch* und *see* verwiesen. Pilar wird bei ihrer Tätigkeit jedoch von einem Betrunkenen gestört, der vorher auf einem danebenstehenden Tisch gelegen hatte, und sich zu ihr auf den Stuhl stellt. Weil der Betrunkene so sehr mit seinen Armen herumfuchtelt, daß ihr die Sicht versperrt ist, kommt es zwischen beiden zu einem Gerangel, in dessen Verlauf der Stuhl kollabiert, so daß Pilar den Höhepunkt des Gemetzels nur noch bruchstückhaft wahrnehmen kann:

> "[...] all I could see was legs of people going in the doorway [...]."
> "That was the end of the killing of the fascists in our town and I was glad I did not see more of it and, but for that drunkard, I would have seen it all. So he served some good because in the *Ayuntamiento* it was a thing one is sorry to have seen."
> (*BT* 138)

Daß es sich bei der Beschreibung dieser Nebenepisode nicht um eine willkürliche Abschweifung vom Hauptgeschehen, sondern ebenfalls um einen thematisch signifikanten Vorgang handelt, wird durch die Ausführlichkeit, mit der Pilar darauf eingeht, unterstrichen.

Die Erzählpassage ist in zweierlei Hinsicht bedeutsam. Zum einen verweisen die Leitmotive des 'Sehens' und 'Beobachtens' auf die Bedeutung der konkret-sinnlichen Wahrnehmung sowohl für die menschliche Erfahrung selbst als auch für deren künstlerische Verarbeitung. Sie deuten damit voraus auf eine entsprechende Lernerfahrung Robert Jordans, auf die im folgenden noch näher einzugehen ist. Zum anderen legt diese Passage auch die moralische Ambivalenz der – menschlichen und künstlerischen – Beobachterrolle offen, denn mit dem Motiv des 'Sehens' verbindet sich hier auch unverkennbar ein Beigeschmack voyeuristischer Triebhaftigkeit. Der Beobachter – so ist Pilars Hinweis zu verstehen, daß ein gutes Schicksal ihr erspart hat, das Schlimmste zu sehen – wird im Akt des Sehens mitschuldig. Im übrigen verbindet sich auch dieses Motiv – in grotesk-komischer Weise – mit dem Motiv des Festes. Pilar und der Betrunkene verhalten sich wie die randalierenden Zuschauer eines Sportereignisses oder eines Stierkampfes. Die Beobachterin Pilar bleibt in ihrer Beobachterrolle nicht unberührt. Sie wird – im doppelten Sinne des Wortes – mit 'in den Schmutz gezogen':

> "[...] And I saw the priest with his skirts tucked up scrambling over a bench and those after him were chopping at him with the sickles and the reaping hooks and then some one had hold of his robe and there was another scream and another scream and I saw two men chopping into his back with sickles while a third man held the skirt of his robe and the priest's arms were up and he was clinging to the back of a chair and then the chair I was standing on broke and the drunkard and I were on the pavement that smelled of spilled wine and vomit [...]." (*BT* 137 f.)

Wenn oben gesagt wurde, daß Pilars Erzählweise ein Paradebeispiel für Hemingways eigenes Stilideal des "iceberg principle" ist, so ist dem allerdings folgendes hinzuzufügen: Bei aller Konzentration auf den Aspekt der sinnlich-optischen Wahrnehmung beschränkt sich die Beobachtergestalt Pilar nicht mehr, wie manche früheren Hemingway-Figuren mit einer vergleichbaren Erzählfunktion, auf das bloße Registrieren von äußeren Vorgängen. Die persönliche, physisch-emotionale Involviertheit der Beobachter-/Erzählerfigur in den erzählten Vorgang wird von ihr vielmehr in einer ungewöhnlich expliziten Weise thematisiert. Sie beschreibt z.B. ausführlich ihre zunehmenden Gefühle des Ekels und des Abscheus und ihre vergeblichen Versuche, sich von dem Geschehen – im mehrfachen Sinne des Wortes – zu 'distanzieren':

> "[...] I felt a feeling of shame and distaste, and [...] I wished that I might disassociate myself altogether from the lines, and I walked away, across the square, and sat down on a bench under one of the big trees that gave shade there. [...]" (*BT* 130)

Die in Pilars Erzählung entworfenen Bilder des Todes und des Tötens verbinden sich wiederholt mit Zustandsbeschreibungen ihrer physischen Befindlichkeit, bei denen der Motivbereich des Ungesunden und Kranken dominiert: "[...] I felt an actual sickness in all of me inside and a sweating and a nausea as though I had swallowed bad sea food" (*BT* 131). Ihre Gefühle in der Nacht nach dem Massaker beschreibt sie wie folgt: "I, myself, felt hollow and not well and I was full of shame and a sense of wrongdoing and I had a great feeling of oppression [...]" (*BT* 139). Diese Beschreibung ist zugleich die Überleitung zum letzten Teil der Erzählung, in der Pilar über die mit Pablo verbrachte Nacht nach dem Massaker berichtet. In ihrem Bericht hebt sie hervor, daß es in der besagten Nacht zu keiner körperlichen Vereinigung zwischen ihr und Pablo gekommen ist. Die thematische Bedeutung dieser Aussage wird dadurch unterstrichen, daß Pilar ausdrücklich darauf besteht, auf die Episode näher einzugehen, obwohl Robert Jordan zum Aufbruch drängt. In der szenisch vergegenwärtigten Dialogszene entschuldigt sich Pablo mit den Worten "[...] I am a finished man this night. [...]" (*BT* 141). Danach – so Pilars nachfolgender Bericht – schlief er "like a baby" (*BT* 141), während sie die ganze Nacht über nicht einschlafen konnte. Das Bild des sprudelnden Brunnens setzt dabei erneut einen ironischen Kontrapunkt zur aktuellen Lage und zur Stimmung der Protagonistin: "And there was no sound but the splashing of the water in the fountain and I sat there and I thought we have begun badly" (*BT* 141).

Durch den abrupten Übergang von dem öffentlichen Mordgeschehen auf dem Dorfplatz zum Intimgeschehen zwischen den beiden Figuren thematisiert die Erzählung indirekt den latenten Zusammenhang von Gewalt und Sexualität. Der Hinweis auf die sexuelle Impotenz Pablos verweist dabei wieder auf den oben angesprochenen Motivbereich des Ungesunden und Kranken. Die sadistische Mordlust, der er in dem voraufgegangenen Massaker freien Lauf gelassen hatte, erscheint als eine pervertierte Form der Triebbefriedigung, die ihn seiner natürlichen Manneskraft – und in einem darüber hinausgehenden Sinne: seiner Menschlichkeit – beraubt hat. In diesem doppelten Sinne ist Pablo in der Tat "a finished man". Eine entsprechende Signalfunktion hat auch Pilars Aussage "he slept [...] like a baby" (*BT* 141) – ein ironisch-sarkastisches Bild, das in absichtlicher Inkongruenz zum voraufgegangenen Geschehniskontext auf den Assoziationsbereich unberührter Unschuld verweist.

In einer der wenigen ausführlichen Analysen von Pilars Erzählung interpretiert Robert E. Gajdusek die von Pablo in Szene gesetzte Tötungsorgie als ein 'Fruchtbarkeitsritual':

> The killing of Fascists in Pablo's town is specifically described as a destructive activity that is coevally creative. It is a fertility ritual in which fertility is assured through the separation of the chaff from the wheat, through the threshing and harvesting rituals in which the act of killing with sickle and scythe, or turning or tumbling with a wooden pitchfork, is part of a death process out of which comes

> renewed life. The threshing of the grain, the spilling of the blood that then waters and fertilizes the otherwise barren earth, celebrate the relations between death and birth. (Gajdusek, 1992, 121)

Die an den Theorien C.G. Jungs orientierte Analyse Gajduseks beschreibt zwar zutreffend den zentralen Bildkomplex, der Pilars Schilderung unterliegt. Auf Grund ihrer methodisch bedingten perspektivischen Verkürzung versperrt sie sich jedoch den Blick auf die ironische Inversionstechnik, die das gesamte Motivfeld der Fruchtbarkeit in sein Gegenteil verkehrt und zu einem grotesken Bild für die Schändung der natürlichen Lebensordnung werden läßt. Mit diesem Bild knüpft Pilars Erzählung auch an das Motiv der Vergewaltigung Marias an. Deutlich wird der Motivzusammenhang beispielsweise an der auf den ersten Blick befremdlich wirkenden Metaphorik, mit der das äußere Erscheinungsbild Marias charakterisiert wird: "Her hair was the golden brown of a grain field that has been burned dark in the sun [...]" (*BT* 25).

Nach dieser Analyse der Erzähl- und Handlungsstruktur von Pilars Geschichte sollte deutlich geworden sein, daß sie jenseits ihrer Funktion als quasi zeitloses, 'archetypisches' Sinnbild kriegerisch-revolutionärer Gewalttätigkeit auch eine zeitlich verdichtete, auf das Geschehen eines einzigen Tages komprimierte Parabel des gesamten Bürgerkriegsgeschehens darstellt. Die Erzählung gibt damit auch eine künstlerisch-moralisch verdichtete, jenseits vordergründiger politisch-historischer Erklärungsversuche angesiedelte Antwort auf die nach wie vor aktuelle Frage nach den letztlichen Ursachen für das Scheitern des republikanischen Gesellschaftsprojekts.

Die Einlagerung der Massakergeschichte in den weiteren Geschehniskontext

Um die weiteren Bedeutungsdimensionen der Erzählung auszuleuchten, ist noch einmal auf die Art und Weise ihrer Einlagerung in die Gesamthandlung einzugehen. Im unmittelbaren Geschehniskontext wird die soziale Situation des mündlichen Erzählens, der leibhafte Kontakt zwischen der Erzählerin und einer unmittelbar auf sie reagierenden Zuhörerschaft, als ein wesentlicher Faktor für die Wirkkraft der Geschichte zur Darstellung gebracht. Für die Erzählerin selbst wird die Erzählung zu einer Art Beichte, bei der die Anteilnahme der Zuhörer zur Entlastung ihrer Schuldgefühle beiträgt und auf diese Weise eine heilende Wirkung entfaltet. Eingangs der Analyse wurde bereits kurz angesprochen, wie dieser Erzählakt umgekehrt eine Heilwirkung auf die Zuhörer Joaquin und Maria ausübt, indem er diese dazu animiert, ihre eigenen Geschichten zu erzählen. Die folgende Erörterung konzentriert sich auf die Frage, was die Erzählung Pilars für den Heilungs- und Lernprozeß des Protagonisten bedeutet.

Daß Pilar mit ihrer Erzählung bewußt die Rolle einer Lehrenden übernimmt und einen Lernprozeß in Gang setzen will, wird durch eine entsprechende Charakterisierung ihrer Gestik unterstrichen: "[...] she went on, addressing herself to Robert Jordan now as though she were speaking to a classroom; almost as though she were lecturing" (*BT* 108). Bei Robert Jordan löst die Darstellung des Massakers zunächst ein Déjà-vu-Erlebnis aus, das auch ihn zum Erzählen animiert. Er erinnert sich daran, im Kindesalter einmal Augenzeuge eines kollektiven Lynchmordrituals an einem Schwarzen geworden zu sein. Bezeichnenderweise ist seine Schilderung dieser Erinnerung nicht nur von einer ähnlich beklemmenden Konkretheit wie die Geschichte Pilars, sondern enthält auch das in jener Geschichte vorhandene Moment des Grotesken. Der Lynchmord ereignete sich ausgerechnet am Tage eines Hochzeitsfestes, er wirkt dadurch wie die perverse Parodie einer Fruchtbarkeitszeremonie. Auch wird am Ende von Robert Jordans Schilderung, ähnlich wie bei Pilar, durch das Voyeurmotiv auf die moralische Ambivalenz des Sehens verwiesen.

> [...] "When I was seven years old and going with my mother to attend a wedding in the state of Ohio at which I was to be the boy of a pair of boy and girl who carried flowers –"
> [...]
> "In this town a Negro was hanged to a lamp post and later burned. It was an arc light. A light which lowered from the post to the pavement. And he was hoisted, first by the mechanism which was used to hoist the arc light but this broke –"
> [...]
> "[...] I saw it only looking out from under the blinds of a window in the house which stood on the corner where the arc light was. The street was full of people and when they lifted the Negro up for the second time –"
> [...]
> "[...] when they lifted the Negro up for the second time, my mother pulled me away from the window, so I saw no more" [...]. (*BT* 127 f.)

An dieser Schilderung ist in poetologischer Hinsicht bedeutsam, daß der potentielle Schriftsteller Robert Jordan sich hier, angeregt durch das Vorbild Pilars, einer Darstellungsweise annähert, die Hemingways selbstformuliertem Stilideal entspricht: "[...] to put down what really happened in action" (*DA* 2). Gleichzeitig hat die Rückerinnerung eine persönlich-existentielle Dimension. Denn mit ihr beginnt für Robert Jordan ein Prozeß des Bewußtmachens und Verarbeitens von verdrängten Erlebnisinhalten seiner frühen Biographie.

Insgesamt hat Pilars Erzählung auf Robert Jordan die Wirkung eines Epiphanieerlebnisses. Wie die leitmotivartige Wiederholung des Verbs *see* in seinen nachfolgenden Selbstreflexionen anzeigt, ist er zum ersten Mal in der Lage, sich eine konkrete Vorstellung von dem zu machen, was er in abstracto immer schon gewußt und viele Male gehört hat:

> I've always known it and hated it and I have heard it mentioned shamelessly and shamefully, bragged of, boasted of, defended, explained and denied. But that damned woman made me see it as though I had been there. (*BT* 147)

Die Geschichte wird damit zum Ausgangspunkt eines existentiellen und zugleich sprachlichen Lernprozesses. Im Rahmen seines existentiellen Lernprozesses kann sich Robert Jordan nach und nach aus seinem entfremdeten Wirklichkeitsbezug lösen und sich der Dimension sinnlich-konkreter Erfahrung öffnen. Dieser Prozeß steht jedoch in einer engen Wechselbeziehung zu dem sprachlichen Lernprozeß, der bei ihm durch die Begegnung mit der lebendigen, sinnlich-konkreten Form des Sprechens und des mündlichen Erzählens angestoßen wurde. Bei diesem sprachlichen Lernprozeß stehen wiederum der menschliche und der schriftstellerische Aspekt in einem Wechselverhältnis. Für Robert Jordan wird Pilar sowohl in künstlerischer als auch in moralischer Hinsicht zu einer Vorbildgestalt:

> If that woman could only write. He would try to write it and if he had luck and could remember it perhaps he could get it down as she told it. God, how she could tell a story. She's better than Quevedo, he thought. He never wrote the death of any Don Faustino as well as she told it. I wish I could write well enough to write that story, he thought. What we did. Not what the others did to us. (*BT* 147)

Gleichzeitig beginnt für den Protagonisten ein menschlicher Lernprozeß, in dessen Verlauf sein Denken und Fühlen sich nach und nach aus dem 'Sprachgefängnis' abstrakter Begriffsformeln zu lösen vermag. Nach dem ersten Liebeserlebnis mit Maria wird er sich z.B. der 'Bigotterie' seiner bisherigen, in sterilen Sprachschablonen erstarrten 'Glaubensüberzeugungen' bewußt.

> Enemies of the people. That was a phrase he might omit. [...] That was one thing that sleeping with Maria had done. He had gotten to be as bigoted and hidebound about his politics as a hard-shelled Baptist and phrases like enemies of the people came into his mind without his much criticizing them in any way. Any sort of *clichés* both revolutionary and patriotic. His mind employed them without criticism. [...] Bigotry is an odd thing. To be bigoted you have to be absolutely sure that you are right and nothing makes that surety and righteousness like continence. Continence is the foe of heresy. (*BT* 179)

In einer späteren Szene, in der die Gruppe darüber diskutiert, ob Pablo 'eliminiert' werden soll, ist es wieder Pilar, die das sprachkritische Bewußtsein Robert Jordans stimuliert. Fernando plädiert zunächst in der gestelzten Sprache eines Politbürokraten dafür: "'I am agreed that it is perhaps best that he should be eliminated in order that the operations projected should be insured of the maximum possibility of success'" (*BT* 238 f.). Pilar antwortet darauf "'Even here one man can make a bureaucracy with his mouth'" (*BT* 239) und bringt ihn mit den Worten "'Take this stew please in all formality and fill thy mouth with it and talk no more [...]'" (*BT* 239) zum Schweigen. Robert Jordan wird sich daraufhin bewußt, wie sehr auch er selbst von dieser Bürokratensprache 'angesteckt' ist: "[...] I am beginning to talk like Fernando. That language must be infectious" (*BT* 239). Der metaphorische Begriff "infectious" ist in diesem Kontext durchaus wörtlich zu nehmen. Diese Sprache ist in der Tat Symptom einer Krankheit, von der Robert Jordan sich befallen fühlt.

Die zunehmende Entfaltung sprachkritischen Bewußtseins wird besonders in den Reflexionspassagen des 18. Kapitels deutlich, wo der Protagonist an die Anfangszeiten seines Bürgerkriegseinsatzes zurückdenkt. In diesen Rückerinnerungen stehen das von den Russen übernommene Hotel Gaylord und der von den Internationalen Brigaden als Hauptquartier benutzte Palast Velazquez 63 in Madrid als symbolische Schauplätze für zwei entgegengesetzte, aber gleichermaßen von der konkreten Erfahrung abgehobene Einstellungen zum Kriegsgeschehen. Der Palast Velazquez 63 repräsentiert jenen "puritanical, religious communism" (*BT* 254), von dem Robert Jordan und viele seiner Kameraden in den ersten Monaten noch erfüllt waren: "You felt [...] something that was like the feeling you expected to have and did not have when you made your first communion. It was a feeling of consecration to a duty toward all of the oppressed of the world [...]" (*BT* 254 f.). Die anfängliche 'Reinheit' dieser Gefühle ("purity of feeling", *BT* 255) geht jedoch zum einen in Anbetracht der konkreten Schlachterfahrung, zum anderen wegen der zunehmenden Korrumpierung der Sprache verloren. Der Begriff "crusade" z.B., der für die Spanienkämpfer ursprünglich einmal einen emphatischen Sinn hatte, wird zu einem Wort "that had been so worn and abused that it no longer gave its true meaning" (*BT* 254).

Den Gegenpol zum Palast Velazquez 63 verkörpert das von Robert Jordan als "indecently luxurious" (*BT* 251) erinnerte Hotel Gaylord, wo die Propagandalügen der Komintern fabriziert wurden. Robert Jordan erinnert sich beispielsweise an ein Schlachtkommunique, in dem es hieß: "Our glorious troops continue to advance without losing a foot of ground" (*BT* 259), oder an die Legende von dem gefeierten Bauernführer El Campesino, der in Wirklichkeit ein aus der spanischen Fremdenlegion desertierter Ex-Sergeant war:

> You had to have these peasant leaders quickly in this sort of war and a real peasant leader might be a little too much like Pablo. You couldn't wait for the real Peasant Leader to arrive and he might have too many peasant characteristics when he did. So you had to manufacture one. (*BT* 249)

Aus der Rückschau der hier erörterten Reflexionspassage betrachtet Robert Jordan auch seine Zeit im Hotel Gaylord als notwendigen Teil eines Lernprozesses. Daß dieser Lernprozeß in der Handlungsgegenwart noch nicht zum Abschluß gekommen ist, zeigt sich an der ambivalenten Haltung, die in den Reflexionen zum Ausdruck kommt. Einerseits gesteht er sich selbstkritisch ein, wie leicht er sich habe korrumpieren lassen (*BT* 248, 259). Andererseits sieht er die Propagandalügen, deren theaterhafte Unwirklichkeit er längst durchschaut hat, im Dienste einer historischen 'Notwendigkeit' gerechtfertigt:

> Sure, Gaylord's was the place you needed to complete your education. It was there you learned how it was all really done instead of how it was supposed to be done. He had only started his education, he thought. [...] Gaylord's was good and sound and what he needed. At the start when he had still believed all the nonsense it had come as a shock to him. But now he knew enough to accept the necessity for all the deception and what he learned at Gaylord's only strengthened him in his belief in the things that he did hold to be true. (*BT* 250)

Die Textstelle macht deutlich, daß der Heilungs- und Lernprozeß des Protagonisten nicht linear verläuft, sondern eher diskontinuierlich und in Form eines Psychodramas, in dem einmal die eine, einmal die andere innere Stimme die Übermacht gewinnt. Gleichwohl zeichnet sich insgesamt eine innere Entwicklung ab, in deren Verlauf die abstrakte Ethik instrumenteller Vernunft immer häufiger aufgebrochen wird.

Zu dieser Entwicklung tragen vor allem auch die sinnlich-konkreten Seh-Erfahrungen des Protagonisten bei. Das in der Massaker-Geschichte Pilars zentrale Motiv des Sehens wird bereits zu Beginn des Romans als thematisch signifikant markiert. Wenn Robert Jordan im ersten und im dritten Kapitel mit seinem Fernglas die Landschaft studiert, so versucht er sie damit seiner instrumentellen Kontrolle zu unterwerfen. Die Technik des Fernglases ermöglicht ihm jedoch auch einen nahen Blick auf das Gesicht des Brückenpostens, der sich ihm damit in seiner konkreten, leibhaften Menschlichkeit offenbart:

> [...] there was the face of the sentry so clear he could see the sunken cheeks, the ash on the cigarette and the greasy shine of the bayonet. It was a peasant's face, the cheeks hollow under the high cheekbones, the beard stubbled, the eyes shaded by the heavy brows [...]. (*BT* 40)

Robert Jordan ist damit jedoch noch weit von einer Haltung entfernt, wie sie etwa im inneren Monolog Anselmos zum Ausdruck kommt, als dieser den Auftrag erfüllt, die an der Brücke stationierten Wachsoldaten zu beobachten: "Those men are not fascists. I call them so, but they are not" (*BT* 211). Ein markanter Bruch mit seiner bisherigen Haltung ergibt sich jedoch, als Robert Jordan gezwungen ist, einen jungen Kavalleriesoldaten aus nächster Nähe zu töten. Die aus der optischen Perspektive des Protagonisten vermittelte Beschreibung dieses Vorgangs zeichnet dabei die innere Bewegung von einer sachlich-instrumentellen zu einer menschlich-moralischen Wahrnehmungsweise nach. Robert Jordan registriert zunächst nur die militärischen Attribute seines Gegners, nimmt aber im Moment des Tötens auch dessen 'junges, kantiges Gesicht' wahr und erkennt das Abzeichen an seiner linken Brust als das Heilige Herz Jesu, wie es die Menschen in Navarra zu tragen pflegen (*BT*, Kap. 21, 287, 291). Als er wenig später, mit dem Finger am Abzug im Hinterhalt liegend, vier weitere navarresische Kavalleriesoldaten vorbeiziehen sieht, konzentriert sich sein Blick erneut auf "the faces of the men" (*BT* 303), und in seinen

Gedanken formt sich so etwas wie ein Gebet, mit dem er seine Tötungsimpulse niederhält:

> Thou, he thought, thinking in Spanish now and pressing his fingers forward against the trigger guard to keep it away from where it would bring the quick, shocking, hurtling rush from the automatic rifle. Thou, he thought again, thou art dead now in thy youth. And thou, he thought, and thou, and thou. But let it not happen. Do not let it happen. (*BT* 304)

In einer dieser Episode nachfolgenden Reflexionspassage bricht sich bei dem Protagonisten eine bis dahin verdrängte, aber durch Pilars Geschichte bereits vorbereitete Selbsteinsicht Bahn. Auslösendes Moment ist eine Bemerkung des Zigeuners Augustín: "'[...] when I saw those four there and thought that we might kill them I was like a mare in the corral waiting for the stallion'" (*BT* 309). Augustins schockierend-obszöner Vergleich führt bei Robert Jordan zunächst zu einer intellektuellen Abwehrreaktion, und zwar in Form anthropologischer Spekulationen, die die Unterschiede zwischen ihm selbst und Augustín sozusagen 'wissenschaftlich' festzuschreiben versuchen. Dieser Rationalisierungsversuch hält jedoch einer intensiven Selbstbefragung nicht stand, und Robert Jordan muß sich eingestehen, daß mehr von der 'animalischen Mordlust' des Zigeuners in ihm steckt als ihm bis dahin bewußt werden wollte:

> Yes, Robert Jordan thought. We do it coldly but they do not, nor ever have. It is their extra sacrament. Their old one that they had before the new religion came from the far end of the Mediterranean [...]. Killing is something one must do, but ours are different from theirs. And you, he thought, you have never been corrupted by it? [...] Stop making dubious literature about the Berbers and the old Iberians and admit that you have liked to kill as all who are soldiers by choice have enjoyed it at some time whether they lie about it or not. [...] You have been tainted with it for a long time now. (*BT* 309)

Einen Kulminationspunkt erreicht das Psychodrama in Kapitel 26, als Robert Jordan die Papiere des getöteten Kavalleriesoldaten untersucht. Von besonderer Bedeutung – auch für die poetologische Thematik – wird in diesem Kontext das Motiv des Lesens. Die Lektüre der Briefe und Dokumente, die der Getötete bei sich trägt, ist ein Vorgang von höchster moralischer Komplexität und Doppeldeutigkeit. Sie verfolgt zunächst den instrumentellen Zweck, etwas über die Kriegslage in der Heimatstadt des Getöteten herauszufinden. Wie seine Antwort auf eine entsprechende Frage verdeutlicht, erledigt Robert Jordan seine Aufgabe auch mit dem professionellen Zynismus des gelernten Soldaten: "'They seem to be going all right,' Robert Jordan said. 'There are many losses in his town'" (*BT* 326 f.). Durch die Lektüre formt sich jedoch in der Imagination des Protagonisten gleichzeitig das konkrete Bild eines menschlichen Einzel- und Gemeinschaftsschicksals in all seiner sinnlosen Tragik. Auch das Motiv des Sehens wird in diesem Zusammenhang wieder relevant. Der Getötete, Sprößling eines tief religiösen Elternhauses, "twenty-one years old, unmarried, and the son of a blacksmith" (*BT* 325), stammt aus einer Region Spaniens, mit der Robert Jordan besonders intensive Erinnerungen verbindet: "I've probably seen him run through the streets ahead of the bulls at the Feria in Pamplona, Robert Jordan thought. You never kill any one you want to kill in a war, he said to himself" (*BT* 325).

Die Lektüre der Briefe führt jedoch nicht nur zu der oben zitierten Einsicht, sondern auch zu Schuldgefühlen, die mit der Lesetätigkeit des Protagonisten zusammenhängen. Ähnlich wie Pilar als Zuschauerin des Massakers lebt auch Robert Jordan als Leser moralisch fragwürdige, voyeuristische Neigungen aus. Möglicherweise sensibilisiert durch die Beispielgeschichte Pilars, wird er sich dessen bewußt, nachdem er einen Brief von der Verlobten des Getöteten gelesen hat, und verzichtet mit dem Kommentar "I guess I've done my good deed for today" (*BT* 326) auf die weitere Lektüre.

Weil sich die Schuldgefühle, die Robert Jordan vor allem wegen der Tötung des Kavalleriesoldaten empfindet, aber nicht so leicht beschwichtigen lassen, kommt es im folgenden zu einer inneren Konfliktsituation, in der die schizoide Persönlichkeitsstruktur des Protagonisten stilistisch durch Wendungen markiert ist, die den Eindruck entstehen lassen, daß zwei gegensätzliche innere Stimmen ("him" und "himself") ein regelrechtes Streitgespräch miteinander führen. Die Stimme der konkreten Erfahrung, die zugleich auch die Stimme seines Gewissens ist, steht dabei im Konflikt mit der Stimme seiner abstrakten Glaubensüberzeugungen. Dabei hat es den Anschein, als ob die zweite Stimme die erste zu beruhigen, zum Schweigen zu bringen oder zu übertönen versucht. Während die erste Stimme kritisch fragt, wie viele Menschen er schon getötet habe, wie viele davon wirkliche Faschisten gewesen seien und ob er immer noch an die Richtigkeit der 'Sache' glaube, reagiert die Gegenstimme mit einem 'rhetorischen Ausweichmanöver', wobei insbesondere das Stilmittel der Wiederholung auf den Gestus der Selbstüberredung verweist:

> I believe in the people and their right to govern themselves as they wish. But you mustn't believe in killing [...]. You must do it as a necessity but you must not believe in it. If you believe in it the whole thing is wrong. (*BT* 327)

Als die erste Stimme aber weiter auf der Frage insistiert, wie viele Menschen Robert Jordan bereits getötet habe, kommt es erneut zu einem inneren Streitgespräch, das er vergeblich zum Schweigen zu bringen versucht:

> Listen, he told himself. You better cut this out. This is very bad for you and for your work. Then himself said back to him, You listen, see? Because you are doing something very serious [...]. (*BT* 327)

Der innere Dialog setzt sich, wenn auch nicht immer so deutlich markiert wie an der zitierten Stelle, bis zum Schluß des Romans fort. Daß Robert Jordan, wie noch zu zeigen ist, am Ende doch noch seine innere Spaltung zu überwinden vermag, ist auch die Folge einer neuen, alternativen Form der Zeiterfahrung. Welche Rolle diese Erfahrung im Heilungs- und Lernprozeß spielt, soll abschließend erörtert werden.

Auf das Konzept einer alternativen Zeiterfahrung wird zu Beginn des 10. Kapitels erstmals andeutungsweise verwiesen. Während Robert Jordan die Gruppe, die sich auf dem Weg zum Lager El Sordos befindet, zur Eile drängt, besteht Pilar ausdrücklich darauf, sich die Zeit zur Rast und zum Erzählen ihrer Geschichte zu nehmen. Indem sie den Protagonisten dazu zwingt, sich die Zeit zum Anhören der Geschichte zu nehmen, verhilft sie ihm zu einer neuen, jenseits der Dimension der Meß- und Planbarkeit angesiedelten Zeiterfahrung. Die seelischen Wirkungen dieser 'Therapiemaßnahme' zeigen sich beim ersten Liebeskontakt mit Maria (Kap. 13), dessen Höhepunkt Robert Jordan als einen Raum und Zeit transzendierenden *moment of being* erlebt:

> For him it was a dark passage which led to nowhere, then to nowhere, then again to nowhere, once again to nowhere, always and forever to nowhere, heavy on the elbows in the earth to nowhere, dark, never any end to nowhere, hung on all time always to unknowing nowhere, this time and again for always to nowhere, now not to be borne once again always and to nowhere, now beyond all bearing up, up, up and into nowhere, suddenly, scaldingly, holdingly all nowhere gone and time absolutely still and they were both there, time having stopped and he felt the earth move out and away from under them. (*BT* 174 f.)

Das existentielle Erlebnis führt dazu, daß Robert Jordan neu über die Zeit und über die Möglichkeit eines im existentiellen Augenblick verdichteten Zeiterlebens nachzudenken beginnt:

> [...] Maybe that is my life and instead of it being threescore years and ten it is forty-eight hours or just threescore hours and ten or twelve rather. Twenty-four hours in a day would be threescore and twelve for the three full days.
> I suppose it is possible to live as full a life in seventy hours as in seventy years;
> [...]
> So if your life trades its seventy years for seventy hours I have that value now and I am lucky enough to know it. And if there is not any such thing as a long time, nor the rest of your lives, nor from now on, but there is only now, why then now is the thing to praise and I am very happy with it. Now, *ahora*, *maintenant*, *heute*. *Now*, it has a funny sound to be the whole world and your life. *Esta noche*, *tonight*, *ce soir*, *heute abend*. (*BT* 181 f.)

Zum angemessenen Verständnis der inneren Monologe des Protagonisten ist hervorzuheben, daß sie keine 'fertigen' Erkenntnisse formulieren, sondern den Prozeß des Denkens – in seiner Unabgeschlossenheit und Widersprüchlichkeit – zur Anschauung bringen. Wie sehr Robert Jordan in diesem Prozeß noch den verdinglichten Kategorien seines früheren Denkens verhaftet ist, zeigt sich z.B. im ersten Abschnitt der oben zitierten Textpassage. Hier wird deutlich, wie der Protagonist, sobald er an Zahlen denkt, automatisch zu rechnen beginnt. Andererseits deutet sich in den beiden Schlußsätzen sein Bedürfnis an, das existentielle Augenblickserlebnis für sich selbst 'zur Sprache zu bringen'.

Die Bedeutsamkeit des 'Zur-Sprache-Bringens' von Erfahrung wird im Anschluß an die Liebesszene durch das – wiederum als exemplarisch zu begreifende – Verhalten Pilars noch einmal besonders hervorgehoben. Nachdem Pilar die beiden Liebenden zunächst sich selbst überlassen hatte, kehrt sie zurück und fragt Maria in einer zunächst befremdlich erscheinenden Direktheit, was sie beim Liebesakt gefühlt habe. Marias Antwort darauf, die „Erde habe sich bewegt", wird im folgenden zum Leitmotiv einer Dialogsituation, in der Pilars Rede, durchsetzt mit geheimnisvollen Hinweisen auf die magische Dreizahl und formelartigen Fragewiederholungen, einen fast ritualhaften Beschwörungscharakter annimmt:

> "[...] When I was young the earth moved so that you could feel it all shift in space and were afraid it would go out from under you. It happened every night."
> "You lie," Maria said.
> "Yes," Pilar said. "I lie. It never moves more than three times in a lifetime. Did it *really* move?"
> "Yes," the girl said. "Truly."
> "For you, *Inglés*?" Pilar looked at Robert Jordan. "Don't lie."
> "Yes," he said. "Truly."
> "Good," said Pilar. "Good. That is something."
> "What do you mean about the three times?" Maria asked. "Why do you say that?"
> "Three times," said Pilar. "Now you've had one."
> "Only three times?"
> "For most people, never," Pilar told her. "You are sure it moved?"
> "One could have fallen off," Maria said.
> "I guess it moved, then," Pilar said. "Come, then, and let us get to camp."
> (*BT* 190 f.)

Wie u.a. die nachfolgenden Reflexionen Robert Jordans signalisieren sollen, legt Hemingway Pilar hier okkulte Zigeunerweisheiten in den Mund. Er bedient sich jedoch dieses Elements nicht um des exotischen Folkloreeffekts willen. Es geht in der angeführten Szene vielmehr darum, die magische Kraft des gemeinschaftlichen 'Zur-Sprache-Bringens' sinnfällig werden zu lassen. Der Wandel Hemingways von der sprachskeptisch-modernistischen Position des Frühwerks zu einem mystisch-affirmativen Glauben an die positive Macht von Sprache und Sprechen wird hier besonders deutlich. Den im gemeinsamen Liebesakt verwirklichten *moment of being* im nachhinein noch einmal zur Sprache zu bringen, hätte gemäß der früheren sprachskeptischen Position des Autors bedeutet, ihn zu 'zerreden', d.h. ihn zu zerstören. In der vorliegenden Szene geschieht das Gegenteil: hier dient die sprachliche Evokation dazu, jenen *moment of being* festzuhalten, ihn gewissermaßen in die Seelen der beiden Liebenden als unverlierbare Wirklichkeit einzuschreiben.

Es ist bezeichnend, daß der Roman die heilende Kraft des Sprechens gerade auch im Kontext der Liebesszenen sinnfällig werden läßt. Zwar geht es in diesen Szenen auch um die therapeutische Wirkung des körperlichen Liebeserlebnisses selbst, sie gründet sich jedoch in der Liebesszene des 13. Kapitels wesentlich auf die vorbereitenden Erzählungen und das nachfolgende sprachliche Beschwörungsritual Pilars. Und der seelische Gesundungsprozeß Marias vollendet sich in der letzten Liebesszene des Romans erst, nachdem sie – dem Ratschlag Pilars folgend "'[...] that telling it to thee might rid me of it'" (*BT* 378) – Robert Jordan die Geschichte ihrer Vergewaltigung erzählt hat. Sie wird damit zu einer Form höchster Liebeserfüllung befähigt. Auch hier ist bezeichnend, wie das Liebeserlebnis im nachhinein wieder sprachlich beschworen wird. Maria beschreibt ihre Gefühle als "*la gloria*" (*BT* 411), mit einem Begriff, der keineswegs zufällig auf den Assoziationsbereich mystisch-religiöser Ekstase verweist (Crozier, S.J., 1974, 76-97).

Um wieder auf den Entwicklungsprozeß Robert Jordans zurückzukommen: Eine weitere Station seiner Loslösung aus einem verdinglichten Zeitbewußtsein ist das an die erste Liebesszene anschließende Schneesturmerlebnis im 14. Kapitel. Der plötzlich einsetzende Schneesturm ist ähnlich wie das Liebeserlebnis mit Maria ein sozusagen 'unzeitgemäßes' Naturereignis, das sich der exakten Vorausberechenbarkeit entzieht. Robert Jordans Reaktionen auf dieses Ereignis sind als Anzeichen seiner fortschreitenden seelischen Gesundung zu werten. So ist auch seine anfängliche 'Wut' ("rage", *BT* 194) Ausdruck seiner zunehmenden Gefühlsspontaneität. Und obwohl der Sturm sämtliche Operationspläne durcheinanderbringt, ist er bereit, sich dem Erlebnis des Augenblicks hinzugeben: "This was a big storm and he might as well enjoy it. It was ruining everything, but you might as well enjoy it" (*BT* 198). Freilich ist auch hier wieder eine Ambiguität sichtbar. Die Wiederholung der Wendung "might as well enjoy it" ist nicht einfach Ausdruck unmittelbaren Gefühls, sondern Teil eines Selbstgesprächs, in dem sich der Protagonist sozusagen selbst zur Spontaneität auffordert.

In ähnlicher Weise wie hier wird die Motivverbindung von "rage" und "storm" auch an späterer Stelle signifikant. Nachdem Maria ihm die Geschichte ihrer Vergewaltigung erzählt hat, spürt Robert Jordan einen unbändigen Haß in sich aufsteigen: "[...] he was as full of hate as any man could be. 'Do not talk more about it. Do not tell me any more for I cannot bear my hatred now'" (*BT* 381). In seinen nachfolgenden Reflexionen steigern sich diese Haßgefühle immer mehr zu einem rasenden Tötungsverlangen: "He thought of all the part she had not told him and he lay there hating and he was pleased there would be killing in the morning. But I must not take any of it personally, he thought" (*BT* 382). Die 'Wut' des Protagonisten kulminiert schließlich in einem mit der Intensität vulgärer sexueller Lust erfahrenen Höhepunkt:

> [...] he lay in his rage that blinded his mind until gradually the anger died down and the red, black, blinding, killing anger was all gone and his mind now as quiet, empty-calm and sharp, cold-seeing as a man is after he has had sexual intercourse with a woman that he does not love. (*BT* 400 f.)

Als der Wutanfall vorüber ist, setzt bei Robert Jordan jedoch sofort wieder die kritische Selbstzensur seines Intellekts ein: "It was like not being able to breathe in a storm. That being angry is another damned luxury you can't afford" (*BT* 401).

Wenn sich der Protagonist hier vom 'animalischen' Charakter solcher Gefühle ("'[...] What an animal a man is in a rage'", *BT* 401) distanziert, so ist das imaginative Ausleben dieser Gefühle gleichwohl eine wichtige Erfahrung in seinem seelischen Heilungsprozeß. Die Erzählung Marias bewirkt sozusagen eine emotionale Katharsis. Diese Katharsis ermöglicht es Robert Jordan einerseits, sich über das Potential an animalischer Emotionalität bewußt zu werden, das – sublimiert zu einer Haltung instrumenteller Vernunft – auch in ihm selbst steckt. Andererseits verhindert die imaginative Abreaktion solcher Gefühle in der Form tagträumerischer Phantasien, daß diese, anders als etwa bei Pablo, ihren Weg in die Tat finden. Die Szene veranschaulicht somit auch, wie sich die humanisierende Wirkkraft des Erzählens im Rezeptionsakt entfalten kann.

Der emotionale Katharsiseffekt macht den Protagonisten schließlich bereit für jenen kulminativen Moment höchsten ekstatischen Seinerlebens in dem nachfolgenden letzten Liebesakt mit Maria im 37. Kapitel. Der Beginn des Kapitels markiert das Motiv der Zeit zunächst durch leitmotivartige Hinweise auf die konzentrierte Aufmerksamkeit, mit der Robert Jordan das Zifferblatt seiner Armbanduhr betrachtet:

> Now Robert Jordan lay with the girl and he watched time passing on his wrist. It went slowly, almost imperceptibly, for it was a small watch and he could not see the second hand. But as he watched the minute hand he found he could almost check its motion with his concentration. (*BT* 409)

Auch hier ist die Ambiguität solcher Hinweise zu beachten. Auf der einen Seite verweisen sie auf das verdinglichte, auf die Meßbarkeit und Kontrollierbarkeit der Zeit ausgerichtete Zeitbewußtsein des Protagonisten. Auf der anderen Seite deutet sich in diesen Passagen auch ein sich veränderndes, auf den Moment subjektiven Zeiterlebens hin orientiertes Zeitgefühl an. Nicht von ungefähr wird das Kapitel mit dem Wort "now" eingeleitet. Dieses Auftaktmotiv weist voraus auf den nachfolgenden Liebesakt bzw. auf dessen sprachliche Vergegenwärtigung:

> They were having now and before and always and now and now and now. Oh, now, now, now, the only now, and above all now, and there is no other now but thou now and now is thy prophet. Now and forever now. Come now, now, for there is no now but now. Yes, now. Now, please now, only now, not anything else only this now [...]. (*BT* 410)

Signifikant ist hier erneut, daß der *moment of being* nicht als ein Erlebnisphänomen vergegenwärtigt ist, das in einem jenseits des Sprachlichen angesiedelten Raum 'reiner' Existenzerfahrung zu verorten ist. Das existentielle Erlebnis ist vielmehr in fundamentaler Weise an Sprache und Sprechen gebunden. Dies wird zum einen daran deutlich, daß der innere Monolog hier nicht als ein sprachliches Substitut für etwas eigentlich 'Ungesagtes' bzw. 'Unsagbares' fungiert, sondern pointiert als ein Akt inneren Sprechens vergegenwärtigt wird. Zum anderen ist bezeichnend, daß es Robert Jordan, der hier vom Vorbild Pilars gelernt hat, unmittelbar nach dem Erlebnis dazu drängt, es auch 'zur Sprache zu bringen': "'I must tell thee for it is a great thing'" (*BT* 411). Marias Rede von "*la gloria*" (*BT* 411) wird ihm dabei zum Begriffsschlüssel für eine vertiefte intellektuelle Einsicht in die religiös-mystische Natur dieses Erlebnisses:

> [...] his mind, that was his best companion, was thinking La Gloria. She said La Gloria. It has nothing to do with glory nor La Gloire that the French write and speak about. It is the thing that is in the Cante Hondo and in the Saetas. It is in Greco and in San Juan de la Cruz, of course, and in the others. (*BT* 411 f.)

In der Wendung "his mind [...] was his best companion" deutet sich allerdings an, daß auch hier die Spaltung in der Person des Protagonisten noch nicht überwunden ist. Erst am Schluß des Romans, als Robert Jordan seinen Tod erwartet, kommt der dialektische Prozeß von seelischer Heilung und intellektuellem Lernen zu einer Art 'glücklichem Ende'. Durch diesen 'Opfertod' werden die dissoziierten Persönlichkeitsteile miteinander versöhnt. In diesem Akt kommen Reflexion und Handeln, Intellekt und Gefühl, Pflicht und Neigung, *work* und *life*, wieder zur Einheit. Das abstrakte politische Engagement für die 'Sache' der Republik verbindet sich mit der konkreten persönlichen Verantwortung für die einzelnen Individuen und die Gruppe. Die bewußte Entscheidung für den eigenen Opfertod bedeutet gleichzeitig einen Akt der Versöhnung mit der eigenen Vergangenheit. Dieser Opfertod ist eine Art Selbsttötung, stellt aber zugleich auch eine Bewährungssituation dar, in der er der Versuchung, sich durch 'feigen' Selbstmord aus der Verantwortung zu stehlen, erfolgreich widersteht. Robert Jordans Handeln wird damit fast zu einem Ritualakt, in dem das schmähliche Versagen des eigenen Vaters gesühnt wird. Es ist gleichzeitig ein Akt persönlichen Heldentums, der an die stolze Traditionslinie des Großvaters anknüpft. Seinen sinnbildhaften Ausdruck findet dieser Versöhnungsvorgang in der Schlußszene des Romans, unmittelbar bevor es zu der tödlichen Begegnung mit dem Feind kommen wird:

> He was completely integrated now and he took a good long look at everything. Then he looked up at the sky. There were big white clouds in it. He touched the palm of his hand against the pine needles where he lay and he touched the bark of the pine trunk that he lay behind.

> [...]
> He could feel his heart beating against the pine needle floor of the forest. (*BT* 507)

Auch dieser Schluß hat neben der existentiellen eine poetologische Bedeutung. Der Schriftsteller Robert Jordan kommt zwar nicht mehr dazu, seine Lernerfahrungen in den spanischen Bergen in einem Buch niederzulegen. Aber es sind diese Lernerfahrungen, ausgelöst durch die Erzählungen, mit denen der Protagonist in den drei letzten Tagen seines Lebens konfrontiert wurde, die ihm am Ende helfen, die Fragmente seiner eigenen Biographie wieder zu einem sinnvollen 'Plot' zusammenzufügen.

Die voraufgegangene Analyse sollte einen Eindruck von der künstlerischen und moralischen Komplexität eines aus verschiedenen Gründen vielfach mißverstandenen und unterschätzen Werkes vermitteln.[18] Gleichwohl hinterläßt die Lektüre des Romans auch ein zwiespältiges Gefühl, erscheint doch das 'glückliche Ende' des Romanschlusses wie eine forcierte literarische Versöhnungsgeste. Aus den Worten "He was completely integrated now [...]" läßt sich ein Gestus des 'protesting too much' heraushören, der sich gleichermaßen auf das personale Medium wie auf die implizite Autorstimme beziehen läßt. Der Textbefund legt jedenfalls die Vermutung nahe, daß Hemingways Motive, der fragmentierten Persönlichkeit und Biographie seines Helden einen sinnvollen Plot aufzuzwingen, nicht allein ästhetisch-künstlerischer Natur waren. Ohne diesen in die Psychologie und Biographie des Autors hineinführenden Frageaspekt hier weiter vertiefen zu wollen – es drängt sich der Eindruck auf, daß der Schluß von *For Whom the Bell Tolls* auch eine politische 'Kompromißbildung' darstellt, die es nicht nur der Romanfigur, sondern auch dem Autor erlaubte, trotz seiner desillusionierenden Erfahrungen, die er im spanischen Bürgerkrieg machen mußte, an seinem politischen 'Credo' festzuhalten.[19]

IV. Die Erschöpfungsphase: Hemingway in den vierziger und fünfziger Jahren

1. Auf der Suche nach der verlorenen Zeit: Der biographische Aspekt

Der Umzug nach Kuba, die Eheschließung mit Martha Gellhorn und der Erfolg von *For Whom the Bell Tolls* markierten im Leben und Werk Hemingways noch einmal eine Wendepunktsituation, die derjenigen zu Beginn der dreißiger Jahre vergleichbar war.[1] Die Anzeichen eines vielversprechenden Neubeginns erwiesen sich jedoch als ebenso trügerisch wie ein Jahrzehnt zuvor. In den beiden letzten Lebensjahrzehnten des Autors setzte sich vielmehr die menschliche und künstlerische Verfallslinie, die sich in den dreißiger Jahren abgezeichnet hatte, in beschleunigter Weise fort. Seine Neigung zu maskulinen Selbstinszenierungen nahm nun immer zwanghaftere und ungewollt selbstparodistische Formen an, so etwa, wenn er im Zweiten Weltkrieg mit seinem als botanisches Forschungsschiff getarnten Sportboot "Pilar" vor der kubanischen Küste mit einer Handvoll 'harter Männer' (ergebnislos) Jagd auf deutsche U-Boote machte, als selbsternannter Kommandeur einer 'Einsatztruppe' von Nicht-Kombattanten an der Befreiung von Paris mitwirkte oder es bei den Frontkämpfen im August 1944 unter Feindbeschuß demonstrativ verschmähte, in Deckung zu gehen oder einen Helm anzulegen.

Die emanzipiert-selbstbewußte, als fähige Journalistin bekannte Martha Gellhorn war allerdings eine Person, die sich weder in die Rolle der 'Frau an seiner Seite' fügen wollte noch seiner Männlichkeitspose viel Bewunderung entgegenbrachte. Die schnell zerrüttete Beziehung brach auseinander, als Hemingway im Frühjahr 1944, ihrem Beispiel folgend, als Kriegskorrespondent von *Collier's* nach London ging und sich dort kurz nach seiner Ankunft in die *Time*-Journalistin Mary Welsh verliebte, die er später, am 14. März 1946, als seine vierte Frau ehelichte. Die Beziehung zu Mary war von Anfang an besonderen Belastungen unterworfen. Daß die Ehe trotzdem bis zum bitteren Ende von Hemingways Leben Bestand haben sollte, lag u.a. daran, daß Mary seinem wachsenden Bedürfnis nach weiblich-mütterlicher Fürsorge entgegenkam und auf die Zumutungen an ihre eheliche Rolle mit schier unerschöpflicher Duldsamkeit reagierte. Ein hohes Maß an Selbstverleugnung wurde ihr beispielsweise abverlangt, als ihr Ehemann 1948, auf einer Italienreise, der achtzehnjährigen Adriana Ivancich, Tochter einer dalmatinischen Aristokratenfamilie, den Hof machte, auf der Afrikasafari von 1953-54 in lächerlicher Aufmachung einer jungen Einheimischen nachstellte und 1959, auf seiner letzten Spanienreise, die neunzehnjährige Journalistik-Studentin Valerie Danby-Smith zu seiner persönlichen Begleiterin machte.

Über die tieferen Gründe für Marys Leidensbereitschaft läßt sich spekulieren. Es ist jedoch zu vermuten, daß sie ein sehr sensibles Gespür für das verletzliche Ego ihres Mannes hatte und die verzweifelt kompensatorische Qualität seines Verhaltens sehr wohl erkannte.[2] Umgekehrt wurde diesem wohl mit zunehmendem Alter bewußt, wie sehr er auf die – wenn auch von ihm nur widerstrebend und mit ambivalenten Gefühlen akzeptierte – Fürsorge Marys angewiesen war. Jedenfalls waren beide Partner darum bemüht, die Beziehung in ihrem prekären Gleichgewicht zu halten, und beide haben daraus auf jeweils eigene Weise Nutzen gezogen. Während ihm eine ihn bis zu seinem Tode treu umsorgende Gefährtin erhalten blieb, fand sie sich als Alleinerbin seines Vermögens immerhin mit reichlichem finanziellen Gewinn belohnt. Auch als Verwalterin des literarischen Nachlasses arbeitete Mary durchaus zielstrebig an der Wertsteigerung des ihr übertragenen 'kulturellen Kapitals', indem sie Teile daraus veröffentlichen ließ und damit in der 'Hemingway industry' noch einmal einen neuen Rekordboom auslöste, von dem sie auch selbst finanziell recht gut profitierte. Inwieweit sie mit diesen Veröffentlichungen der künstlerischen Reputation ihres Mannes einen Gefallen getan hat, steht allerdings auf einem anderen Blatt.

Die Fürsorglichkeit Marys hatte ihren konkreten Anlaß auch in der rapide fortschreitenden Verschlechterung von Hemingways physischer und psychischer Gesundheit. Die Ursachen dafür waren, neben einem notorisch ausschweifenden Lebenswandel, eine Reihe von schweren Unfällen, darunter zwei Flugzeugabstürze auf einer Afrikasafari im Januar 1954, von denen vor allem der zweite schwerwiegende körperliche Schäden zur Folge hatte. Dadurch verstärkten sich auch die psychischen Probleme des Autors. Er litt zunehmend an depressiven Verstimmungen und unter Verfolgungsängsten und beschäftigte sich immer obsessiver mit Selbstmordgedanken. Im November 1960 kulminierte diese Entwicklung in einem psychischen Zusammenbruch. Als er im Januar 1961 nach einer Elektroschockbehandlung in der Mayo-Klinik in Rochester, Minnesota nach Hause zurückkehrte – er lebte die letzten Jahre seines Lebens in Ketchum, Idaho – war er endgültig ein gebrochener Mann. Er litt an Gedächtnisverlust und Konzentrationsstörungen, verlor fast völlig die Fähigkeit zu schreiben und wurde immer schweigsamer und introvertierter. Am Morgen des 2. Juli 1961 folgte er dem Beispiel seines Vaters und setzte seinem Leben mit einem Gewehrschuß ein Ende.

Die letzten Lebensjahre Hemingways sind überschattet von einer grotesken Tragikomik. Je mehr sein körperlicher und seelischer Verfall fortschritt, desto stärker wurde sein Bedürfnis, sich in der Rolle des machohaften Superhelden zu stilisieren. Er ließ sich seit Ende der vierziger Jahre immer ungehemmter auf die in den populären Medien üblichen Formen der *celebrity*-Vermarktung ein und wurde dabei mehr und mehr zu einer karikaturhaften Imitation seines früheren Selbst. Seine Unternehmungen erschienen wie eine pathetische Suche nach der verlorenen Zeit der frühen Jahre. Wie von einem Wiederholungszwang besessen, reiste er in seinem letzten Lebensjahrzehnt mehrfach an die Stätten seiner Jugendabenteuer – Frankreich (insbesondere Paris), Italien, Afrika und Spanien – und versuchte vergeblich, die heroische Vergangenheitsrolle noch einmal in Szene zu setzen. Aber mehrere dieser Unternehmungen, wie die beiden Afrikasafaris von 1953 und 1954 und die durch verschiedene Stierkampfarenen führende Spanienreise von 1959, endeten im physischen bzw. im psychischen Desaster.

Der Künstler Hemingway stand während all dieser Zeit unter einem permanenten Schreibzwang und produzierte immer umfangreicheres Textmaterial, das aber zusehends seiner künstlerischen Kontrolle entglitt. Von den beiden letzten Schriften, die zu Lebzeiten des Autors veröffentlicht wurden, gehört *Across the River and into the Trees* nach allgemeinem Konsens zu seinen schwächsten literarischen Schöpfungen. Mit der berühmten Erzählung *The Old Man and the Sea*, für die Hemingway 1953 den Pulitzerpreis erhielt und die zu seiner Wahl zum Nobelpreisträger 1954 maßgeblich beitrug, schien ihm noch einmal ein erfolgreiches 'Comeback' zu gelingen. Aber auch dieses von der Kritik lange überschätzte Werk fällt hinter das künstlerische Leistungsniveau der besten Schriften aus den zwanziger und dreißiger Jahren zurück. Von den anderen Arbeiten konnte Hemingway kurz vor seinem Tode nur noch *A Moveable Feast*, ein nostalgisches Erinnerungsbuch über seine Pariser Jugendjahre, das er 1946 begonnen hatte, weitgehend fertigstellen. Es gelang ihm nicht mehr, zwei größere Projekte, *Islands in the Stream* und *The Garden of Eden*, an denen er ebenfalls seit 1946 arbeitete, in eine abschließende Form zu bringen. Die späten und die nachgelassenen Schriften sind deshalb auch weniger von ihrer literarischen Qualität her als vielmehr im Hinblick auf ihre biographische und literaturgeschichtliche Bedeutung von Interesse.

2. Gespräch und Selbstgespräch als Formen der Sinnstiftung: Die Spätschriften *Across the River and into the Trees* (1950) und *The Old Man and the Sea* (1952)

An den beiden Spätschriften *Across the River and into the Trees* und *The Old Man and the Sea* setzt sich die bei *For Whom the Bell Tolls* registrierte Tendenz, das konstruktive Potential von Sprache und Sprechen zum beherrschenden Thema zu machen, weiter fort. In beiden Texten ist das Moment des äußeren Geschehens weiter zurückgedrängt zugunsten innerer Handlungsformen wie Gespräch oder Selbstgespräch. Dem entspricht die Auswahl der jeweiligen Hauptgestalten, die unschwer als fiktionalisierte Selbstspiegelungen des Autors erkennbar sind. Es sind vom Verfall gezeichnete alte Männer, die nur noch über einen eingeschränkten Handlungsradius verfügen und denen der Sinn ihrer

Existenz im wesentlichen nur noch aus der sprachlich vergegenwärtigten Erinnerungsarbeit heraus erfahrbar wird.

Das ähnlich wie bei *For Whom the Bell Tolls* auf drei Tage verdichtete Geschehen von *Across the River and into the Trees* dreht sich um einen vom General zum Colonel degradierten fünfzigjährigen Kriegsveteranen namens Richard Cantwell. Der innerlich verbitterte, von zahlreichen Kriegswunden und einem tödlichen Herzleiden Gezeichnete reist am Ende seines Lebens noch einmal nach Venedig, der Stadt seiner Erinnerungen, und verbringt dort seine letzten Tage bei der Entenjagd und bei seiner neunzehnjährigen Geliebten, der aus altem venezianischen Adelsgeschlecht stammenden Renata. Diese letzten Unternehmungen Colonel Cantwells tragen den Charakter eines bewußt und sorgfältig in Szene gesetzten Todesvorbereitungsrituals. Im Zentrum dieser Ritualhandlungen stehen die Gespräche mit seiner Geliebten sowie insbesondere die innere Zwiesprache, die er mit sich selbst, mit der neben ihm Schlafenden oder, in ihrer Abwesenheit, mit ihrem Porträtbild führt. Diese Gespräche sind gewissermaßen Stationen einer 'Reise nach innen', an deren Ende eine Art Katharsis steht, die dem Protagonisten einen würdigen Übergang in das Reich des Todes ermöglicht. Das bereits im Romantitel angesprochene Motiv der 'über den Fluß' führenden Todesreise, das im ersten Kapitel mit dem an die mythische Charongestalt erinnernden Fährmannes anklingt, wird am Schluß wieder aufgenommen. Als der Protagonist, von drei kugelschußähnlichen Infarktschlägen getroffen, auf dem Rücksitz seines Wagens stirbt, spricht er den Satz, den der berühmte Bürgerkriegsgeneral Thomas J. ("Stonewall") Jackson vor seinem Tod gesagt haben soll: "'[...] let us cross over the river and rest under the shade of the trees'" (*AR* 307). Das Ende verweist, ähnlich wie der Schluß von "The Snows of Kilimanjaro", auf das biblische Motiv von Tod und Wiedergeburt, mit dem Unterschied freilich, daß die affirmative Schlußgebung hier nicht mehr durch ironische Distanzierungssignale relativiert wird.

Die symbolisch-allegorische Bildstruktur überschreibt die Schicht der konkreten Handlungsereignisse in so massiver Weise, daß auch die Geliebte Colonel Cantwells kaum Züge einer eigenständigen Figur annimmt, sondern im wesentlichen auf ihre allegorische Funktion als Reflektor- und Projektionsgestalt für den inneren Zustand des Protagonisten beschränkt bleibt. Schon ihr sprechender Name weist darauf hin, daß Renata ('die Wiedergeborene') zum Agens seiner seelischen Wiedergeburt wird. Zugleich wird durch die leitmotivartig wiederholte, im Ton ritualhafter Beschwörung vorgetragene Anrede "Daughter" angedeutet, daß der Sterbende in ihr, die auch als Verkörperung seiner eigenen verlorenen Jugend fungiert (Baker, 1972, 304), gewissermaßen über den Tod hinaus weiterleben wird. Cantwell selbst erscheint als eine gespaltene Persönlichkeit, in der kriegerisches Draufgängertum und künstlerische Sensibilität miteinander im Widerstreit liegen. In diesem Charakterporträt thematisiert Hemingway offensichtlich auch die Zerrissenheit seiner eigenen

Psyche. Er bedient sich dabei allerdings einer wenig überzeugenden Strategie symbolischer Konfliktbewältigung, indem er sein fiktives *alter ego* mit selbstglorifizierender Geste zu großen historischen Gestalten der Vergangenheit in Beziehung setzt und es so mit der Aura epischer Größe zu umgeben versucht. Durch entsprechende Verweise soll dem Leser suggeriert werden, daß Richard Cantwell als Soldat in einer Traditionslinie mit dem gefeierten amerikanischen Kriegshelden Thomas J. Jackson und als Künstler auf einer Stufe mit heroischen Dichtergestalten wie Dante, Lord Byron oder d'Annunzio steht. Wie Kathleen Verduin bei ihrer Analyse der intertextuellen Bezüge zu Dante wohl richtig vermutet, handelt es sich dabei um eine nur wenig verhüllte Form der Selbstapologie und des *self-fashioning*. "By superimposing the figure of Dante on that of his battered hero, Hemingway may thus have thought to elevate his own beleaguered condition, to justify private chaos as a sublimely Dantesque scorn" (Verdiun, 1985, 639). Ähnliches gilt auch für den inflationären Einsatz von Adjektiven, die im Sprechen und Denken des Protagonisten als 'Authentizitätsmarkierungen' fungieren sollen. W. Craig Turner stellt über Cantwells "preoccupation with honorific words (such as 'honor,' 'true,' 'truly,' 'honest,' 'well,' 'straight,' and 'good')" mit Recht fest:

> Such words seek to lend credibility both to Cantwell's own mind – self-assurance that his words, thoughts, actions, and motives are indeed honest – and to the reader. Their overuse, however, becomes intrusive and offensive to the reader, and even suggests a parody of the so-called "Hemingway style." (Turner, 1983, 194)

Across the River and into the Trees ist somit ähnlich wie "The Snows of Kilimanjaro" eine nur leicht fiktionalisierte Reflexion des Autors über sich selbst; freilich mit dem wichtigen Unterschied, daß der spätere Text nunmehr den Rückfall in eine auf die künstliche Literarisierung ihres Erfahrungsmaterials gerichtete Ästhetik selbst veranschaulicht, der in "The Snows of Kilimanjaro" noch selbstkritisch analysiert wurde.

Obwohl *The Old Man and the Sea* ein völlig anderes Sujet zugrunde liegt, weist dieser Text ein ähnliches Grundmuster auf. Im Mittelpunkt der irgendwo an bzw. vor der kubanischen Küste angesiedelten Handlung steht der alte Fischer Santiago, der seit mehreren Wochen, zunächst in Begleitung eines ihn verehrenden Jungen namens Manolin, dann allein, aufs Meer hinausgefahren ist, ohne einen Fang zu machen. Als er eines Tages wieder einmal das Glück herausfordert und sich weit auf das offene Meer hinaustreiben läßt, hat er einen großen Schwertfisch an der Angel. Es gelingt ihm, den Fisch in einem zwei Tage und zwei Nächte dauernden Kampf zu besiegen, er kämpft dann jedoch vergeblich gegen eine Herde von Haien, die seine Jagdbeute anfallen und bis auf die Knochen auffressen. Als er im Bewußtsein seiner endgültigen Niederlage den heimatlichen Hafen erreicht, wird das Skelett des Schwertfischs von den Touristen nur mit verständnislosen Worten kommentiert.

Im thematischen Gefüge der Erzählung hat der junge Manolin eine ähnliche Funktion wie Renata in *Across the River and into the Trees*. Er verkörpert die verlorene Jugend des Protagonisten und fungiert zugleich als Kraftquelle, aus der der alte Mann seine Energien zum Weiterleben schöpft. Wie in dem eben behandelten Roman vermitteln sich diese Energien wesentlich auf dem Wege des Gesprächs und des inneren Zwiegesprächs mit seinem jugendlichen *alter ego*. In diesem Zusammenhang sind z.B. die im Anfangsteil der Erzählung angesprochenen Gesprächsrituale von Bedeutung, in denen Santiago und Manolin das archetypische Rollenverhältnis von Lehrer und Schüler in Szene setzen:

> "What do you have to eat?" the boy asked.
> "A pot of yellow rice with fish. Do you want some?"
> "No. I will eat at home. Do you want me to make the fire?"
> "No. I will make it later on. Or I may eat the rice cold."
> "May I take the cast net?"
> "Of course."
> There was no cast net and the boy remembered when they had sold it. But they went through this fiction every day. There was no pot of yellow rice and fish and the boy knew this too.
> [...]
> "I'll be back when I have the sardines. I'll keep yours and mine together on ice and we can share them in the morning. When I come back you can tell me about the baseball."
> "The Yankees cannot lose."
> "But I fear the Indians of Cleveland."
> "Have faith in the Yankees my son. Think of the great DiMaggio."
> "I fear both the Tigers of Detroit and the Indians of Cleveland."
> "Be careful or you will fear even the Reds of Cincinnati and the White Sox of Chicago."
> "You study it and tell me when I come back."
> "Do you think we should buy a terminal of the lottery with an eigthy-five? Tomorrow is the eighty-fifth day."
> "We can do that," the boy said. "But what about the eighty-seven of your great record?"
> "It could not happen twice. Do you think you can find an eighty-five?"
> "I can order one." (*OM* 16 ff.)

Für das richtige Verständnis dieser Dialoge ist wesentlich, daß es sich dabei um ein gewohnheitsmäßig ablaufendes Kommunikations*spiel* handelt, bei dem die phatische, d.h. die beziehungs- und identitätsstabilisierende Funktion des Sprechens im Vordergrund steht. Bezeichnend dabei ist, daß die übliche Asymmetrie des Lehrer-Schüler-Verhältnisses nur die Oberfläche des Dialogs bildet, während in Wahrheit der jüngere Partner die aktivere Rolle innehat. Manolin, der um die Bedürftigkeit des Alten weiß, bedient sich einer zwischen beiden Partnern eingespielten Gesprächsfiktion, um die menschliche Würde des Älteren nicht zu verletzen. Er liefert darüber hinaus die Stichworte, die es diesem ermöglichen, die Rolle des 'weisen Alten' zu übernehmen. Dabei ist wiederum zu betonen, daß es Hemingway hier nicht darum geht, den manipulativen Charakter solchen Gesprächsverhaltens bloßzulegen, sondern im Gegenteil um die exemplarische Veranschaulichung einer auf Mitmenschlichkeit und wechselseitigen Respekt hin angelegten Gesprächskultur. Bezeichnenderweise wird das Kommunikationsspiel auch von seiten des Älteren so geführt, daß er seinem jüngeren Gesprächspartner auf bestimmten Feldern eine 'Expertenrolle' zubilligt, so daß sich in der Summe ein ausgewogenes Kommunikationsspiel ergibt, bei dem beide Partner einander wechselseitig in ihrem menschlichen Wert bestätigen.

Die mitmenschliche Funktion solcher Kommunikationsspiele wird auch noch einmal im Gespräch der beiden Protagonisten am Schluß der Erzählung sinnfällig. Der Junge sorgt nicht nur dafür, daß der alte Mann wieder physisch zu Kräften kommt, sondern bedient sich darüber hinaus einer Gesprächstherapie, die dessen seelisches Gleichgewicht wiederherstellen soll. Er tut dies, indem er versucht, dem Geschlagenen das im wahrsten Sinne des Wortes tödliche Gefühl der endgültigen und totalen Niederlage ("He knew he was beaten now finally and without remedy [...]", *OM* 119) zu nehmen und in ihm neue Hoffnung auf die Zukunft zu wecken: "'*He* didn't beat you. Not the fish.' [...] 'Now we must make our plans about the other things'" (*OM* 124). Er gibt ihm einen Grund zum Weiterleben, indem er wiederholt an seine Lehrerrolle appelliert: "'[...] we will fish together now for I still have much to learn.' [...] You must get well fast for there is much that I can learn and you can teach me everything. [...]'" (*OM* 125 f.). Der Leser kann vermuten, daß es sich bei dieser Gesprächsstrategie um eine reine Fiktionsbildung handelt, die wahrscheinlich auch von dem alten Mann als solche durchschaut wird. Daß diese Strategie dennoch ihre heilende Wirkung entfaltet, wird an den Reaktionen des alten Mannes deutlich: "He noticed how pleasant it was to have someone to talk to instead of speaking only to himself and to the sea" (*OM* 124). Auch im Schlußsatz der Erzählung scheint sich anzudeuten, daß Santiago unter den wachenden Augen des Jungen in einen Genesungsschlaf gefallen ist: "The old man was dreaming about the lions" (*OM* 127), d.h. er träumt wieder den (im Text in leitmotivartiger Wiederholung mehrfach erwähnten) Traum, in dem seine Jugendzeit wiederbelebt wird.

Daß in den Lehrer-Schüler-Gesprächen der beiden Figuren und später auch in den Selbstgesprächen Santiagos immer wieder ein so banales Motiv wie Baseball auftaucht, hat verschiedene Kritiker irritiert (z.B. Rosenfield, 1968, 41-55), entspricht aber wohl der Absicht des Autors, seinen Helden zwar einerseits mit epischer Größe, andererseits aber auch mit Attributen eines *common man* auszustatten (s. Brenner, 1991). Im vorliegenden Zusammenhang erscheint auch von Bedeutung, daß Hemingway an diesem Motiv verdeutlichen will, daß das konstruktive Potential des Sprechens sich weniger über die Dignität der Inhalte als vielmehr über die Sprechhandlung als solche vermittelt. In seinem einsamen Kampf mit dem Schwertfisch sind es nicht von ungefähr die Selbstgespräche und die Zwiegespräche mit imaginierten Dialogpartnern, die den Widerstandsgeist und den Durchhaltewillen des Protagonisten immer wieder aufs neue beflügeln. Er führt sich dabei u.a. wiederholt den Baseballstar Joe DiMaggio als Vorbildgestalt vor Augen, benutzt Gebets- und religiöse Beschwörungsformeln, ruft sich Erinnerungen an vergangene Bewährungsproben wach und formuliert Spruchsentenzen wie "'A man can be destroyed but not defeated'" (*OM* 103). In litaneiartig wiederholten Beschwörungsformeln wie "'I wish I had the boy'" (*OM* 45) oder "'I wish the boy was here'" (*OM* 50) ruft sich Santiago auch immer wieder das Bild des Jungen wach und macht sich Gedanken darüber, wie er vor ihm in seiner Rolle als Vorbildgestalt bestehen könne: "'I told the boy I was a strange old man,' he said. 'Now is when I must prove it'" (*OM* 66).

In *The Old Man and the Sea* geht es somit nicht allein um die in der bisherigen Hemingway-Kritik so ausgiebig erörterten Themen wie Mut, Tapferkeit, physisches Durchhaltevermögen usw., sondern darüber hinaus auch wieder um die konstruktive Qualität der Sprache und des Sprechens. Wenn Hemingway einerseits die individuelle Tapferkeit seines Helden beschwört, andererseits so emphatisch auf der Bedeutung des Sprechens insistiert, so deutet sich darin freilich auch ein charakteristisches Ambivalenzmuster an. Einerseits versucht er diesen Helden mit der heroischen Aura einer einsamen, auf sich allein gestellten Kämpfergestalt zu umgeben, andererseits läßt sich die Häufigkeit der Selbst- und der imaginären Zwiegespräche als Symptom eines ungestillten Bedürfnisses nach sozialen Beziehungen lesen. Insoweit reflektiert sich in der Santiago-Gestalt wahrscheinlich auch die zunehmende kommunikative Isolation ihres Schöpfers, und insofern hat die allegorische Lesart, die die Herausgeber von *Life* der Erzählung bei ihrer Erstveröffentlichung voranstellten, durchaus einiges für sich: "Santiago is the aged author Hemingway, the marlin is his noble and beautiful works, and the sharks are the predatory critics and reviewers who mutilate his work and reputation" (Brenner, 1991, 9). Die Touristen schließlich, die einen Schwertfisch nicht von einem Hai unterscheiden können, verkörpern in diesem Schema die für die wahre Größe des Autors und seines Werkes verständnislose Leserschaft. Eine etwas penetrante Mischung von Selbstmitleid und Selbstglorifizierung scheint jedenfalls auch hier den psychologischen Subtext zu bilden (s. Young, 1983, 233). Künstlerisch problematisch ist ferner jene 'literarische' Qualität, die ursprünglich für die begeisterte Rezeption der Erzählung verantwortlich war. Das konkrete Geschehen wird mit Hilfe einer aufdringlichen Symbol- und Allegorisierungstechnik von einer künstlichen Aura mythischer Universalität umgeben und erhält dadurch genau jene "false epic quality" (*DA* 54) vor der Hemingway in *Death in the Afternoon* noch selbst gewarnt hatte.

3. Variationen künstlerischer Selbstreflexion: Die nachgelassenen Schriften *Islands in the Stream* (1970), *A Moveable Feast* (1964) und *The Garden of Eden* (1986)

The Old Man and the Sea, die letzte Buchpublikation, die noch zu Lebzeiten des Autors veröffentlicht wurde, war ursprünglich als Teil einer Trilogie mit dem provisorischen Titel "The Sea Book" geplant, an der Hemingway seit 1945 arbeitete.[3] Aus diesem Großprojekt heraus entwickelten sich die beiden unvollendet gebliebenen Teilprojekte *Islands in the Stream* und *The Garden of Eden*. In den 1970 bzw. 1986 postum veröffentlichten Romanfragmenten setzt sich die Tendenz zu künstlerischer Selbstreflexion fort, die sich vorher bereits in "The Snows of Kilimanjaro" und *For Whom the Bell Tolls* angedeutet hatte.

Islands in the Stream besteht aus drei größeren Erzählteilen, die im wesentlichen durch die Hauptfigur Thomas Hudson und den karibischen Handlungshintergrund zusammengehalten werden. Im ersten, nach der im Golfstrom gelegenen Insel "Bimini" benannten Teil, wird Thomas Hudson als ein berühmter und erfolgreicher Maler vorgestellt, der sich zwar gelegentlich mit seinem Agenten in New York trifft, aber den größten Teil seiner Zeit auf der Insel verbringt, die für ihn auch im übertragenen Sinne zu einer „Insel im Strom der Zeit", d.h. zu einem Ort des Rückzugs und der Besinnung geworden ist (De Bruyn, 1987, 316). Über diesem "self-created 'Eden'" (DeFalko, 1987, 313) liegt jedoch der Schatten der Einsamkeit, dem der Künstler zum einen durch eine rigide Arbeitsdisziplin, zum anderen durch die ständige Rückerinnerung an die Vergangenheit zu begegnen sucht. Die Erinnerungstätigkeit ist jedoch selektiv: Um sein Leben erträglich zu gestalten und in seiner künstlerischen Arbeitsroutine fortfahren zu können, entwirft der Protagonist ein nostalgisch getöntes Vergangenheitsbild, in dem alle schmerzlichen Erinnerungen weitgehend unterdrückt sind. Hudson, der unter dem Zerbrechen seiner Ehe leidet, fühlt eine intensive emotionale Bindung an seine drei Söhne Andrew, David und Tom, kann sich jedoch auch während der kurzen Zeit ihres Ferienaufenthalts nicht von seiner Arbeitsroutine lösen. Das Einsamkeitsmotiv wird dadurch intensiviert, daß Hemingway am Ende des "Bimini"-Teils die beiden jüngeren Söhne Hudsons einen Unfalltod sterben und später auch seinen ältesten Sohn als Jagdflieger im Zweiten Weltkrieg ums Leben kommen läßt. Mit dem Schriftsteller Roger Davis wird auch eine (allerdings nur kurzzeitig auftretende und nur skizzenhaft ausgestaltete) *alter ego*-Figur in den Roman eingeführt, die eine jugendliche Version Hudsons, den „nach Selbstfindung und -bestätigung ringenden Künstler" (De Bruyn, 1987, 320), verkörpern soll.

Im zweiten, mit "Cuba" überschriebenen Teil wird geschildert, wie der vereinsamte Künstler seine Situation durch Alkohol- und Tablettenkonsum, Barbesuche und Kontakte zu Prostituierten kompensiert. Als Familienersatz dient ihm eine riesige Hunde- und Katzenschar, unter der ein (von Hudson immer wieder mit "Boy" angeredeter) Kater namens Boise zu seinem bevorzugten Ersatzlebenspartner wird. Am Ende dieses Erzählteils taucht Hudsons frühere Frau wieder auf. Im Gespräch zwischen beiden deutet sich vage die Möglichkeit eines Neubeginns an. Zu einer solchen Entwicklung kommt es jedoch nicht, da Hudson vorzeitig zu einem mysteriösen Geheimauftrag aufbrechen muß. Die Natur dieses Auftrags erfährt der Leser erst im dritten, mit "At Sea" überschriebenen Teil, in dem der Protagonist bei der Jagd auf deutsche U-Boote in Szene gesetzt wird. Der Roman endet mit einer dramatischen Verfolgungsjagd, bei der Thomas Hudson in Erfüllung seiner 'soldatischen Pflicht' den Tod findet.

Wie in "The Snows of Kilimanjaro" wird auch in *Islands in the Stream* wieder der Zusammenhang zwischen dem Kreativitätsverlust und dem privaten Elend einer Künstlerpersönlichkeit thematisiert. Hemingway verwendet dabei erneut massiv autobiographisches Material, allerdings mit dem Unterschied, daß ihm inzwischen die für eine objektive künstlerische Gestaltung des Themas notwendige Kraft zur Selbstdistanz abhanden gekommen ist. Der Text liefert durchaus erschütternde Einblicke in das Elend einer Künstlerpersönlichkeit, die ihre innere Leere durch verzweifelte Ersatzhandlungen zu kompensieren versucht. Hierzu gehören u.a. auch die strenge Arbeitsroutine und die rigide soldatische Pflichtethik des Protagonisten, deren textliche Repräsentation jedoch auf eine eigentümliche Gespaltenheit der Autorstimme verweist. Auf der einen Seite wird der zwanghaft-kompensatorische Charakter solcher Haltungen durchsichtig, andererseits soll der Leser diese auch bewundern. Durch die leitmotivischen Verweise auf die Arbeitsethik Hudsons erhält dieser die 'tragische' Aura des Künstlers, der sein privates Glück einem 'höheren Ziel' opfert. Ähnliches gilt für die sich im soldatischen Pflichtideal erfüllende Männlichkeitsrolle des Protagonisten. In einer Reihe von inneren Monologpassagen wird zwar angedeutet, daß sie das einzige ist, was ihm noch geblieben ist. – "Get it straight. Your boy you lose. Love you lose. Honor has been gone for a long time. Duty you do" (*IS* 318), sagt Hudson zu sich selbst, als er von seiner Frau Abschied nimmt, um seinen militärischen Geheimauftrag zu erfüllen. – Gleichzeitig versucht Hemingway jedoch durch den Einsatz melodramatischer Handlungsversatzstücke, die 'heroische' Qualität seines Helden hervorzuheben. In der erwähnten Abschiedsszene wird der Protagonist, der kurz zuvor vom Kriegstod seines Sohnes erfahren hat, gleich zweifach stereotypisiert: einmal als Held, der sich im Konflikt zwischen Pflicht und Neigung für die Pflicht entscheidet, und zum anderen als Künstler, der sein Künstlertum einer 'höheren Sache' opfert. Einem melodramatischen Handlungsstereotyp entspricht auch die mit dem 'Heldentod' Hudsons endende Verfolgungsjagd am Schluß des Romans. Daß bei dieser Strategie künstlicher Literarisierung eine geradezu adoleszent anmutende Wunschphantasie des Autors am Werke ist, wird um so offenkundiger, wenn man sich den autobiographischen Hintergrund vergegenwärtigt. Als Hemingway im Zweiten Weltkrieg vor der kubanischen Küste nach feindlichen U-Booten fahndete, ist ihm nicht nur kein einziges begegnet, sondern er mußte außerdem ertragen, daß seine Frau Martha die ganze Unternehmung eher lächerlich fand.

Als Hemingway 1952 die Arbeit an dem Manuskript von *Islands in the Stream* einstellte, arbeitete er bereits seit mehreren Jahren an *The Garden of Eden*. Dieses Projekt sollte ihn noch bis zum März 1959 beschäftigen, bevor er es wegen seiner beim *Life*-Magazin eingegangenen Verpflichtungen für die Stierkampfreportage *The Dangerous Summer* (1960, Wiederveröffentlichung postum 1985) beiseite legte. Außerdem arbeitete er von 1957 bis kurz vor seinem Tode an dem Erinnerungsbuch *A Moveable Feast* sowie zwischen 1954 und 1956 an einem 'afrikanischen Buch', das nach dem Willen seiner Erben im Juli 1999 anläßlich seines 100. Geburtstags unter dem Titel *True at First Light* bei Scribner's erscheinen soll.

Daß *A Moveable Feast* schon bald nach dem Tode des Autors veröffentlicht werden konnte, während die Publikation von *The Garden of Eden* bis 1986 (und die des 'afrikanischen Buchs' sogar bis 1999) auf sich warten ließ, hat wohl nicht allein damit zu tun, daß der früher erschienene Text bereits als weitgehend abgeschlossenes Manuskript vorlag und deshalb weniger editionstechnische Probleme mit sich brachte, sondern ist vermutlich auch die Konsequenz einer geschickten, wenn auch moralisch fragwürdigen Vermarktungspolitik. *A Moveable Feast*, ein durch editorische Eingriffe Marys zusätzlich geglätteter Text (Brenner, 1987, 297-311; Tavernier-Courbin, 1991), ist im wesentlichen ein "self-portrait calculated for popular consumption" (Kennedy, 1991, 187), in dem noch einmal das romantische Bild vom aufstrebenden jugendlichen Schriftstellerhelden inmitten der prickelnden Atmosphäre im Paris der zwanziger Jahre evoziert wird:

> The hard-working, fun-loving hero [...] displays orthodox heterosexual inclinations; he fantasizes about a "very pretty" girl he sees in a café, celebrates lovemaking with his wife Hadley, and approves of [...] *machismo*. Conversely, he ridicules an effeminate homosexual [...], satirizes Fitzgerald's sexual uncertainties, and professes disgust at the lesbian practices of Stein and Toklas. (Kennedy, 1991, 187)

Im signifikanten Gegensatz zu diesem für den damaligen Zeitgeschmack noch durchaus mediengerechten Selbstporträt weist der Roman *The Garden of Eden* eine Reihe von Themen, Motiven und Techniken auf, die in den frühen sechziger Jahren wahrscheinlich nur Unverständnis oder gar Fassungslosigkeit hervorgerufen hätten, im veränderten Rezeptionsklima der 'postmodernen' achtziger Jahre jedoch durchaus 'im Trend' lagen. Inwieweit das veränderte Rezeptionsklima die Veröffentlichung mit motivierte, obwohl dies nicht ohne gravierende editorische Eingriffe und Manipulationen am ursprünglichen Textmaterial möglich war (s. Jenks, 1987, 30-33), sei hier dahingestellt. Produktionsästhetisch betrachtet, hat es jedenfalls den Anschein, als ob im imaginären Experimentierraum des fiktionalen Textes Phantasiematerial entfaltet wird, das in dem als autobiographisch markierten Text *A Moveable Feast* unterdrückt bleibt. Interessant ist in diesem Zusammenhang die von Rose Marie Burwell aus dem unveröffentlichten Manuskriptmaterial entnommene Bemerkung des Autors, daß er *The Garden of Eden* als eine Fortsetzung von *A Moveable Feast* konzipiert habe (Burwell, 1996, xxiv). In der Tat spricht vieles für die Annahme J. Gerald Kennedys, daß es sich bei den beiden Texten um "separate but related versions of the same story – a young writer's fall from innocence into the complications of sexual ambiguity" handelt (1991, 188).

Als autobiographisches Substrat von *The Garden of Eden* (auf dessen veröffentlichte Version sich die nachfolgenden Erörterungen beschränken) läßt sich u.a. das Dreiecksverhältnis ausmachen, das Hemingway in den zwanziger Jahren zeitweilig zu Hadley und Pauline unterhielt. Dieses autobiographische Motiv, das auch am Ende von *A Moveable Feast* den Verlust der 'Unschuld' des Helden signalisiert, wird in dem Roman in der Beziehung zwischen dem jungen Schriftsteller David Bourne, seiner Frau Catherine und deren gemeinsamer Freundin Marita wieder aufgenommen. Über die zunächst noch von scheinbar ungetrübtem, gewissermaßen 'paradiesischem' Glück geprägte Ehebeziehung fallen erste Schatten, als Catherine ihren Ehemann in Spiele hineinzieht, in denen die beiden androgyne Phantasien ausleben und mit wechselnden Geschlechterrollen experimentieren. Dies findet seinen Ausdruck u.a. in einem Handlungsmotiv, das auch in zahlreichen früheren Texten Hemingways auftaucht, hier jedoch mit ungewohnter Deutlichkeit auf die Androgyniethematik hin semantisiert ist: Catherine legt sich den gleichen Haarschnitt wie ihr Mann zu, so daß sie wie ein Junge aussieht. Darüber hinaus phantasiert sie davon, sich durch Sonnenbräunung eine dunkle Hautfarbe zuzulegen, die sie in eine Indianerin oder in Davids "African girl" (*GE* 29) verwandeln könnte.

Die Schatten über der Beziehung verdunkeln sich, als Catherine mit einer jungen Frau namens Marita eine weitere Person in die Verbindung einbringt, die das Verhältnis durch bisexuelle Erotikspiele mit den beiden Ehepartnern vollends aus ihrem prekären Gleichgewicht bringt. Catherine, die bereits von Beginn an eine pathologisch erscheinende Abneigung gegen die schriftstellerische Rolle ihres Ehepartners erkennen läßt, wird im Laufe der Zeit immer mehr von einer krankhaften und zugleich (durch das Leitmotiv 'Devil' signalisierten) diabolischen Eifersucht getrieben. Diese richtet sich jedoch nicht so sehr gegen ihre Rivalin, als vielmehr auf die 'afrikanische Geschichte', an der ihr Mann gerade schreibt. Es handelt sich dabei um eine Jagd- und Initiationsgeschichte, in der David Bourne seine Beziehung zu seinem Vater imaginativ zu verarbeiten sucht. Während sie ihn bedrängt, von diesem Projekt abzulassen und statt dessen ihre erotische Beziehung zu seinem schriftstellerischen Sujet zu machen, wird die Arbeit an diesem 'männlichen' Text (Burwell 1996, 95 und ff.) für David Bourne mehr und mehr zu einem imaginären Schutzraum für seine bedrohte Geschlechtsidentität. Catherine gelingt es aber, sich der Manuskripte ihres Mannes zu bemächtigen und sie zu verbrennen. Der Roman endet (in der veröffentlichten Fassung[4]) damit, daß David Bourne die afrikanische Geschichte neu zu schreiben beginnt und dabei eine vorher noch nicht verspürte Kontrolle über den Text gewinnt:

> David wrote steadily and well and the sentences that he had made before came to him complete and entire and he put them down, corrected them, and cut them as if he were going over proof. Not a sentence was missing and there were many that he put down as they were returned to him without changing them. By two o'clock he had recovered, corrected and improved what it had taken him five days to write originally. He wrote on a while longer now and there was no sign that any of it would ever cease returning to him intact. (*GE* 247)

Von den nachgelassenen Schriften des Autors ist *The Garden of Eden* zweifellos die in mehrfacher Hinsicht interessanteste. Die neuere Biographieforschung findet in ihr einen wichtigen Schlüsseltext für die grundlegende Revision des herkömmlichen Hemingway-Bildes, bei dem nicht mehr die öffentlich inszenierte Männlichkeitsrolle, sondern die androgynen Züge und die Geschlechtsambivalenz der Autorpersönlichkeit im Vordergrund stehen (u.a. Lynn, 1987; Spilka, 1990). Ein aufschlußreiches Dokument ist das Romanfragment auch aus texthermeneutischer Sicht, da es bestimmte Themen und Motive früherer Texte retrospektiv in ein neues Licht rückt. Vor allem aber ist *The Garden of Eden* ein eindrucksvolles Zeugnis von Hemingways anhaltendem Bemühen um eine radikale künstlerische Neuorientierung. Der Text markiert die Endstufe einer in den dreißiger Jahren mit den Erzählungen "The Short Happy Life of Francis Macomber" und "The Snows of Kilimanjaro" einsetzenden Entwicklung, in deren Verlauf sich der Autor immer mehr von dem modernistischen Kunstkonzept seiner Frühphase entfernte. An die Stelle der Konzentration auf das konkrete gegenständliche Detail und des Eisbergprinzips treten nun zunehmend literarische Kommunikationsformen wie Introspektion, Selbstreflexion und Selbstgespräch. Im Mittelpunkt stehen in zunehmendem Maße Figuren, die über ein differenziertes Bildungsniveau verfügen und sich sprachlich oder gedanklich über Kunst und Literatur äußern. Insbesondere durch den verstärkten Einsatz von Künstler- bzw. Schriftstellerfiguren, mit deren Hilfe Probleme des Schreibens bzw. des künstlerischen Schaffens thematisiert werden, gewinnt das Spätwerk des Autors zunehmend an ästhetisch-poetologischer Selbstreflexivität. In *The Garden of Eden* erreicht diese Qualität ein neues Niveau. Mit dem Schriftsteller David Bourne läßt sich Hemingway auf eine auch das eigene Schriftsteller-Ich rücksichtslos bloßlegende Reflexion über die seelischen Ur-

bzw. Abgründe künstlerischer Kreativität ein. Anders als noch bei *Islands in the Stream* wird hier der künstlerische Reflexions- und Schaffensprozeß unmittelbar in Szene gesetzt, wobei das Romangeschehen und der darin eingelagerte Erzähltext im Sinne des *mise-en-abyme*-Prinzips thematisch miteinander korrespondieren (s. Nagel, 1989, 329-338). Mit dieser pointiert metafiktionalen Erzählstruktur weist der Roman ebenso auf die Postmoderne voraus wie mit dem anti-essentialistischen, (de-)konstruktivistischen Identitätskonzept, das in den geschlechtlichen und rassischen Verwandlungsspielen der Figuren zum Ausdruck kommt.[5]

Wenn Hemingway sich nach *The Old Man and the Sea* hoffnungslos im Textgewirr seiner ambitiösen literarischen Projekte verstrickte und keines mehr zum Abschluß bringen konnte, so ist dies ein Anzeichen dafür, daß ihm in seiner Spätphase immer mehr die künstlerische Kontrolle über sein Material entglitt. Mitverantwortlich dafür war ohne Zweifel der fortschreitende physische und psychische Verfall des Schriftstellers. Darüber hinaus war es jedoch wohl gerade auch die gesteigerte künstlerische Selbstreflexivität, die seine Kreativität zunehmend lähmte. Je mehr er schrieb, desto mehr wurde er sich vermutlich der Aporien des Kunstkonzepts bewußt, unter dem er ursprünglich angetreten war und von dem er sich ausgerechnet in dem Augenblick zu lösen begann, als er es programmatisch formuliert hatte. Diese Strategie des literarischen *self-fashioning* sollte sich auch im Hinblick auf die Rezeptionssituation als kontraproduktiv erweisen. Indem Hemingway der Kritik gewissermaßen die Kategorien 'vorschrieb', nach denen er seine literarischen Schöpfungen beurteilt wissen wollte, verstellte er dieser zugleich tendenziell den Blick auf die neuen Entwicklungen, die sich seit den frühen dreißiger Jahren in seinem Werk abzeichneten. Hemingway geriet dabei in ein Schaffensdilemma, das vielleicht mit dazu beitrug, daß er am 2. Juli 1961 freiwillig aus dem Leben schied.

Anmerkungen

Einleitung

[1]Siehe u.a. Benson (1975, 1990), Johnston (1987), Flora (1989), Smith (1989), Beegel (1989).

Kapitel I

[1]Siehe z.B. Wexler (1981), 111-123; Spanier (1990), 75-87.

[2]Die nachfolgenden Ausführungen stützen sich im wesentlichen auf die Darstellungen von Kert (1983), Meyers (1985), Reynolds (1986) und Lynn (1987). Auf Seitenverweise wurde, außer bei wörtlichen Zitaten oder der Erörterung einer spezifischen These, verzichtet.

[3]Vgl. Grebstein (1973), der in diesem Gegensatz ein strukturbestimmendes Prinzip von Hemingways Prosa erkennt.

[4]Lynn (1987), 73 f., weist darauf hin, daß es keine Belege dafür gibt, daß Hemingway sich offiziell bei der Armee gemeldet hat, und vermutet sogar, daß auch dies eine erfundene Geschichte ist.

[5]Dies ist eine zentrale These von Lynns Studie.

[6]Siehe hier und zum Folgenden insbesondere Reynolds (1986), 1 ff.

[7]Siehe zum Folgenden insbesondere die Studien von Meyers (1985), Reynolds (1986) und Lynn (1987).

[8]Siehe hier und zum Folgenden Vf., 1993, 19-26 mit Bezug auf McFarlane (1976), 71-93, Boorstin (1975) und Trilling (1972).

[9]Zitate und Seitenverweise zur Primärliteratur erfolgen nach den im Literaturverzeichnis aufgeführten Ausgaben und unter Verwendung folgender Kürzel: *SR* (*The Sun Also Rises*), *FA* (*A Farewell to Arms*), *DA* (*Death in the Afternoon*), *GH* (*Green Hills of Africa*), *HN* (*To Have and Have Not*), *BT* (*For Whom the Bell Tolls*), *AR* (*Across the River and into the Trees*), *OM* (*The Old Man and the Sea*), *IS* (*Islands in the Stream*), *GE* (*The Garden of Eden*). Zitate und Seitenverweise zu den Kurzgeschichten erfolgen unter dem Kürzel *SS* nach der Ausgabe *The Short Stories of Ernest Hemingway* (1966).

[10]Siehe dazu auch Fenton (1954).

[11]Vgl. in diesem Zusammenhang auch Zapf (1990), 96-111.

Kapitel II

[1]Zu erwähnen ist in diesem Zusammenhang auch die Biographie Griffins (1985), in der einige der vor 1920 entstandenen Texte aus Hemingways weiterem Manuskriptnachlaß abgedruckt sind.

[2]Siehe zu *In Our Time* u.a. Reynolds (1983) und Tetlow (1992).

[3]Nicht mitgezählt ist hier die Vignette "*Nick sat against the wall of the church* [...]" (Kap. VI von *In Our Time*), *SS* 139 sowie die von Philip Young in die von ihm besorgte Ausgabe von *The Nick Adams Stories* (1972) zusätzlich aufgenommenen Texte.

[4]Siehe zu diesem Problemzusammenhang auch Meyers (1990), mit weiterführenden Literaturhinweisen.

[5]Vgl. u.a. Leuchtenburg (1958), 16 f.; Faulkner (1952), 665 ff.; Morison/Commager (1962), 551; Guggisberg (1975), 168.

[6]Read, *Atrocity Propaganda* (1941), 1-78, siehe auch Cooperman (1967), 13 ff.

[7]Vgl. Kaes (1975), 43, dem ich einige der vorausgegangenen Texthinweise verdanke.

[8]Vgl. Allen (1964), 14 f.: "By half-past four on the morning of the 11th [of November 1918], sirens, whistles, and bells were rousing the sleepers in a score of American cities, and newsboys were shouting up and down the dark streets. [...] So the tidings spread throughout the country. In city after city mid-morning found offices half deserted, signs tacked up on shop doors reading 'CLOSED FOR THE KAISER'S FUNERAL,' people marching up and down the streets again as they had four days previously, pretty girls kissing every soldier they saw, automobiles slowly creeping through the crowds and intentionally backfiring to add to the noise of horns and rattles and every other sort of din-making device."

[9]Vgl. etwa Faulkner (1952), 714: "While America enjoyed an advance in material prosperity, she suffered from a decade of spiritual reaction, which worked itself out in many and devious ways. It was in part a normal reaction from the reform years that preceded the war [...], in part a reaction from the frenzy of the 'great crusade,' and in part a nostalgic desire to return to an era that had gone forever. Harding's hope for an impossible return to 'normalcy' was a key to the decade."

[10]Lerner, Bd. II (1957), 712; vgl. auch Lynd (1929), 315 ff.

[11]So konnten F. und K. Lynd noch im Jahre 1929 (112) sagen: "A heavy taboo, supported by law and by both religious and popular sanctions, rests upon sexual reationships between persons who are not married. There appears to be some tentative relaxing of this taboo among the younger generation, but in general it is as strong today as in the county seat of forty years ago." Vgl. auch Lerner, Bd. II (1957), 567 f.

[12]Man wird hier freilich auch wieder auf eine lange geistesgeschichtliche Tradition verweisen können, handelt es sich bei dem Motiv der Flucht aus der Gesellschaft doch um ein geradezu archetypisches amerikanisches Muster, das sich von den Lederstrumpfromanen Coopers über Huck Finns berühmten Entschluß 'to light out for the territory' bis hin zu Hemingway und der heutigen Gegenwartsliteratur verfolgen läßt. Stellvertretend für eine lange Liste lassen sich hier Titel wie Salingers *The Catcher in the Rye*, Bellows *Henderson the Rain King,* Kerouacs *On the Road* oder Ken Keseys *One Flew Over the Cuckoo's Nest* anführen.

[13]Siehe dazu u.a. die Sammelbände von Bloom (1987b) und Wagner-Martin (1987) sowie die Monographien von Reynolds (1988) und Rudat (1990; 1992).

[14]Sarason (1972), 66. Siehe auch Kathleen Cannell, "Scenes with a Hero", in Sarason (1972), 149.

[15]Harold Loeb, "Hemingway's Bitterness", in Sarason (1972), 117.

[16]Zur Antisemitismusproblematik bei *The Sun Also Rises* vgl. auch Horst Breuer (1986), 127-139.

[17]Hemingway, *Selected Letters*, ed. Baker (1981), 240.

[18]Ebd., 353.

[19]"Introduction", ebd., XVII.

[20]Donald St. John, "Interview with Donald Ogden Stewart", in Sarason (1972), 189-206, hier 201.

[21]Siehe dazu ausführlicher Kap. III,2 dieser Arbeit.

[22]In diesen und ähnlichen Situationen wird Cohn zu einer regelrechten Komödienfigur, in der sich Züge Charley Chaplins, Don Quichotes und der jüdischen Schlemihl-Figur miteinander verbinden. Zu den komisch-satirischen Zügen des Romans siehe vor allem Benson (1969), 28 ff. Zum Don-Quichote-Motiv siehe Stephens (1961). Zum Schlemihl-Motiv siehe Kopf (1969).

[23]Cohn und Jake werden außerdem durch ein anderes Motiv miteinander parallelisiert. Beiden passiert es gelegentlich, daß sie zum unpassenden Zeitpunkt schläfrig werden. Bei Cohn signalisiert dies unverkennbar einen Mangel an authentischer Empfindungs- und Erlebnisfähigkeit. Während z.B. Bill und Jake auf der Anfahrt nach Pamplona von der Schönheit der baskischen Landschaft ergriffen sind, bleibt Cohn davon gänzlich unberührt: "Robert Cohn was asleep, but Bill looked and nodded his head" (*SR* 93). Auch auf dem Höhepunkt der Fiesta verschläft er mehrere Stunden, was Bill zu dem sarkastischen Kommentar "'You were only dead'" (*SR* 159) veranlaßt. Ironischerweise wird jedoch bald darauf auch der Erzähler selbst von Müdigkeit übermannt. In seiner Trunkenheit landet er bezeichnenderweise in Cohns Zimmer: "[...] I went up-stairs and slept on one of the beds in Cohn's room" (*SR* 160). Jakes Ähnlichkeit mit Cohn findet ihre 'gegenständliche Entsprechung' schließlich auch in folgendem Vorgang: "I had been sleeping heavily and I woke feeling I was too late. I put on a coat of Cohn's and went out on the balcony" (*SR* 160).

[24]Vgl. zum Begriff der 'paradoxen Handlungsaufforderung' Watzlawick et al. (1969), 178 ff.

[25]Siehe z.B. Owen Wisters kritischen Kommentar. Zit. in Lynn (1987), 383. Zur Entstehung von *A Farewell to Arms* siehe Reynolds (1976) und Oldsey (1979).

[26]Zit. in Donaldson (1990), 12. Zur weiteren Rezeption siehe ebd., 1-25.

[27]So etwa die Deutungen von Robert Penn Warren, Carlos Baker, Cleanth Brooks oder Earl Rovit. Siehe dazu ausführlich die einleitenden Forschungsberichte von Jay Gellens (1970), "Introduction", 2-14 und Donaldson (1990), "Introduction", 15 ff. Weiterführende Informationen in Lewis (1992).

[28]Siehe Gellens (1970), "Introduction", 2; Philip Young, (1970), 29.

[29]Holder (1974), 103. Zit. in Spofford (1978), 307.

[30]Donaldson (1990), "Introduction", 20 f., sowie im Detail Donaldson (1978), 151-162 und Donaldson (1983), 165-185.

[31]Spanier (1990), 76. Siehe auch Spanier (1987), 131-148.

[32]Hierzu und zum Folgenden auch Stubbs (1974), 275 f.

[33]Vgl. zu diesem Begriff Breuer (1985), 577-591. Der Begriff wird hier – in einem von Breuer abweichenden Sinne – auf die textimmanente Figurenanalyse bezogen.

[34]Vgl. zum Begriff der 'Komplementarität' auch Laing (1971), Kap. 6: "Complementary Identity".

[35]Diese Spiele lassen sich durchaus auch als Ausdruck 'transsexueller Phantasien' deuten, wie sie später auch von Catherine und David in *The Garden of Eden* ausgelebt werden. Zu diesem Aspekt, der im Hinblick auf die Frage von Hemingways Ge-

schlechtsidentifikation von höchster Brisanz ist, vgl. u.a. Lynn (1987), 388 und passim sowie Spilka (1990).

Kapitel III

[1]Zu diesem Aspekt in Hemingways Biographie siehe u.a. Raeburn (1984) und Leff (1997). Über Hemingway in den dreißiger Jahren siehe auch Reynolds (1997).

[2]Vgl. auch die Passage aus Andersons Memoiren, in denen der Autor in fast selbstparodistischer Weise ein mystisch verklärtes Selbstbild 'inspirierten Dichtertums' projiziert: "I was there naked in the bed and I sprang up. I went to my typewriter and began to write. It was there, under those circumstances, myself sitting near an open window, the rain occasionally blowing in and wetting my bare back, that I did my first writing" (zit. in Crowley, 1990, 11).

[3]Für Quellen- und Hintergrundmaterial zu diesen beiden Erzählungen siehe Howell (1969).

[4]Vorgeschlagen wurde dieses Interpretationsschema erstmals von Edmund Wilson: "[...] the male [in "Macomber"] saves his soul at the last minute, and he is actually shot down by his woman, who does not want him to have a soul. Here Hemingway [...] has written a terrific fable of the impossible civilized woman who despises the civilized man for his failure in initiative and nerve and then jealously tries to break him down as soon as he begins to exhibit any". Zit. in Lynn (1987), 433.

[5][...] I remember the sudden happiness and the feeling of having a permanent protecting talisman when a young British officer I met when in the hospital first wrote out for me, so that I could remember them, these lines:

"*By my troth, I care not: a man can die but once; we owe God a death ... and let it go which way it will, he that dies this year is quit for the next.*"

That is probably the best thing that is written in this book and, with nothing else, a man can get along all right on that (Hemingway, 1942, xiv).

[6]Der oben zitierten Textpassage läßt sich andeutungsweise entnehmen, daß Wilson Probleme damit hat, die ihm von Margot zugewiesene männliche 'Prostituiertenrolle' zu akzeptieren.

[7]Exemplarisch für diesen Interpretationsansatz ist Evans (1961), 601-607. Eine kritische Auseinandersetzung mit diesem Ansatz liefert Santangelo (1975), 251-261, dem die vorliegende Analyse wichtige Anregungen verdankt.

[8]Lynn (1987), Kap. 17; siehe zum Folgenden ebd., Kap. 19.

[9]Siehe hier und zum Folgenden u.a. Meyers (1985), Kap. 15; Lynn (1987), Kap. 19.

[10]Vgl. dagegen Kinnamon (1996), 149-169, der den m.E. wenig überzeugenden Versuch unternimmt, bei Hemingway ein kritisches Politikbewußtsein nachzuweisen.

[11]Siehe u.a. Josephs (1989), 313-327; Light (1975), 64-77.

[12]Dazu u.a. Watson (1990), 121-134, 469-471; Goetsch (1973), 85-96.

[13]Zum Aspekt schriftstellerischer Selbstreflexion in Hemingways Werk siehe auch Fleming (1994).

[14]Zur kontroversen, z.T. recht polemisch geführten Diskussion über die Sprachthematik in *For Whom the Bell Tolls* siehe u.a. die Studien von Fenimore (1943), 73-86; Barea (1971), 80-90; Allen (1971), 91-93; Moses (1978); Josephs (1983), 205-223; Fleming (1985), 265-277; Rudat (1990a), 34-51. Den bislang fruchtbarsten Beitrag zu

dieser Diskussion lieferte Stephens (1972), 151-164, an dessen grundlegende Überlegungen über die 'wirklichkeitskonstituierende' Macht der Sprache in diesem Roman die vorliegende Analyse anknüpft.

[15]Die Affinität Robert Jordans zu den klassischen Westernhelden der amerikanischen Geschichte und Mythologie erörtern Reynolds (1992b), 27-35 und Rehberger (1992), 159-184.

[16]Vgl. Teunissen (1976), 52-69, der den Roman in diesem Sinne als ein "Mythic Narrative" deutet: "Personal fulfilment in the union with the archetypes of the Great Past seems still possible [...], Hemingway tells us [...]" (66).

[17]Zur thematischen Funktion des Custer-Mythos in *For Whom the Bell Tolls* vgl. Teunissen (1976), 59 ff. und Rehberger (1992), 176 ff.

[18]Zur Rezeptionsgeschichte des Romans siehe Sanderson (1992), 1-17 sowie ebd. "Selected Bibliography", 185-190.

[19]Vgl. dazu Watson (1992), 37-57 und Molesworth (1992), 83-97, die beide in jeweils unterschiedlicher Weise auf die politische Ambivalenz bzw. den politischen Kompromißcharakter des Romans eingehen. Zum politischen Engagement Hemingways im spanischen Bürgerkrieg siehe u.a. die Studien von Sanders (1960), 133-143, Capellán (1972), Kap. 13, 241 ff., Cooper (1987), Kap. 6, 81 ff., Rodenberg (1988), 46-75 und Josephs (1989), 175-184.

Kapitel IV

[1]Siehe hier und im folgenden u.a. Meyers (1985), 298 ff., Lynn (1987), 498 ff.

[2]Jeffrey Meyers (1985), 540, macht es sich mit seinem pauschalisierenden Urteil zu leicht, wenn er über Mary behauptet: "She did not have the ability to probe the nuances of human motivation."

[3]Zur Entstehungsgeschichte der nachgelassenen Schriften siehe hier und im folgenden die ausführliche Studie von Burwell (1996).

[4]Das optimistische Ende ist nur eine von verschiedenen provisorischen Schlußgebungen. Siehe Fleming (1989), 261-270.

[5]Wie dem Zeugnis Burwells (1996, xxv) zu entnehmen ist, ist in das 'afrikanische Buch' weiteres 'transgressives' Phantasiematerial – über Themen wie "homosexuality, polygamy, miscegenation, and cannibalism" – eingegangen.

Literatur

Primärliteratur

The Torrents of Spring (New York: Scribner's, 1926).
The Sun Also Rises (New York: Scribner's, 1954 [[1]1926]).
A Farewell to Arms (New York: Scribner's, 1957 [[1]1929]).
Death in the Afternoon (New York: Scribner's, 1955 [[1]1932]).
Green Hills of Africa (New York: Scribner's, 1963 [[1]1935]).
To Have and Have Not (New York: Scribner's, 1965 [[1]1937]).
The Short Stories of Ernest Hemingway (New York: Scribner's, 1966 [[1]1938]).
For Whom the Bell Tolls (New York: Scribner's, 1968 [[1]1940]).
"Introduction", *Men at War*, hrsg. v. Ernest Hemingway (New York: Crown, 1942), xi-xxxi.
Across the River and into the Trees (New York: Scribner's, 1950).
The Old Man and the Sea (New York: Scribner's, 1995 [[1]1952]).
A Moveable Feast (New York: Scribner's 1964).
The Fifth Column and Four Stories of the Spanish Civil War (New York: Scribner's, 1969).
Islands in the Stream (New York: Scribner's, 1997 [[1]1970]).
The Nick Adams Stories (New York: Scribner's, 1972).
Ernest Hemingway: Selected Letters 1917-1961, hrsg. v. Carlos Baker (New York: Scribner's, 1981).
The Garden of Eden (New York: Scribner's, 1986).
The Dangerous Summer (New York: Scribner's, 1985 [[1]1960]).
The Complete Short Stories of Ernest Hemingway (New York: Scribner's, 1987).

Sekundärliteratur

1. Studien zu Ernest Hemingway

Allen, John J. "The English of Hemingway's Spaniards". In: Sheldon Norman Grebstein, Hrsg., *The Merrill Studies in 'For Whom the Bell Tolls'* (Columbia, Ohio: Merrill, 1971), 91-93.

Baker, Carlos. *Hemingway: The Writer as Artist*. 4. Aufl. (Princeton, N.J.: Princeton U.P., 1972 [[1]1952]).

Baker, Carlos. *Ernest Hemingway: A Life Story* (New York: Scribner's, 1969).

Barea, Arturo. "Not Spain but Hemingway". In: Sheldon Norman Grebstein, Hrsg., *The Merrill Studies in 'For Whom the Bell Tolls'* (Columbia, Ohio: Merrill, 1971), 80-90.

Baym, Nina. "Actually, I Felt Sorry For the Lion". In: Jackson J. Benson, Hrsg., *New Critical Approaches to the Short Stories of Ernest Hemingway* (Durham: Duke U.P., 1990), 112-120, 467-468.

Beegel, Susan F., Hrsg. *Hemingway's Neglected Short Fiction: New Perspectives* (Tuscaloosa: Univ. of Alabama Press, 1989).

Bell, Millicent. "*A Farewell to Arms*: Pseudoautobiography and Personal Metaphor". In: James Nagel, Hrsg., *Ernest Hemingway: The Writer in Context* (Madison: Univ. of Wisconsin Press, 1984), 107-128.

Benson, Jackson J. *Hemingway: The Writer's Art of Self Defense* (Minneapolis: Univ. of Minnesota Press, 1969).

Benson, Jackson J., Hrsg. *The Short Stories of Ernest Hemingway: Critical Essays* (Durham, N.C.: Duke U.P., 1975).

Benson, Jackson J., Hrsg. *New Critical Approaches to the Short Stories of Ernest Hemingway*; With an Overview Essay by Paul Smith and a Comprehensive Checklist to the Criticism, 1975-1990 (Durham: Duke U.P., 1990).

Bloom, Harold, Hrsg. *Modern Critical Interpretations: Ernest Hemingway's 'A Farewell to Arms'* (New York: Chelsea, 1987a).

Bloom, Harold, Hrsg. *Modern Critical Interpretations: Ernest Hemingway's 'The Sun Also Rises'* (New York: Chelsea, 1987b).

Brenner, Gerry. "Are We Going to Hemingway's *Feast*?". In: Linda W. Wagner, Hrsg., *Ernest Hemingway: Six Decades of Criticism* (East Lansing, Mich.: Michigan State U.P., 1987) 297-311.

Brenner, Gerry. *The Old Man and the Sea: Story of a Common Man* (New York: Twayne, 1991).

Breuer, Horst, und Dieter Ohlmeier. "Reise ins finsterste Afrika: Psychoanalytische Bemerkungen zu Ernest Hemingways Erzählung 'The Short Happy Life of Francis Macomber'". *Amerikastudien/American Studies*, 30 (1985), 47-57.

Breuer, Horst. "Ernest Hemingway und Otto Weininger: Zur ideengeschichtlichen Kontextualisierung von *The Sun Also Rises*". In: Maria Diedrich und Christoph Schöneich, Hrsg., *Studien zur englischen und amerikanischen Prosa nach dem Ersten Weltkrieg, Festschrift für Kurt Otten zum 60. Geburtstag* (Darmstadt: Wissenschaftliche Buchgesellschaft, 1986), 127-139.

Burwell, Rose Marie. *Hemingway: The Postwar Years and the Posthumous Novels* (Cambridge, Mass.: Cambridge U.P., 1996).

Cannell, Kathleen. "Scenes with a Hero". In: Bertram D. Sarason, Hrsg., *Hemingway and 'The Sun' Set* (Washington, D.C.: Microcard Editions, 1972), 145-150.

Capellán, Angel. *Hemingway and the Hispanic World* (Ann Arbor, Mich.: UMI Research Press, 1985).

Conlon, Raymond. "'The Fifth Column': A Political Morality Play". *Hemingway Review*, 6,ii (1987), 11-16.

Cooper, Stephen. *The Politics of Ernest Hemingway* (Ann Arbor, Mich.: Univ. Microfilms, 1987).

Cooperman, Stanley. "Death and Cojones: Hemingway's *A Farewell to Arms*". *South Atlantic Quarterly*, 63 (1964), 85-92.

Crozier, Robert D., S.J. "For Thine Is the Power and the Glory: Love in *For Whom the Bell Tolls*". *Papers on Language and Literature*, 10 (1974), 76-97.

DeBruyn, Wolfgang. "Ernest Hemingways autobiographischer Roman *Islands in the Stream*: Der Versuch einer Annäherung". *Zeitschrift für Anglistik und Amerikanistik*, 35 (1987), 316-325.

DeFalko, Joseph M. "'Bimini' and the Subject of Hemingway's *Islands in the Stream*". In: Linda W. Wagner, Hrsg., *Ernest Hemingway: Six Decades of Criticism* (East Lansing, Mich.: Michigan State U.P., 1987), 313-324.

Donaldson, Scott. *By Force of Will: The Life and Art of Ernest Hemingway* (Harmondsworth: Penguin, 1978 [[1]1977]).

Donaldson, Scott. "Frederic Henry's Escape and the Pose of Passivity". In: Donald R. Noble, Hrsg., *Hemingway: A Revaluation* (Troy, N.Y.: Whitston, 1983), 165-185.

Donaldson, Scott, Hrsg. *New Essays on 'A Farewell to Arms'* (Cambridge, Mass.: Cambridge U. P., 1990).

Donaldson, Scott, Hrsg. *The Cambridge Companion to Hemingway* (Cambridge, Mass.: Cambridge U.P., 1996).

Evans, Oliver. "'The Snows of Kilimanjaro': A Revaluation". *PMLA*, 76 (1961), 601-607.

Fenimore, Edward. "English and Spanish in *For Whom the Bell Tolls*". *English Literary History*, 10 (1943), 73-86.

Fenton, Charles A. *The Apprenticeship of Ernest Hemingway: The Early Years* (New York: Farrar, Straus & Young, 1954).

Fetterley, Judith. "*A Farewell to Arms*: Hemingway's Resentful Cryptogram", In: J. Fetterley, *The Resisting Reader: A Feminist Approach to American Fiction* (Bloomington: Indiana U.P., 1978), 46-71.

Fietz, Lothar. "Hemingway – *The Sun Also Rises*". In: Hans-Joachim Lang, Hrsg., *Der amerikanische Roman: Von den Anfängen bis zur Gegenwart* (Düsseldorf: Bagel, 1972), 276-300, 410-415.

Fleming, Bruce. "Writing in Pidgin: Language in *For Whom the Bell Tolls*". *Dutch Quarterly Review of Anglo-American Letters*, 15,iv (1985), 265-277.

Fleming, Robert E. "Hemingway's Treatment of Suicide: 'Fathers and Sons' and *For Whom the Bell Tolls*". *Arizona Quarterly*, 33 (1977), 121-132.

Fleming, Robert E. "The Endings of Hemingway's *Garden of Eden*". *American Literature*, 6 (1989), 261-270.

Fleming, Robert E. *The Face in the Mirror: Hemingway's Writers* (Tuscaloosa: Univ. of Alabama Press, 1994).

Flora, Joseph M. *Hemingway's Nick Adams* (Baton Rouge: Louisiana State U.P., 1982).

Flora, Joseph M. *Ernest Hemingway: A Study of the Short Fiction* (Boston: Twayne, 1989).

Gajdusek, Robert E. "Pilar's Tale: The Myth and the Message". In: Rena Sanderson, Hrsg., *Blowing the Bridge: Essays on Hemingway and 'For Whom the Bell Tolls'* (New York: Greewood, 1992), 113-130.

Gellens, Jay, Hrsg. *Twentieth Century Interpretations of 'A Farewell to Arms': A Collection of Critical Essays* (Englewood Cliffs, N.J.: Prentice-Hall, 1970).

Gerogiannis, Nicholas. "Hemingway's Poetry: Angry Notes of an Ambivalent Overman". In: Bernard Oldsey, Hrsg., *Ernest Hemingway: The Papers of a Writer* (New York: Garland, 1981), 73-87.

Giger, Romeo. *The Creative Void: Hemingway's Iceberg Theory* (Bern: Francke, 1977).

Goetsch, Paul. "Der Umfang von Hemingways 'Old Man at the Bridge'". In: Paul Goetsch, Hrsg., *Studien und Materialien zur Short Story*. 2. Aufl. (Frankfurt a.M.: Diesterweg, 1973), 85-96.

Grebstein, Sheldon Norman, Hrsg. *The Merrill Studies in 'For Whom the Bell Tolls'* (Columbia, Ohio: Merrill, 1971).

Grebstein, Sheldon Norman. *Hemingway's Craft* (Carbondale: Southern Illinois U.P., 1973).

Griffin, Peter. *Along with Youth: Hemingway, The Early Years* (Oxford: OUP, 1985).

Hovey, Richard B. *Hemingway: The Inward Terrain* (Seattle: Univ. of Washington Press, 1968).

Hutton, Virgil. "The Short Happy Life of Macomber". In: Jackson J. Benson, Hrsg., *The Short Stories of Ernest Hemingway: Critical Essays* (Durham, N.C.: Duke U.P., 1975), 239-250.

Howell, John M., Hrsg. *Hemingway's African Stories: The Stories, Their Sources, Their Critics* (New York: Scribner's, 1969).

Jenks, Tom. "Editing Hemingway: *The Garden of Eden*". *Hemingway Review*, 7 (1987), 30-33.

Johnston, Kenneth G. *The Tip of the Iceberg: Hemingway and the Short Story* (Greenwood, Florida: Penkevill, 1987).

Josephs, F. Allen. "Hemingway's Poor Spanish: Chauvinism and Loss of Credibility in *For Whom the Bell Tolls*". In: Donald Noble, Hrsg., *Hemingway: A Revaluation* (Troy, N.Y.: Whitston 1983), 205-223.

Josephs, F. Allen. "Hemingway and the Spanish Civil War or the Volatile Mixture of Politics and Art". In: Frieda S. Brown, Hrsg., *Rewriting the Good Fight: Critical Essays on the Literature of the Spanish Civil War* (East Lansing: Michigan State U.P., 1989), 175-184.

Josephs, F. Allen. "Hemingway's Spanish Civil War Stories, or the Spanish Civil War as Reality". In: Susan F. Beegel, Hrsg., *Hemingway's Neglected Short Fiction: New Perspectives* (Tuscaloosa: Univ. of Alabama Press, 1989), 313-327.

Josephs, F. Allen. "Hemingway's Spanish Sensibility". In: Scott Donaldson, Hrsg., *The Cambridge Companion to Ernest Hemingway* (Cambridge, Mass.: Cambridge U.P., 1996), 221-242.

Kennedy, J. Gerald. "Hemingway's Gender Trouble". *American Literature*, 63 (1991), 187-207.

Kert, Bernice. *The Hemingway Women* (New York: Norton, 1983).

Kinnamon, Keneth. "Hemingway and Politics". In: Scott Donaldson, Hrsg., *The Cambridge Companion to Hemingway* (Cambridge, Mass.: Cambridge U.P., 1996), 149-169.

Kopf, Josephine Z. "Meyer Wolfsheim and Robert Cohn: A Study of a Jewish Type and Stereotype". *Tradition: A Journal of Orthodox Jewish Thought*, 10 (1969), 93-104.

Lauter, Paul. "Plato's Stepchildren, Gatsby and Cohn". *Modern Fiction Studies*, 9 (Winter 1963/64), 338-346.

Lee, A. Robert, Hrsg. *Ernest Hemingway: New Critical Essays* (London: Vision, 1983).

Leff, Leonard J. *Hemingway and His Conspirators: Hollywood, Scribner's, and the Making of American Celebrity Culture* (Lanham: Rowman & Littlefield, 1997).

Lewis, Robert W. *Hemingway on Love* (New York: Haskell, 1973).

Lewis, Robert W. '*A Farewell to Arms*': *The War of the Words* (New York: Twayne, 1992).

Light, Martin. "Of Wasteful Deaths: Hemingway's Stories about the Spanish War". In: Jackson J. Benson, Hrsg., *The Short Stories of Ernest Hemingway* (Durham, N.C.: Duke U.P., 1975), 64-77.

Loeb, Harold. "Hemingway's Bitterness", In: Bertram D. Sarason, Hrsg., *Hemingway and 'The Sun' Set* (Washington, D.C.: Microcard Editions, 1972), 111-144.

Lynn, Kenneth S. *Hemingway* (Cambridge, Mass.: Harvard U.P., 1987).

McConnell, Frank. "Stalking Papa's Ghost: Hemingway's Presence in Contemporary American Writing". In: A. Robert Lee, Hrsg., *Ernest Hemingway: New Critical Essays* (London: Vision, 1983), 193-211.

Meyers, Jeffrey. *Hemingway: A Biography* (New York: Harper & Row, 1985).

Meyers, Jeffrey. "Hemingway's Primitivism and 'Indian Camp'". In: Jackson J. Benson, Hrsg., *New Critical Approaches to the Short Stories of Ernest Hemingway* (Durham: Duke U.P., 1990), 300-308, 493-495.

Molesworth, Charles. "Hemingway's Code: The Spanish Civil War and World Power". In: Rena Sanderson, Hrsg., *Blowing the Bridge: Essays on Hemingway and 'For Whom the Bell Tolls'* (New York: Greenwood, 1992), 83-97.

Morrison, Toni. "Disturbing Nurses and the Kindness of Sharks". In: Morrison, *Playing in the Dark: Whiteness and the Literary Imagination* (New York: Vintage, 1993), 61-91.

Moses, Carole. "Language as Theme in *For Whom the Bell Tolls*". *Fitzgerald/ Hemingway Annual* (1978), 215-223.

Müller, Kurt. "Literatur in landeskundlicher Perspektive: Hemingways 'Soldier's Home' im historischen, sozio-kulturellen und geistesgeschichtlichen Kontext". In: Ulrich Halfmann, Kurt Müller und Klaus Weiss, Hrsg., *Wirklichkeit und Dichtung: Studien zur englischen und amerikanischen Literatur, Festschrift zum 60. Geburtstag von Franz Link* (Berlin: Duncker & Humblot, 1984), 323-339.

Müller, Kurt. "Das antisemitische Stereotyp in Ernest Hemingways *The Sun Also Rises*". In: Franz Link, Hrsg., *Jüdisches Leben und Leiden im Spiegel der englischen und amerikanischen Literatur* (Paderborn: Schöningh, 1987), 47-69.

Müller, Kurt. "'The Education of a Teacher': Zu den Funktionen eingelagerten Erzählens in Ernest Hemingways *For Whom the Bell Tolls*". In: Bernd Engler und Kurt Müller, Hrsg., *Exempla: Studien zur Bedeutung und Funktion exemplarischen Erzählens* (Berlin: Duncker & Humblot, 1995), 355-385.

Müller, Kurt. "Kollusionsbeziehungen: Ernest Hemingways Gestaltung des Liebesmotivs in *A Farewell to Arms*". In: Thomas Kühn und Ursula Schaefer, Hrsg., *Dialogische Strukturen/Dialogic Structures, Festschrift für Willi Erzgräber zum 70. Geburtstag* (Tübingen: Narr, 1996), 156-177.

Nagel, James, Hrsg. *Ernest Hemingway: The Writer in Context* (Madison: Univ. of Wisconsin Press, 1984).

Nagel, James. "The Hunting Story in *The Garden of Eden*". In: Susan F. Beegel, Hrsg., *Hemingway's Neglected Short Fiction: New Perspectives* (Tuscaloosa: Univ. of Alabama Press, 1989) 329-338.

Neuweiler, Siegfried. "Hemingway's Short Story 'Soldier's Home'". In: Elke Platz-Waury, Hrsg., *Ernest Hemingway – Robert Young, Soldier's Home – Casebook* (München: Langenscheidt, 1985), 54-73.

Nicolaisen, Peter. *Ernest Hemingway: Studien zum Bild der erzählten Welt* (Neumünster: Wachholtz, 1979).

Noble, Donald R., Hrsg. *Hemingway: A Revaluation* (Troy, N.Y.: Whitston, 1983).

Oldsey, Bernard. *Hemingway's Hidden Craft: The Writing of 'A Farewell to Arms'* (University Park: Pennsylvania State U.P., 1979).

Oldsey, Bernard. *Ernest Hemingway: The Papers of a Writer* (New York: Garland, 1981).

Plimpton, George. "The Art of Fiction: Ernest Hemingway (1958)". In: Horst Weber, Hrsg., *Hemingway* (Darmstadt: Wissenschaftliche Buchgesellschaft, 1980), 157-176.

Raeburn, John. *Fame Became of Him: Hemingway as Public Writer* (Bloomington: Indiana U.P., 1984).

Rehberger, Dean. "'I Don't Know Buffalo Bill'; or, Hemingway and the Rhetoric of the Western". In: Rena Sanderson, Hrsg., *Blowing the Bridge: Essays on Hemingway and 'For Whom the Bell Tolls'* (New York: Greenwood, 1992), 159-184.

Reynolds, Michael S. *Hemingway's First War: The Making of 'A Farewell to Arms'* (Princeton: Princeton U.P., 1976).

Reynolds, Michael S., Hrsg. *Critical Essays on Ernest Hemingway's 'In Our Time'* (Boston: Hall, 1983).

Reynolds, Michael S. *The Young Hemingway* (Oxford: Blackwell, 1986).

Reynolds, Michael S. *'The Sun Also Rises': A Novel of the Twenties* (Boston: Twayne, 1988).

Reynolds, Michael S. *Hemingway: The Paris Years* (Oxford: Blackwell, 1989).

Reynolds, Michael S. *Hemingway: The American Homecoming* (Oxford: Blackwell, 1992a).

Reynolds, Michael S. "Hemingway's West: Another Country of the Heart". In: Rena Sanderson, Hrsg., *Blowing the Bridge: Essays on Hemingway and 'For Whom the Bell Tolls'* (New York: Greenwood, 1992b), 27-35.

Reynolds, Michael S. *Hemingway: The 1930s* (New York: Norton, 1997).

Rodenberg, Hans Peter. "'The Moment of Truth' – Hemingway, Spain, and the Civil War 1936-1939: A Study in the Psychoanalysis of Adventurism". In: Bernd-Peter Lange, Hrsg., *The Spanish Civil War in British and American Literature* (Braunschweig: Seminar für Anglistik und Amerikanistik, 1988), 46-75.

Rosenfield, Claire. "New World, Old Myths". In: Katherine T. Jobes, Hrsg., *Twentieth Century Interpretations of 'The Old Man and the Sea'* (Englewood Cliffs, N.J.: Prentice Hall, 1968), 41-55.

Rudat, Wolfgang E.H. "Hemingway's Rabbit: Slips of the Tongue and Other Linguistic Games in *For Whom the Bell Tolls*". *Hemingway Review*, 10 (1990a), 34-51.

Rudat, Wolfgang E.H. *A Rotten Way to Be Wounded: The Tragicomedy of 'The Sun Also Rises'* (Frankfurt a.M.: Lang, 1990b).

Rudat, Wolfgang E.H. *Alchemy in 'The Sun Also Rises': Hidden Gold In Hemingway's Narrative* (Lewiston, N.Y.: Edwin Mellen Press, 1992).

Ryan, William James. "Uses of Irony in *To Have and Have Not*". *Modern Fiction Studies*, 14 (1968), 329-336.

Sanders, David. "Ernest Hemingway's Spanish Civil War Experience". *American Quarterly*, 12 (1960), 133-143.

Sanderson, Rena, Hrsg. *Blowing the Bridge: Essays on Hemingway and 'For Whom the Bell Tolls'* (New York: Greenwood, 1992).

Santangelo, Gennaro. "The Dark Snows of Kilimanjaro". In: Jackson J. Benson, Hrsg., *The Short Stories of Ernest Hemingway: Critical Essays* (Durham, N.C.: Duke U.P., 1975), 251-261.

Sarason, Bertram D., Hrsg. *Hemingway and 'The Sun' Set* (Washington, D.C.: Microcard Editions, 1972).

Scott, Arthur L. "In Defense of Robert Cohn". *College English*, 18 (1957), 309-314.

Smith, Paul. *A Reader's Guide to the Short Stories of Ernest Hemingway* (Boston, Mass.: Hall, 1989).

Smith, Paul. "1924: Hemingway's Luggage and the Miraculous Year". In: Scott Donaldson, Hrsg., *The Cambridge Companion to Hemingway* (Cambridge, Mass.: Cambridge U.P., 1996), 36-54.

Spanier, Sandra Whipple. "Catherine Barkley and the Hemingway Code: Ritual and Survival in *A Farewell to Arms*". In: Harold Bloom, Hrsg., *Modern Critical Interpretations: 'A Farewell to Arms'* (New York: Chelsea, 1987), 131-148.

Spanier, Sandra Whipple. "Hemingway's Unknown Soldier: Catherine Barkley, the Critics, and the Great War". In: Scott Donaldson, Hrsg., *New Essays on 'A Farewell to Arms'* (Cambridge, Mass.: Cambridge U.P., 1990), 75-108.

Spilka, Mark. *Hemingway's Quarrel With Androgyny* (Lincoln: Univ. of Nebraska Press, 1990).

Spofford. William K. "Beyond the Feminist Perspective: Love in *A Farewell to Arms*". *Fitzgerald/Hemingway Annual* (1978), 307-312.

St. John, Donald. "Interview with Donald Ogden Stewart". In: Bertram D. Sarason, Hrsg., *Hemingway and 'The Sun' Set* (Washington, D.C.: Microcard Editions, 1972) 189-206.

Stallman, Robert. "*The Sun Also Rises* – But No Bells Ring". *The Houses That James Built* (Athens, Ohio: Ohio U.P., 1977 [¹1961]), 173-193.

Stanton, Edward F. *Hemingway and Spain: A Pursuit* (Seattle: Univ. of Washington Press, 1989).

Stephens, Robert O. "Hemingway's Don Quixote in Pamplona". *College English*, 23 (Dez. 1961), 216-218.

Stephens, Robert O. "Language Magic and Reality in *For Whom the Bell Tolls*". *Criticism*, 14 (1972), 151-164.

Stubbs, John. "Love and Role Playing in *A Farewell to Arms*". *Fitzgerald/ Hemingway Annual* (1973), 271-284.

Svoboda, Frederic J. *Hemingway & 'The Sun Also Rises': The Crafting of a Style* (Lawrence: U.P. of Kansas, 1983).

Tavernier-Courbin, Jacqueline. *Ernest Hemingway's 'A Moveable Feast'. The Making of a Myth* (Boston: Northeastern U.P., 1991).

Tetlow, Wendolyn E. *Hemingway's 'In Our Time': Lyrical Dimensions* (Lewisburg: Bucknell U.P., 1992).

Teunissen, John J. "*For Whom the Bell Tolls* as Mythic Narrative". *Dalhousie Review*, 56 (1976), 52-69.

Turner Craig, W. "Hemingway as Artist in *Across the River and Into the Trees*: A Revaluation". In: Donald R. Noble, Hrsg., *Hemingway: A Revaluation* (Troy, N.Y.: Whitston, 1983), 187-203.

Vance, William L. "Implications of Form in *The Sun Also Rises*". In: Richard E. Langford und William E. Taylor, Hrsg., *The Twenties, Poetry and Prose: Twenty Critical Essays* (Deland, Fla.: E. Edwards Press, 1966), 87-91.

Verduin, K. "Hemingways Dante: A Note on *Across the River and Into the Trees*". *American Literature*, 57 (1985), 633-640.

Wagner, Linda W., Hrsg. *Ernest Hemingway: Six Decades of Criticism* (East Lansing, Mich.: Michigan State U.P., 1987a).

Wagner-Martin, Linda, Hrsg. *New Essays on 'The Sun Also Rises'* (Cambridge, Mass.: Cambridge U.P., 1987b).
Watson, William Braasch. "'Old Man at the Bridge': The Making of a Short Story". In: Jackson J. Benson, Hrsg., *New Critical Approaches to the Short Stories of Ernest Hemingway* (Durham: Duke U.P., 1990), 121-134, 469-471.
Watson, William Braasch. "Joris Ivens and the Communists: Bringing Hemingway into the Spanish Civil War". In: Rena Sanderson, Hrsg., *Blowing the Bridge: Essays on Hemingway and 'For Whom the Bell Tolls'* (New York: Greenwood, 1992), 37-57.
Weeks, Robert P., Hrsg. *Hemingway: A Collection of Critical Essays* (Englewood Cliffs, N.J.: Prentice-Hall, 1962).
West, Ray B. "The Unadulterated Sensibility". In: Jay Gellens, Hrsg., *Twentieth Century Interpretations of 'A Farewell to Arms: A Collection of Critical Essays* (Englewood Cliffs, N.J.: Prentice-Hall, 1970), 15-27.
Weber, Horst, Hrsg. *Hemingway*, Wege der Forschung, Bd. 546 (Darmstadt: Wissenschaftliche Buchgesellschaft, 1980).
Wexler, Joyce. "E.R.A. for Hemingway: A Feminist Defense of *A Farewell to Arms*". *Georgia Review*, 35 (1981), 111-123.
Whitlow, Roger. *Cassandra's Daughters: The Women in Hemingway* (Westport, Conn.: Greenwood, 1984).
Wulffen, Almut von [A.v.W.]. "The Short Happy Life of Francis Macomber". *Kindlers Neues Literatur Lexikon*, VII (München: Kindler, 1990), 663-664.
Young, Philip. *Ernest Hemingway: A Reconsideration* (Univ. Park: Pennsylvania State U.P., 1966 [1952]).
Young, Philip. "Loser Take Nothing". In: Jay Gellens, Hrsg., *Twentieth Century Interpretations of 'A Farewell to Arms': A Collection of Critical Essays* (Englewood Cliffs, N.J.: Prentice-Hall, 1970), 28-32.
Young, Philip. "Hemingway: The Writer in Decline". In: Donald R. Noble, Hrsg., *Hemingway: A Revaluation* (Troy, N.Y.: Whitston, 1983), 225-239.
Zapf, Hubert. "Die Leserrolle in Ernest Hemingways 'The Short Happy Life of Francis Macomber'". *Arbeiten aus Anglistik und Amerikanistik*. 11 (1986), 19-39.
Zapf, Hubert. "Reflection vs. Daydream: Two Types of the Implied Reader in Hemingway's Fiction". In: Jackson J. Benson, Hrsg., *New Critical Approaches to the Short Stories of Ernest Hemingway* (Durham: Duke U.P., 1990), 96-111, 466-467.

2. Weitere Literatur

Aaron, Daniel. *Writers on the Left* (New York: Avon, 1965 [1961]).
Allen, Frederick Lewis. *Only Yesterday: An Informal History of the Nineteen-Twenties* (New York: Harper & Row, 1964 [1931]).
Anderson, Sherwood. *Winesburg, Ohio* (New York: Modern Library, 1947 [1919]).
Bloom, Harold. *The Anxiety of Influence: A Theory of Poetry* (New York: Oxford U.P., 1973).
Boorstin, Daniel J. *The Image: A Guide to Pseudo-Events in America* (New York: Atheneum, 1975).
Breuer, Horst. "Freuds kunstpsychologische Methoden". *Psyche*, 39 (1985), 577-591.

Brumm, Ursula. *Puritanismus und Literatur in Amerika* (Darmstadt: Wissenschaftliche Buchgesellschaft, 1973).

Commager, Henry Steele. *The American Mind: An Interpretation of American Thought and Character Since the 1880s* (New Haven: Yale U.P., 1950).

Cooperman, Stanley. *World War I and the American Novel* (Baltimore: Johns Hopkins Press, 1967).

Cowley, Malcolm. *Exile's Return: A Literary Odyssey of the 1920s* (New York: Viking, 1951 [^{1}1934]).

Crowley, John W., Hrsg. *New Essays on 'Winesburg, Ohio'* (Cambridge, Mass.: Cambridge U.P., 1990).

Douglas, Ann. *The Feminization of American Culture* (New York: Knopf, 1977).

Eliot, T.S. "Tradition and the Individual Talent". In: Eliot, *The Sacred Wood: Essays on Poetry and Criticism*, 7th. Ed. (London: Methuen, 1950 [^{1}1920]), 47-59.

Eliot, T.S. "Hamlet and His Problems". In: Eliot, *The Sacred Wood: Essays on Poetry and Criticism*, 7th. Ed. (London: Methuen, 1950 [^{1}1920]), 95-103.

Faulkner, Harold U. *American Political and Social History*, 6th. Ed. (New York: Appleton-Century-Crofts, 1952).

Fetterley, Judith. *The Resisting Reader: A Feminist Approach to American Fiction* (Bloomington: Indiana U.P., 1978).

Fiedler, Leslie A. *Love and Death in the American Novel.* New, Revised Edition (New York: Dell, 1969).

Fiedler, Leslie A. "The Jew in the American Novel". *To the Gentiles* (New York: Stein & Day, 1972), 65-117.

Fluck, Winfried. *Inszenierte Wirklichkeit: Der amerikanische Realismus 1865-1900* (München: Fink, 1992).

Frank, Armin Paul. "The 'Personal Waste Land' Revisited, or: What Did Happen in the Hyacinth Garden?". In: Ulrich Halfmann, Kurt Müller und Klaus Weiss, Hrsg., *Wirklichkeit und Dichtung: Studien zur englischen und amerikanischen Literatur. Festschrift zum 60. Geburtstag von Franz Link* (Berlin: Duncker & Humblot, 1984), 289-304.

Freud, Sigmund. *Totem und Tabu: Einige Übereinstimmungen im Seelenleben der Wilden und der Neurotiker* (Frankfurt a.M.: Fischer, 1964).

Guggisberg, Hans R. *Geschichte der USA* (München: Kohlhammer, 1975).

Hansen, Klaus P. *Die retrospektive Mentalität: Europäische Kulturkritik und amerikanische Kultur* (*Cooper, Melville, Twain*) (Tübingen: Narr, 1984).

Harap, Louis. *The Image of the Jew in American Literature: From Early Republic to Mass Immigration* (Philadelphia: Jewish Publication Society of America, 1974).

Hoffman, Frederick J. *The Twenties: American Writing in the Postwar Decade.* Rev. Ed. (New York: Free Press, 1965).

Hulme, T.E. "Romanticism and Classicism". *The Collected Writings of T.E. Hulme*, hrsg. v. Karen Csengeri (Oxford: Clarendon, 1994), 59-73.

Iser, Wolfgang. *Die Appellstruktur der Texte: Unbestimmtheit als Wirkungsbedingung literarischer Prosa* (Konstanz: Universitätsverlag, 1970).

Iser, Wolfgang. *Der implizite Leser. Kommunikationsformen des Romans von Bungan bis Beckett* (München: Fink, 1972).

Iser, Wolfgang. *Der Akt des Lesens. Theorie ästhetischer Wirkung* (München: Fink, 1976).

Kaes, Anton. *Expressionismus in Amerika: Rezeption und Innovation* (Tübingen: Niemeyer, 1975).
Laing, Ronald D. *Self and Others* (Harmondsworth: Penguin, 1971 [[1]1961]).
Lawrence, D.H. *Studies in Classic American Literature* (Harmondsworth: Penguin, 1971 [[1]1923]).
Lears, Jackson T.J. *No Place of Grace: Antimodernism and the Transformation of American Culture 1880-1920* (New York: Pantheon Books, 1981).
Lerner, Max. *America as a Civilization*, Bd. I: *The Basic Frame* (New York: Simon & Schuster, 1957). Bd. II: *Culture and Personality* (New York: Simon & Schuster, 1957).
Leuchtenburg, William E. *The Perils of Prosperity, 1914-32* (Chicago: Univ. of Chicago Press, 1958).
Link, Arthur S., und William B. Catton. *American Epoch: A History of the United States since the 1890s*, 3. Aufl. (New York: Knopf, 1967).
Link, Franz. *Geschichte der amerikanischen Erzählkunst im 19. Jahrhundert* (Stuttgart: Kohlhammer, 1980).
Lifton, Robert Jay. *Death in Life: Survivors of Hiroshima* (New York: Random House, 1968).
Liptzin, Solomon. *The Jew in American Literature* (New York: Bloch, 1966).
Loeb, Harold. *The Way It Was* (New York: Criterion Books, 1959).
Lynd, Robert, und Helen Lynd. *Middletown: A Study in American Culture* (New York: Harcourt, 1929).
McFarlane, James. "The Mind of Modernism". In: Malcolm Bradbury und James McFarlane, Hrsg., *Modernism 1890-1930* (Harmondsworth: Penguin, 1976), 71-93.
Mitchell, Lee Clark. *Witnesses to a Vanishing America: The Nineteenth-Century Response* (Princeton, N.J.: Princeton U.P., 1981).
Morison, Samuel Eliot, und Henry Steele Commager. *The Growth of the American Republic*, Bd. II (New York: Oxford U.P., 1962).
Müller, Heidy M. *Die Judendarstellung in der deutschsprachigen Erzählprosa* (*1945-1981*) (Königstein, Ts: Hain, 1984).
Müller, Kurt. *Konventionen und Tendenzen der Gesellschaftskritik im expressionistischen amerikanischen Drama der zwanziger Jahre* (Frankfurt a.M.: Lang, 1977).
Müller, Kurt. *Identität und Rolle bei Theodore Dreiser: Eine Untersuchung des Romanwerks unter rollentheoretischem Aspekt* (Paderborn: Schöningh, 1991).
Müller, Kurt. *Inszenierte Wirklichkeiten: Die Erfahrung der Moderne im Leben und Werk Eugene O'Neills* (Darmstadt: Wissenschaftliche Buchgesellschaft, 1993).
Ostendorf, Berndt. "Ein Mythos der Versöhnung: Owen Wisters Cowboyroman *The Virginian*". In: Ulrich Halfmann, Kurt Müller und Klaus Weiss, Hrsg., *Wirklichkeit und Dichtung: Studien zur englischen und amerikanischen Literatur. Festschrift zum 60. Geburtstag von Franz Link* (Berlin: Duncker & Humblot, 1984), 273-287.
Read, James Morgan. *Atrocity Propaganda* (New Haven, Conn.: Yale U.P., 1941).
Semmel, Bernard. *The Methodist Revolution* (London: Heinemann, 1974).
Tawney, R.H. *Religion and the Rise of Capitalism: A Historical Study* (New York: Harcourt & Brace, 1926).
Trilling, Lionel. *Sincerity and Authenticity* (Cambridge, Mass.: Harvard U.P., 1972).
Watzlawick, Paul, Janet H. Beavin und Don D. Jackson. *Menschliche Kommunikation: Formen, Störungen, Paradoxien* (Bern: Hueber, 1969).

Weber, Max. *Die protestantische Ethik I: Eine Aufsatzsammlung*, hrsg. v. Johannes Winckelmann. 8. Aufl. (Gütersloh: Mohn, 1981).

Wellek, René, und Austin Warren. *Theory of Literature* (Harmondsworth: Penguin, 1973 [[1]1949]).

Wentzlaff-Eggebert, Harald. "Ramón del Valle-Inclán (1866-1936) als unzeitgemäßer Provokateur eines unzeitgemäßen Spanien". In: Gerhard R. Kaiser, Hrsg., *Der unzeitgemäße Held in der Weltliteratur* (Heidelberg: Winter, 1998), 175-197.

Wiebe, Robert H. *The Search for Order, 1877-1920* (New York: Hill & Wang, 1967).

Wish, Harvey. *Society and Thought in America*, Bd. 2: *A Social and Intellectual History of the American People from 1865* (New York: Longmans, 1952).

Register